스시용어사전

신조 아야코 지음 | 보즈콘냐쿠(후지와라 마사타카) 감수
이성희 감역 | 양지영 옮김

BM (주)도서출판 성안당

시작하면서

일본인 대부분이 좋아하는 초밥. 이제는 초밥의 매력이 세계에도 널리 알려져 일본 음식을 대표하는 음식으로 자리잡았지만, 사실 초밥의 기원은 다른 나라에 있다는 사실을 알고 계십니까?
이러한 초밥을 둘러싼 의외의 역사와 사실, 초밥 재료와 어패류의 제철 등과 같이 알아두고 싶은 기초지식, 맛있는 생선을 더욱 맛있게 먹기 위한 초밥집의 소소한 노력 등 이 책에서는 초밥 하나하나의 깊은 맛을 느끼고 싶은 사람에게 도움이 되는 토막지식을 일러스트와 사진을 곁들여 소개하고 있습니다.

최근 SNS가 보급되면서 고급 음식점의 초밥을 집에서 가만히 앉아서도 볼 수 있게 되었습니다. 그러나 사실 가게에 가보고 싶어도 가격이 비싸서 선뜻 용기를 내지 못하는 사람도 많을 테지요. 이 책이 그런 사람들을 격려하고 초밥의 매력을 널리 알리는 데 도움이 되기를 바랍니다.

신조 아야코(新庄綾子)

이 책을 보는 방법

이 책은 초밥 재료를 비롯해 어패류, 식재료, 조미료, 도구,
위생에 관한 내용, 인물, 문화, 역사 등 다양한 장르의 단어를 모아서
가나다 순으로 배열했다.

❶ 표제어
초밥과 관련된 다양한 단어를 실었다.

❷ 데이터
 표준 일본어명
별칭 별명
영어명 영어명
제철 제철 시기

❸ 해설
표제어의 의미와 유래, 설명 등을 실었다.

❹ 일러스트·사진
표제어와 해설에 관련된 일러스트와 사진을 실었다.

❺ 범주
하나의 표제어와 관련된 여러 개의 단어를 정리해 두었다.

❻ 관련어
표제어에 관련된 단어로 다른 페이지에 실은 단어와 페이지수를 소개했다. 표제어와 같이 읽으면 단어를 이해하기 쉽고, 단어의 연관성도 발견할 수 있다.

❼❽ 색인
표제어 검색에 도움이 되는 가이드를 실었다.

이 책을 즐기는 세 가지 방법

좋아하는 초밥 재료

자주 먹는 초밥 재료의 표제어를 찾아서 해설을 읽어보자. 이름의 유래와 맛있게 먹는 방법, 유명한 산지, 제철, 의외의 잡학 지식 등 초밥 재료를 더욱 즐기기 위한 정보를 얻을 수 있다.

왠지 궁금한 용어

초밥집을 비롯한 식재료 가게, 책, 지인의 이야기, SNS 등 다양한 장면에서 보고 들은 왠지 궁금한 초밥 용어를 이 책에서 찾아 보자.

초밥집에서 함께하는 벗

집 근처의 음식점, 회전초밥집, 고급 음식점 등 초밥집에 갈 때 벗으로 삼아 가방 속에 살짝 넣어두자. 메뉴를 보고 궁금해지는 초밥 재료를 이 책에서 찾아보면, 도전하고 싶은 초밥 재료를 발견할 수 있을 것이다. 또한 초밥 요리사가 쓰는 용어, 사용하는 도구 등 초밥집에 관련된 정보를 알면 초밥집이 더욱 즐거워질 것이다. 가족이나 친구, 연인 등 2명 이상이 함께 이 책을 읽기를 권한다.

이 책을 즐기는 세 가지 방법을 소개했는데, 이 밖에도 다양한 방법으로 즐길 수 있으니 자신만의 즐기는 법을 발견해 보자.

이 책은 2019년 7월 시점의 정보를 기반으로 작성했습니다. 그 이후의 상품과 서비스, 가게, 시설, 단체 등 취급이나 영업이 변경·중지된 경우도 있으니 양해해주시길 바랍니다.

목차

용어 편

ㄱ

- 003 시작하면서
- 004 이 책을 보는 방법
- 005 이 책을 즐기는 세 가지 방법

기초지식 편

- 012 초밥의 역사
- 020 초밥집의 하루
- 022 초밥 도구 도감
- 023 도해 초밥집 내부는 이런 모습이다!
- 024 생선의 기본 밑손질 방법
- 026 에도마에즈시의 계보
- 028 다랑어 해부도감
- 030 전국 초밥 에키벤 지도
- 032 전국 초밥 재료 지도
- 034 초밥 재료의 제철 달력
- 036 시장에서 일하는 사람들

- 040 가다랑어
  - 가다랑어포
  - 가라코
- 041 가루 와사비
  - 가루차
  - 가리비
- 042 가미가타즈시
  - 가부라즈시
  - 가와기시
  - 가와시모
  - 가이다시닌
- 043 가자미
  - ●돌가자미
  - ●범가자미
  - ●문치가자미
  - ●노랑가자미
- 044 가지 국화꽃 초밥
  - 가타오모이
  - 간식
  - 간장
- 045 간장 절임
  - 갈빗살
  - 감잎 초밥
- 046 갓 말이초밥
  - 갓파
  - 강판
  - 개라지
  - 개량조개
  - 개량조개 관자
- 047 갯가재
  - 갯장어
  - 게구멍
  - 게라다마
- 048 게
  - ●대게
  - ●왕게
  - 게라즈시
- 049 게타
  - 겐
  - 겐나리즈시
  - 겐비루
- 050 격자무늬
  - 고등어
  - 고등어 누름초밥
  - 고등어 오보로 초밥
- 051 고등어 초밥
  - 고로
  - 고바
  - 고오리지메

- 052 고케라즈시
  - 고테가에시
  - 공모양 초밥
  - 관동대지진
  - 광어
  - 교쿠
- 053 교토쿠
  - 국화 초밥
  - 군함말이
  - 굴
- 054 굵은이랑새조개
  - 규베에
  - 금눈돔
  - 금박구운김
- 055 기념일
  - ●유부초밥의 날
  - ●오사카즈시의 날
  - ●회전초밥의 날
  - ●고등어 초밥의 날
  - ●초밥의 날
  - ●흩뿌린 초밥의 날
  - ●손말이초밥의 날
  - ●생선의 날
  - ●토로의 날
  - ●김의 날
  - ●다랑어의 날
- 056 기리쓰케·기쓰케
  - 기미스 오보로
  - 기즈
  - 긴키대학 수산연구소
- 057 김
- 058 김발
  - 김 보관통
  - 김초밥
  - 깨두부
  - 껍질 폰즈
- 059 꼬치고기
  - 꽁치
  - 꽁치 초밥

ㄴ

- 062 나가시모리
  - 나데시코즈시
  - 나레즈시
  - 나마나레
- 063 나무밥통
  - 나뭇잎 모양 생선회
  - 나미다
  - 나시와리
- 064 나이텐
  - 날개줄고기
  - 날치

날치알 절임	닷코즈시	모리 마고예몬
065　낫토 김초밥	대나무 시장바구니	모리바시
냉동	대발	모시조개
냉동 다랑어	대전어	093　모티브
066　네기토로	079　대파	●인형 탈
네기토루	데비라키	●지우개
네코마타기	데스시오스시	●식품 샘플
네타박스	데자쿠	●캐리어 커버
노랑 전갱이	080　데코네즈시	●초밥사탕
067　노래	도루묵 초밥	●티셔츠
●I LIKE SUSHI	도마	094　모즈쿠
●스시 먹자!	081　도매업자	무게
●SUSHI 먹고 싶어 feat.소이소스	도미	무라사키
●스시보이즈	드래곤롤	무시즈시
●스시야	등 가르기	095　묵은쌀
068　노렌	082　등푸른 생선	묵은초밥
노로바이러스	등푸른 생선	문어
노지메		096　문학작품
농어	**ㄹ**	●이즈의 무희
069　누름초밥	084　로비키	●들어라, 해신의 목소리
누름틀	리소토	●어린 사환의 신
눈볼대	리틀 미스 벤토	●샐러드 기념일
니가스		●스시
070　니키리	**ㅁ**	●키재기
니혼슈	086　마루즈시	●초밥의 명인
	마사모토소혼텐	●24개의 눈동자
ㄷ	마쓰마에즈시	097　물결모양 칼집
072　다고즈시	마쓰부타즈시	물레고둥
다금바리	마쓰자키키우에몬	098　미가키
다금바리	087　마쓰히사 노부유키	미쉐린 가이드
073　다랑어	마카나이	미쓰칸 박물관
●황다랑어	말안장 초밥	099　미야지마 주걱
●날개다랑어	말쥐치	미역
●참다랑어	맛술	미역 말이초밥
●남방참다랑어	089　만화	미오글로빈
●눈다랑어	●키라라의 일	100　미와레
074　다네	●요리 삼대째	민물장어
다랑어 김초밥	●초밥이 옵니다!	밑손질
다섯 장 뜨기	●나에게 주는 사치 초밥	
다시마	●미스터 초밥왕	**ㅂ**
075　다시마 말이 초밥	●최고의 초밥!	102　바다포도
다시마소금	●스시걸	박고지
다시마절임	●초밥집 여사장님	박고지 김초밥
076　다이묘오로시	망치고등어	박잎 초밥
다이토즈시	매운 참치롤	103　밥솥
다즈나즈시	090　머릿살	밥알 초밥
다테가에시	머릿살(돗사키)	방어
077　다테마키	멍게	배 가르기
단무지 김초밥	메하리즈시	104　배달
달걀말이	091　면보	배 밑바닥 모양
달걀말이용 사각팬	멸종 위기종	배합초
078　달걀지단	092　모로코하코즈시	배합통

105 백합 뱅어 106 벚꽃소금 벚꽃송어 벚꽃 잎 절임 초밥 벳코즈시 보리멸 107 복어 부시리 북방대합 108 분말간장 붉은살 붉은살 생선 붕어 초밥 109 붕장어 붕장어 오이 김초밥 붕장어 치어 110 브랜드 레어드 비늘 벗기기 비늘제거기 빨간 무즙 뼈 센베이 **ㅅ** 112 사가야 사만다 존스 사바오 요무 사시코미 초밥 사이바시 113 사카이야 마쓰고로 사케즈시 사쿠 사쿠도리 사쿠라니 114 산수 담기 산초 살균 삼치 상어껍질 강판 새끼 도미 115 새끼 도미 누름초밥 새끼 멸치 새끼 전갱이 새끼 전어 116 새우 ●단새우 ●보리새우 ●벚꽃새우 ●꽃새우 ●쌀새우 ●포도새우 ●모란새우	118 새조개 샛줄멸 콩비지 초밥 생물 생보리새우 초밥 생선 껍질 벗기기 119 생선 등 따기 생선 서덜 생선 젤리 샤리 120 샤리 섞기 서덜탕 서서 먹는 초밥집 섞어 무침 121 선미선충 성대 성게 ●말똥성게 ●보라성게 122 세나카 세시모 세 장 뜨기 세카미 소금 123 속담 손말이초밥 손으로 초밥 먹기 솔 124 송곳 송어 누름초밥 송어 누름초밥 박물관 쇠꼬챙이 125 수율 수행 숙성 126 순서 순채 숫돌 ●초벌용 ●중간 작업용 ●마무리 작업용 127 숫자 스기모리 스기모토 하모노 128 스모지 스시 검정시험 스시다 게임 스시만큼 맛있는 것도 없어 스시올로지 129 스시 이시가키 스시 장인: 지로의 꿈 스시하네 김 스케로쿠 스코즈시	130 스파이더롤 시가 시노다 오사무 시니그린 131 시라코 시마즈시 시모후리 132 시미즈 스시뮤지엄 식초물 식초 세척 133 식초 ●합성식초 ●곡물식초 ●쌀식초 ●양조식초 ●적초 ●술지게미 식초 ●와인비니거 ●아카즈요헤에 ●우루미 ●긴쇼코메노스 ●준마이후지스 ●시라기쿠 ●다지마노아카즈 ●치도리스 ●후지테마키스시즈 ●야마부키 ●유센 136 식초절임 싹눈파 쌀 ●고시히카리 ●사사니시키 ●하에누키 ●하쓰시모 ●혼합쌀 137 쌀의 개수 쓰마 쓰메 소스 138 쓰키다이 쓰케루 쓰케바 쓰키지 시장 **ㅇ** 140 아귀간 아니사키스 아니사키스 알레르기 아니키 아랫살 141 아부리 아스타잔틴 아즈마 미나모토노 마사히사

8

	안코즈시		오징어 초밥		이타마에
142	앞치마		오코노미	165	인간력
	야나카		오키마리		인로즈시
	야스케	155	오테모토		일본식 우엉조림
	야키시모		오토로		
	양식 다랑어		온도		**ㅈ**
143	양하		와규		
	어시장		와리스	168	잡어 초밥
144	에도마에	156	와사비		장식 칼집
	에도마에즈시		와사비 박고지 김초밥		장난감
	에도산즈시		와카이시		●OH! 초밥게임
145	에도시대		와타야		●캡슐토이
	에호마키	157	왕우럭조개		●조물조물 집에서 회전초밥
	엔가와		●코끼리조개		●나와라 뚝딱! 초밥
	연어롤초밥		●혼미루		●네테마스시
	연어뱃살 김초밥		왼쪽 광어 오른쪽 가자미	169	장식 후토마키
146	연어	158	요코가에시		장염비브리오
	●대서양연어		우라마키		재료 구입
	●무지개송어		우럭		잿방어
	●가이연어		우메 차조기 김초밥	171	전갱이
	●기누히메 연어		우주식		전갱이 김초밥
	●사누키 연어		워싱턴 D.C. 벚꽃축제		전갱이 콩비지 초밥
	●신슈 연어	159	우키요에		전국스시연합회
	●히로시마 연어		●아사쿠사 마쓰노스시 본점	172	전복
	●미야기 연어		●줄무늬 기모노를 입은 온나벤케		●참전복
148	연어알		이 마쓰노스시		●까막전복
	연어알		●교토 유명 요리집 엔엔정 나고		●왕전복
	연어알 공주		야산자		●말전복
	연어알 김초밥		●교토 명소 다카나와의 민속행사		전어
	열빙어 초밥		니주로쿠야마치의 유흥도		전어 김초밥
149	엽란		●미타테 겐지 꽃의 연회	173	젓가락
	영귤		●명소 에도백경 사루와카 마을의		젓갈
	오네상		저녁 풍경		정어리
	오마카세	160	윗살		제철
150	오목초밥		유리 김발	174	조개까기
	오무라즈시	161	유부초밥		조개 외투막
	오므라이스		유비키		조개 외투막 오이 김초밥
	오보로		유자		조리복
151	오사카즈시		유자소금		조릿대
	오시누키즈시	162	유자후추	175	조릿대 장식
	오야가타		유황종이		조릿대 초밥
	오이		은샤리		죠로즈시
	오이 김초밥		은어		주마키
152	오징어		은어	176	주토로
	●흰오징어	163	은어 초밥		중간 도매업자
	●창오징어		음식 배달통		쥐노래미
	●갑오징어 새끼		이리자케	177	쥐치
	●갑오징어		이마다 히사지		진가사
	●살오징어	164	이소베야키		쏙싸
	●불똥꼴뚜기		이시카와현		
	●입술무늬 갑오징어		이와쿠니즈시		**ㅊ**
	●화살오징어		이즈시		
154	오징어 다리		이케지메	180	차
					차부리
					차완무시

	차이브	194	탄생 초밥	205	회전초밥
	차조기		토로		● E 레인
181	차 컵		토로 단무지 김초밥		● O 레인
	참깨		통째 생선초밥		● 자동 식기세척기
	참문어				● 선도관리 시스템
182	찻수건 초밥		ㅍ		● 선도군
	채반	196	파래		● 특급 레인
	채소 초밥		패스트푸드		● 컨베이어벨트
183	초밥(鮓)		포장마차		● 우회전
	초밥(鮨)		폭탄 김초밥		● 로봇
	초밥(寿司)	197	표고버섯	207	후토마키
	초밥 도시락		피조개		훈제소금
184	초밥의 달인		핀셋	208	흑점줄 전갱이
	초밥 장수 노래		필라델피아롤		흩뿌린 초밥
	초밥 장인 소개소				흰살 생선
185	초밥 장인 양성학교		ㅎ		
	초밥통	200	하나야 요헤이		숫자·영문
	초생강		하라나카	210	2점 올린 초밥
186	출세어		하라시모		DHA
	측면		하라카미		EPA
		201	하야시		GHQ
	ㅋ		하야즈시		JSIA
188	칸		하카리메		
	칼		학꽁치	211	에도마에 니기리즈시 만드는 방법
	● 작은 생선용 칼	202	힛싸스시		
	● 다코히키 칼		해동		Column
	● 생선용 칼		해삼 내장젓갈	192	그리운 요헤이 초밥
	● 뼈 절단용 칼		해삼초회	219	물고기 어(魚)가 붙는 한자
	● 참치칼		햅쌀		
	● 회칼	203	혈압육	220	
190	칼집		호샤모리		참고문헌
	캐릭터 도시락		호초시고토		
	캘리포니아롤	204	혼테가에시	221	
	콩비지		홍살치		마치며
191	쾅쾅 초밥		황색 포도구균		
	쿠사				
	키조개				

기초지식 편

초밥의 역사

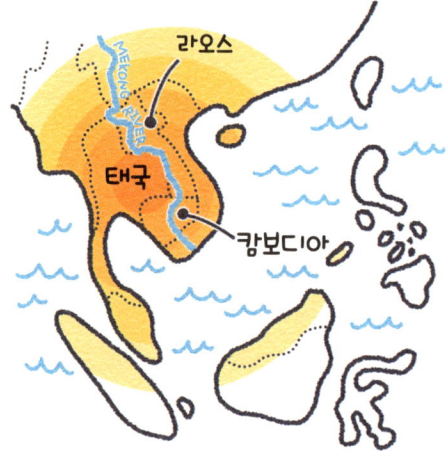

기원전 동남아시아에 벼농사를 짓던 지역에서 나레즈시의 기원이 되는 것이 발생. 어장(魚醬)과 함께 인접한 지역으로 확대되었다.

각 지역에서 나레즈시를 부르는 명칭
- 중국 : 자아(zhǎ, 鮓), 이(yi, 鮨)
- 태국 : 쁘라솜(pla som)
- 라오스 : 솜빠(som pa)
  (솜 : 식초 등 신맛 나는 음료, 빠 : 생선)
- 캄보디아 ; 파크(phaak)

원래의 기원은 논에 물을 끌어오는 시냇물에서 잡은 생선과 지은 밥을 섞어서 젖산 발효시켜 만든 저장식이다.

나레즈시는 중국을 거쳐 기원전 4~3세기 무렵에 벼농사와 함께 일본으로 전해졌다고 하며, 7~8세기에는 일본 전국에 널리 정착했다.

당시 나레즈시는 발효에 사용된 밥이 질어서 이 부분을 걷어내고 먹었다. 밥이라기보다는 젓갈이나 절임과 같은 반찬의 한 종류였다.

어패류는 전복, 은어, 붕어, 홍합, 전갱이, 도미, 정어리, 고등어, 연어 등 다양한 종류가 쓰였다. 또한 사슴, 멧돼지와 같은 고기도 사용되었다고 한다.

538년에 살생 육식이 금기인 불교가 전파되고 675년에는 덴무 천황이 육식 금지령을 내렸다. 소, 말, 개, 원숭이, 닭을 먹는 것이 금지되면서 이것이 생선 중심의 일본인 식문화의 기반을 만들었다.

일본에서는 헤이안 시대(794~1185년)에 '자(鮓)'와 '지(鮨)'를 스시(주지(酒志)·수지(須之))로 부르기로 정했다.

가마쿠라 시대부터 무로마치 시대를 거치면서 발효 시간을 단축해서 빨리 먹을 수 있는 생나레즈시가 탄생한다.

밥알이 살아 있어 밥알까지 먹게 되면서 나레즈시도 반찬이 아닌 밥 종류로 변화한다.

나레즈시는 세금이나 선물로 애용되었다. 요시노(吉野)에 현존하는 노포 〈쓰루베 스시야스케〉는 1600년 무렵부터 270년 동안 교토의 센토고쇼에 은어 초밥을 헌상했다는 기록이 있다.

도요토미 히데요시의 조선 출병(1592년~) 때는 붕어 초밥을, 도쿠가와 이에야스가 에도막부의 문을 연 1603년에는 도쿠가와 이에야스와 도쿠가와 히데타다에게 은어 초밥을 올리기도 했다.

17세기가 되자 초밥을 더 빨리 먹을 방법으로 산미를 내는 식초가 사용되었고, 하야즈시가 탄생한다.

*하야즈시 : 식초를 사용해서 산미를 더해 빨리 조리할 수 있도록 만든 초밥

그러나 생선에 식초를 붓거나 밥에 식초를 섞거나 하는 등 식초의 사용 방법도 다양하다.

8세기 말에 식초를 사용한 하야즈시가 정착한다. 초창기에는 상자 모양의 누름틀에 채운 상자초밥(하코즈시)이나 누름초밥(오시즈시)이었다.

도쿄 료코쿠에 사는 하나야 요헤이가 쥠초밥인 에도마에니기리를 발명한다. 지금 니기리즈시의 2~3배 크기로, 생선에 미리 간을 하고 조리를 해서 간장에 찍어 먹지 않아도 되는 형태였으며 미리 만들어둘 수 있었다.

니기리즈시가 인기를 끌기 시작할 무렵에는 쌀식초가 사용되었다. 아이치의 술장가 나카노가의 양자인 나카노 마타자에몬이 술지게미 식초(적초)를 발명해서 에도(江戶, 현 도쿄)에 팔았다.

풍미가 가득한 술지게미 식초는 니기리즈시와 어울린다는 소문이 퍼지면서 니기리즈시와 함께 폭발적인 인기를 얻었다.

급속하게 발전한 에도의 거리에는 일을 구하러 온 독신 남성들이 모였고, 메밀국수·튀김과 함께 외식산업이 발전하기 시작했다.

초밥 장수

포장마차 (서서 먹음)

에도에서는 니기리즈시가 인기가 많았다. 초밥 장수가 초밥이 든 배달통을 들고 팔러 다니거나 포장마차가 생기거나 나이텐이라는 점포를 가진 초밥집 등 다양한 형태의 초밥집이 있었다. 그러나 아직 전국적으로 확산되지 못한 에도마에즈시는 이른바 도쿄의 향토 초밥이 되었다. 전국적으로는 앞에서 언급한 생니레즈시에 해당하는 나레즈시나 각 지역의 향토 초밥인 누름초밥과 상자초밥이 만들어졌다.

나이텐

메이지 시대 말기에는 얼음 냉장고가 보급됨에 따라 신선한 생선을 보존할 수 있게 되면서 초밥 네타로 쓰이는 생선의 종류가 풍부해졌다. 그리고 만드는 순서를 간략화해서 생선에 밑간을 하지 않는 곳이 늘어나면서 간장을 찍어 먹게 되었다. 이 무렵에는 주로 배달이 중심이었다.

*네타: 초밥 위에 올리는 재료

메이지 시대(明治時代, 1868~1912년) 중엽에는 포장마차 중심이었던 초밥집에서 나이텐 안에 포장마차를 그대로 옮겨 놓은 형태로 카운터를 설치, 이른바 서서 먹는 가게가 생겼다.

청일·러일 전쟁 후의 식민지화로 일본의 초밥이 만주와 한국에 보급되었고, 한국에서는 김밥이 생겼다.

1923년 관동대지진으로 재해를 입은 초밥 장인이 도쿄를 떠나 전국으로 퍼져 살면서 에도마에니기리가 전국적으로 보급되었다. 이후 에도마에는 초밥을 대표하게 되었다.

제2차 세계대전 후 식량 통제와 음식 영업 긴급조치령이 발령되어 대부분의 초밥집이 영업을 못 하게 되면서 결국 폐점하기에 이른다. 그러나 도쿄도 스시상업조합은 GHQ와 담판을 벌여 위탁가공제도라는 제도를 만들었다. 손님이 배급된 쌀 1홉을 가지고 오면 초밥집에서 이를 초밥으로 가공해 초밥 10개를 제공한다는 내용이다. 전국적으로 비슷한 제도가 생기면서 대략 1인분에 10개인 지금의 에도마에즈시 스타일이 정착했다.

제2차 세계대전 후 식량난으로 어렵던 시기에 네타 수가 적다 보니 한 종류의 네타로 초밥 2개를 만드는 곳이 생기기 시작했다. 또한 적초로 만든 샤리가 모습을 감추고 쌀식초가 사용되었다.

*샤리(シャリ) : 초밥용 밥

고도경제성장기(1955~1973년)에는 사교 장소로 이용되어 접대나 술을 마시면서 먹는 스타일이 정착했다. 초밥과 안주를 모두 즐길 수 있는 형태의 고급 초밥집이 늘어났다.

1958년에 맥주 공장의 컨베이어벨트에서 힌트를 얻어 회전초밥집 1호점이 오사카(大阪)에 탄생한다. 1970년 오사카 만국박람회에 회전초밥집이 출점하면서 전국적으로 회전초밥집이 알려지게 됐다.

4인석 자리가 있는 가게가 생기고 주문 시스템, 신선도 관리 시스템 등이 도입되면서 회전초밥은 진화했다.
경기가 좋지 않은 시기에는 한때 한 접시 100엔의 균일가로 내놓는 회전초밥이 인기를 얻었지만, 이후에는 맛을 고집하는 가게가 많은 매상을 올렸다.

지금까지 먹었던 것과는 완전히 달라요!!

초밥은 메이지 시대 말기 무렵부터 해외에도 진출하게 된다. 처음에는 현지에 거주하는 일본인이 주요 고객이었지만, 1960년 이후에 일본식 식사인 와쇼쿠(和食)가 인기를 끌기 시작하자 세계 각지에서 개성 넘치는 초밥이 탄생했다. 2008년에는 최초로 미쉐린 가이드에 초밥집이 게재되었고, 2014년에는 오바마 미국 대통령을 접대하는 장소로 사용되는 등 초밥은 일식을 대표하는 존재가 되었다. 그리고 초밥집 방문은 일본을 찾는 관광객의 메인 이벤트 중 하나가 되었는데, 대부분의 관광객은 자기 나라의 초밥과 달라서 놀라기 일쑤이다.

*와쇼쿠(和食) : 일본식 식사

적초로 만든 샤리의 부활

일본에서는 유명 가게에서 실력을 갈고닦은 장인들이 독립해서 식재료 구입, 준비, 숙성 등 작은 부분까지 심혈을 기울여 대접하는 고급 초밥집이 연이어 생겨났다. 전통과 새로운 기술을 융합시킨 최고급 초밥을 체험할 수 있는 시대가 온 것이다.

초밥집의 하루

어느 초밥집의 하루이다.
가게의 규모, 어시장과의 거리, 점심 영업의 유무,
방침에 따라 하루 일과의 내용 등은 제각각이지만,
한 가게의 예를 소개하려고 한다.

06:00

차를 운전해서 어시장으로. 6시 반부터 1시간 정도 시간을 들여 재료를 구입한다(단골 가게를 돌아다니며 생선을 고른다. 직접 보지 않고 주문하는 사람도 있다).

07:30

어시장에서 아침밥을 후딱 해치우고 가게로 돌아온다(생선은 직접 운반하지 않고, 중간 도매입자에게 배달을 맡기기도 한다).

08:30

생선 밑손질을 한다. 도미 세 장 뜨기, 가자미 다섯 장 뜨기 등으로 손질을 하고, 흰살 생선은 당일에는 면보에 싸서 이튿날 영업을 위해 보관한다. 오징어, 고등어, 붕장어, 전갱이, 전어사리나 보리멸 등도 모두 가급적 신선한 상태인 오전 중에 내장 제거 작업을 한다. 이어서 고등어, 전어사리, 보리멸 등을 식초절임하거나 붕장어를 데치거나 한다.

11:30

점심식사 영업. 세트 메뉴나 특선 메뉴와 같은 점심식사와 흩뿌린 초밥을 만든다. 바쁘기 때문에 메뉴는 몇 종류만 한다. 같은 네타는 한번에 만드는 편이 효율적이라 요리사에게 메뉴 선택을 맡기는 오마카세 코스일 경우에는 나오는 음식 순서가 달라지기도 한다.

14:00

| 점심식사 영업 종료. 뒷정리를 한다.

14:30

| 종업원들이 식사를 한다. 주로 초밥 네타의 자투리로 만든 김초밥 등을 먹는다.

15:30

오후의 재료 준비. 달걀말이를 만들거나 샤리를 만든다. 요일별 특선 메뉴의 재료도 준비한다. 오징어를 삶거나 문어를 벚꽃색으로 데치고, 초생강을 만들거나 다시마절임, 기미스(계란노른초), 오보로(생선가루)를 만든다. 포장 예약이 있으면 초밥 도시락도 만든다. 수행 중인 수련생은 콩비지로 초밥 쥐는 연습을 한다. 배달이 있는 가게는 배달통을 회수한다.

17:00

| 저녁 영업 개시. 점심 때와 달리 여유롭게 손님과 대화를 하면서 초밥을 만든다.

23:00

| 저녁 영업 종료.

23:30

정리 후 가게 문을 닫는다. 종업원들이 새우튀김 주먹밥 등을 먹는다. 정기휴일 전날에는 남은 네타로 초밥 쥐는 연습을 할 수 있다.

초밥 도구 도감

초밥을 만드는 데 필요한 기본적인 도구를 소개한다.

비늘제거기	핀셋

(p.110)	(p.197)

생선용 칼	작은 생선용 칼	회칼	숫돌

(p.189)	(p.188)	(p.189)	(p.126)

네타박스	달걀말이용 사각팬	조개까기	송곳
	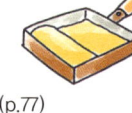	 왕우럭조개용 / 큰조개용	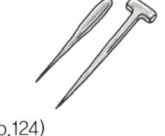
(p.66)	(p.77)	(p.174)	(p.124)

면보	도마	밥솥	배합통
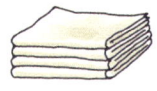			
(p.91)	(p.80)	(p.103)	(p.104)

미야지마 주걱	나무밥통	김발	솔
(p.99)	(p.63)	(p.58)	(p.123)

모리바시	강판	상어껍질 강판	게타

(p.92)	(p.46)	(p.114)	(초밥 올리는 판 p.49)

도해 초밥집 내부는 이런 모습이다!

커튼 안쪽에도 주방이 있다. 뒤쪽에서 일하는 수련생이 상황을 보고 자완무시(달걀찜)나 공기를 준비한다.

수련생도 초밥을 만들 수 있는 가게에서는 선배가 카운터에 있다. 주문받은 초밥 외에도 포장용 초밥 도시락을 준비하기도 한다.

메뉴판이 있기도 하고 없기도 한다. 있더라도 기본 메뉴만 쓰여 있는 경우가 많으니 생선이든 술이든 가게 종업원에게 무엇이 있는지 물어보자.

식초물, 와사비, 감귤류, 여러 종류의 소금, 발라주는 소스 등은 바로 사용할 수 있도록 작은 그릇에 넣고, 한곳에 모아서 장인의 손에 닿는 위치에 둔다.

카운터와 장인 사이에 한 단 높게 설치된 대를 '쓰케다이'라고 한다.

네타박스를 보면서 무엇을 먹을지 고민하는 것도 초밥집에서 초밥을 먹는 즐거움 중 하나. 최근에는 유리 케이스가 아닌 얼음을 깐 목제 케이스를 사용하거나, 카운터가 아닌 냉장고에 네타박스를 넣어두거나, 특수 제작한 냉장고를 장인 뒤에 설치해 두는 가게도 있다.
※보통은 유리 재료 케이스와 냉장고를 같이 사용하는 경우는 없지만, 설명을 위해 이 일러스트에는 둘 다 그려 두었다.

1인용 테이블은 영업 시 작하기 전에 깨끗하게 정리하고 세팅한다. 컵 받침이 있다면 목제 테이블에 물기가 스며들지 않게 컵 받침 위에 유리컵을 올려 둔다.

생선의 기본 밑손질 방법

어시장에서 신선한 생선을 구입해서 잘 보관한 상태로 가게로 옮긴다.

차가운 물로 씻은 후 비늘을 긁어낸다. 머리와 내장을 제거하고, 등뼈 주위를 깨끗하게 손질한 후 면보로 닦아 물기를 없앤다.

세 장 뜨기한다. 다시마절임이나 초절임을 하는 경우에도 여기까지 손질 방법은 똑같다.

무늬목이나 생선을 포장하는 유황 종이 등, 생선의 신선도를 유지하는 기능이 있는 종이로 싸서 냉장고에 보관한다. 생선의 종류에 따라서는 그대로 사용하는 날까지 놔둔다.

배와 혈압육의 뼈를 잘라낸다. 혈압육 뼈는 생선의 종류에 따라서는 핀셋(p.197)으로 제거한다.

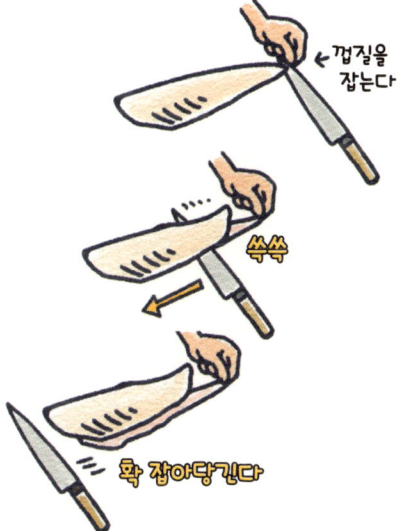

껍질을 벗긴다. 꼬리 쪽에서 껍질과 몸 사이에 회칼을 넣고 칼끝을 머리 쪽으로 조금씩 움직이면서 껍질을 벗겨낸다. 껍질을 제거하지 않고 뜨거운 물을 부어 껍질만 살짝 익히는 가와시모(p.42)를 하기도 한다. 여기까지 밑손질한 네타를 네타박스에 넣어둔다. 네타에 따라서는 껍질을 벗기지 않은 채로 네타박스에 넣기도 한다.

주문에 따라 손질해 둔 덩어리에서 필요한 만큼의 네타를 잘라낸다. 주문이 많은 경우에는 미리 썰어둔다.

| 에도(江戸, 1603-1868년) | 메이지(明治, 1868-1912년) | 다이쇼(大正, 1912-1926년)

사사마키케누키스시(1702년) ─────────────────────────────
마쓰노스시(1810년) ─────────────────────── 폐점
요헤이즈시(1820년) ──────────────────┐   ┌─ 기즈시(1923년 닌교초
                                        ├─ 요시노스시혼텐(1879년) ─ '토로(トロ)'라는 단어가 탄생한 곳
  원조 에도마에   └ 미야코즈시(1850년 센주)   └ 폐점
                        └ 벤텐야마미야코즈시(1866년 아사쿠사)

긴자스시에이혼텐(1848년) ─────────────────────────
  구단시타스시마사(1861년) ───────────────────────
  미즈시(1855년) ┬───────────────────────────── 폐점
                  └ 긴자스시코우(1855년 긴자)

후타바즈시(1877년 긴자) ────────────┐
                                    └ 오케이스시
                                      (1923년 야에스)

미야코즈시(1887년 니혼바시 가키카라쵸) ──────────────

신토미스시(긴자)

에도마에즈시의 계보

대표적인 에도마에즈시와 거기에서 파생된 초밥집 일부를 소개한다. 이 계보와 다른 관점도 있으니 어디까지나 하나의 예로 참고하길 바란다.
★는 미쉐린 가이드에 게재된 2019년 시점의 별점을 나타낸 것이고, ☆는 미쉐린 가이드에서 선정한 빕 구르망임을 나타내고 있다.

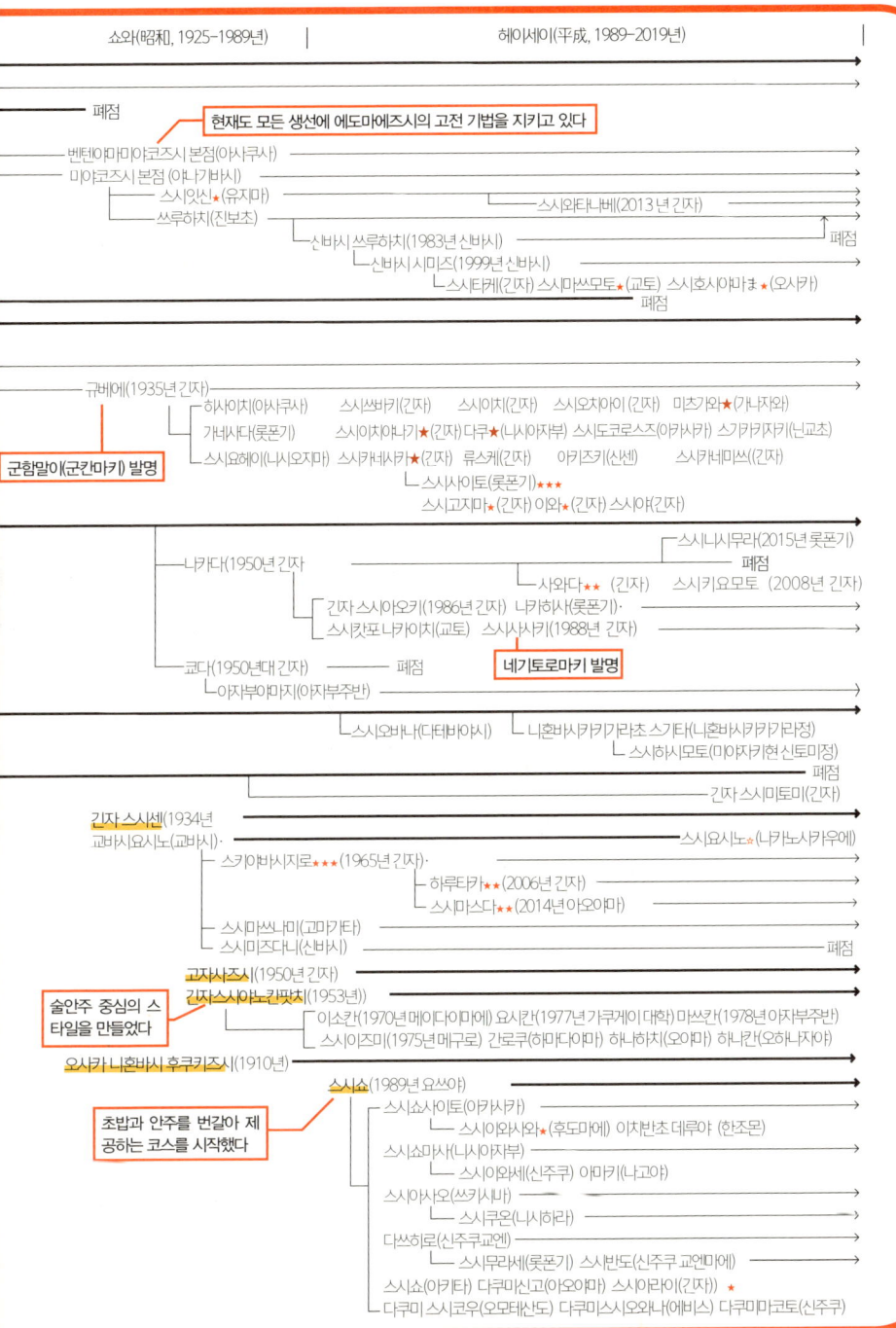

다랑어 해부도감

시장에서 파는 다랑어는 중간 도매업자가 해체한다.
처음에 머리와 지느러미를 떼어낸 후 해체 칼로 가운데 뼈를 경계로 윗살(우와미)과 아랫살(시타미)로 나누고, 각각을 배와 등으로 2등분하면 총 4개의 덩어리가 된다. 그리고 주문에 따라 덩어리로 나눈 고로(p.51)를 조금씩 잘라서 사용한다.

세카미(상등살)

근육과 혈압육이 많지만, 맛은 진하다. 제철의 큰 다랑어나 양식 다랑어에서는 세토로(背トロ)라 불리는 주토로(中トロ)를 얻을 수 있다.

노텐(脳天, 머릿살)

호오(볼살)

가마(울대살)

가마토로(목살)

하라카미(대뱃살)

내장을 감싸고 있는 부분으로 지방이 많고, 참다랑어나 남방참다랑어에서는 오토로(大トロ)를 얻을 수 있다.

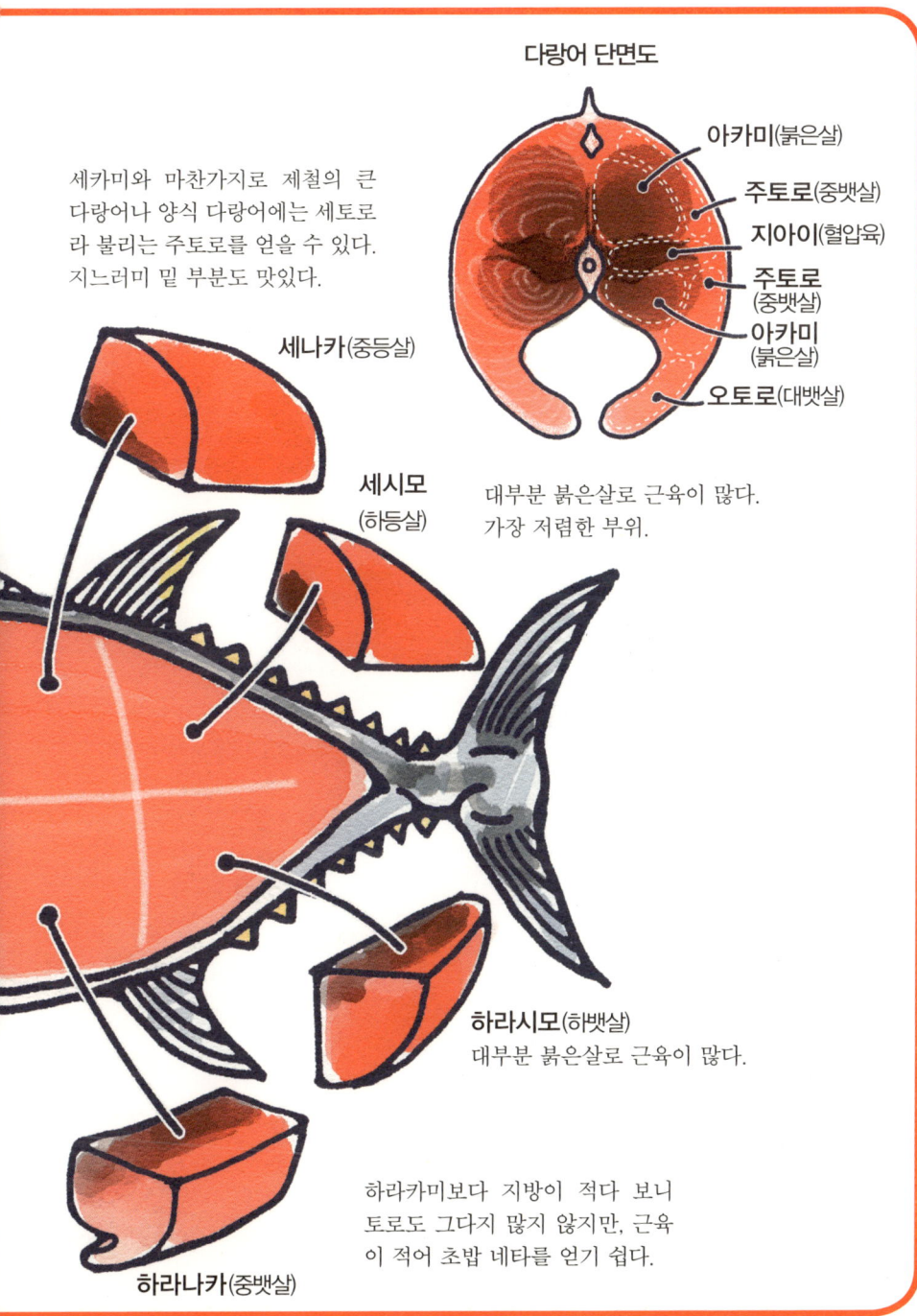

시가현
원조 송어 누름초밥
취급 역: JR도카이도 본선, 요네하라(米原) 역
시가현에서 생산된 쌀 오우미마이(近江米)를 사용.

기후현
히다규 로스트 비프 스시
취급 역: JR다카야마 본선, 다카야마(高山) 역
히다규의 로스트 비프와 시구레니 양쪽 모두를 즐길 수 있다.
*시구레니(しぐれ煮): 생강을 넣은 조림

도야마현
송어 누름초밥
취급 역: JR호쿠리쿠 본선, 도야마(富山) 역

돗토리현
게살 흩뿌린 초밥
취급 역: JR산인 본선, 돗토리(鳥取) 역
백화점의 에키벤 행사 등에서도 단골 인기 상품.

날치 누름초밥
취급 역: JR산인 본선, 돗토리(鳥取) 역

고등어 누름초밥
취급 역: JR산인 본선, 요나고(米子) 역

이시카와현
상자 초밥
취급 역: JR호쿠리쿠 본선, 가나자와(金沢) 역
식초절임, 구이, 훈연 등, 생선 종류에 따라 다르게 조리되었다.

후쿠이현
게살 누름초밥
취급 역: JR호쿠리쿠 본선, 후쿠이(福井) 역

도미 누름초밥
취급 역: JR호쿠리쿠 본선, 쓰루가(敦賀) 역

효고현
붕장어 양념구이 누름초밥
취급 역: JR산요 본선, 히메지(姫路) 역
세토우치(瀬戸内) 지역의 맛이 풍부한 붕장어와 샤리에 섞은 표고버섯, 산초 열매의 균형이 절묘하다. 완성도가 높은 에키벤.

에히메현
도미 누름초밥
취급 역: JR요산 선, 이마바리(今治) 역
구루시마(来島) 해협의 급류에서 자란 살이 꽉 찬 도미를 사용한 누름초밥. 도미 살이 투명해서 밥 위에 덮은 차조기가 비춰 보이고, 바닥에는 조릿대가 깔려 있다. 각각의 재료가 초밥을 맛있게 만든다.

고치현
고등어 모양 누름초밥
취급 역: JR도산 선, 고치(高知) 역

후쿠오카현
붕장어 흩뿌린 초밥
취급 역: JR닛포 본선, 고쿠라(小倉) 역

전국 초밥 에키벤 지도

홋카이도
연어 반 게살 반 흩뿌린 초밥
취급 역: 신치토세 공항 국내선 터미널

상자 초밥
취급 역: JR네무로 본선, 구시로(釧路) 역

니가타현
새우 천냥 흩뿌린 초밥
취급 역: JR신에쓰 본선, 나가타(新潟) 역
전체를 덮은 달걀말이 위에 새우오보로가 뿌려져 있다. 달걀말이 밑에는 뱀장어, 전어사리, 새우, 하룻밤 말린 오징어가 나란히 있고, 그 밑에는 도로로콘부와 샤리가 있다.

연어 누름초밥
취급 역: JR신에쓰 본선, 니쓰(新津) 역

미야기현
가자미 지느러미 구운 누름초밥
취급 역: JR도호쿠 본선, 센다이(仙台) 역

고등어 봉초밥
취급 역: JR도호쿠 본선, 센다이(仙台) 역

아오모리현
고등어와 연어 누름초밥
취급 역: JR도호쿠 신칸센, 하치노헤(八戸) 역
샤미센의 술대를 모방한 주걱이 들어 있다.

군마현
곤들매기 누름초밥
취급 역: JR다카사키 선, 다카사키(高崎) 역

지바현
전복 흩뿌린 초밥
취급 역: JR소토보 선, 아와카모가와(安房鴨川) 역
간장으로 조린 전복으로 만든 흩뿌린 초밥으로 성게, 가리비, 새우가 올려 있다.

가나가와현
전갱이 누름초밥
취급 역: JR도카이도 본선, 오후나(大船) 역

시즈오카현
초절임전갱이 상자초밥
취급 역: 이즈하코네 철도, 슈젠지(修善寺)역
이즈 근해의 전갱이, 시즈오카 산 고시히카리, 이즈 마쓰자키의 사쿠라바, 이즈 아마기의 와사비 등 각 지방 명물로 꽉 채운 도시락.

※여기에 게재한 취급 역은 대표적인 역으로, 그 외의 여러 역에서 취급하는 경우도 있다.

전국 초밥 에키벤 지도

전국 초밥 재료 지도

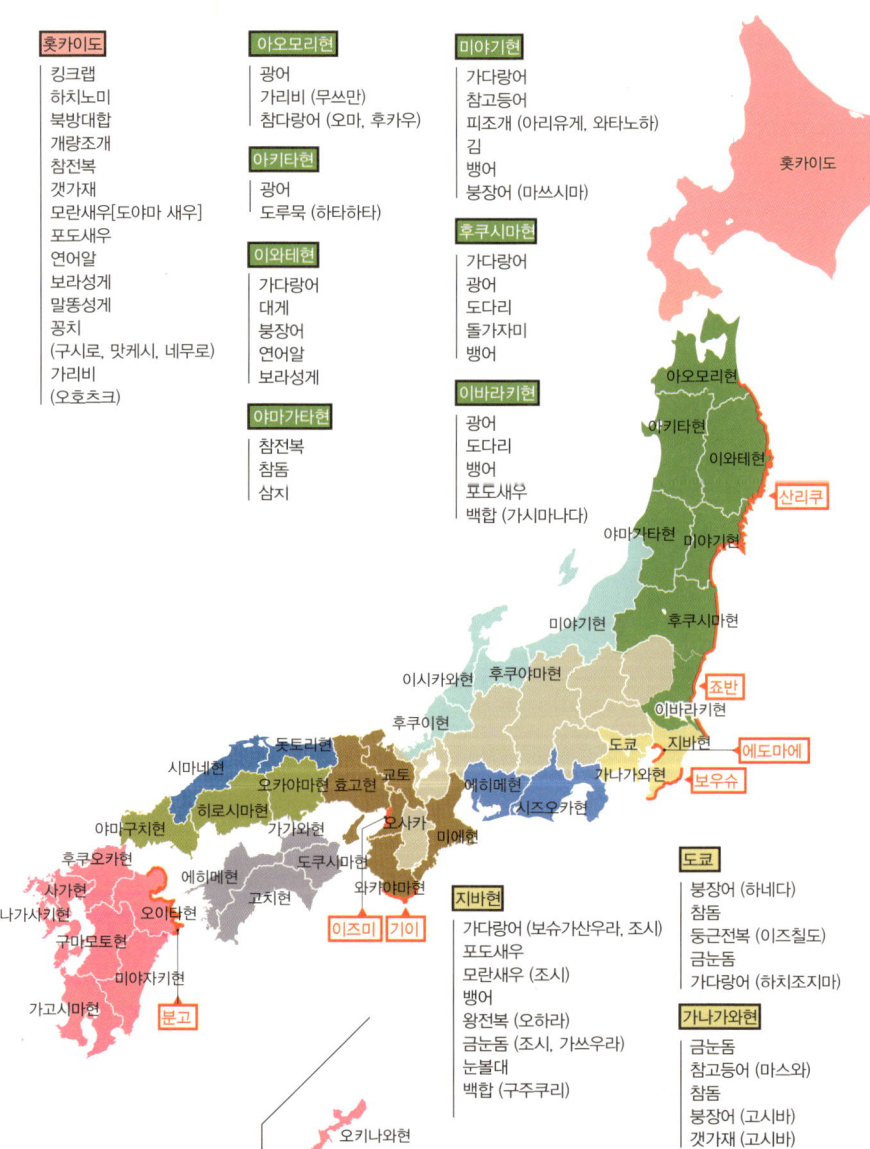

홋카이도
킹크랩
하치노미
북방대합
개량조개
참전복
갯가재
모란새우[도야마 새우]
포도새우
연어알
보라성게
말똥성게
꽁치
(구시로, 맛케시, 네무로)
가리비
(오호츠크)

아오모리현
광어
가리비 (무쓰만)
참다랑어 (오마, 후카우)

아키타현
광어
도루묵 (하타하타)

이와테현
가다랑어
대게
붕장어
연어알
보라성게

야마가타현
참전복
참돔
삼치

미야기현
가다랑어
참고등어
피조개 (아리유게, 와타노하)
김
뱅어
붕장어 (마쓰시마)

후쿠시마현
가다랑어
광어
도다리
돌가자미
뱅어

이바라키현
광어
도다리
뱅어
포도새우
백합 (가시마나다)

지바현
가다랑어 (보슈가산우라, 조시)
포도새우
모란새우 (조시)
뱅어
왕전복 (오하라)
금눈돔 (조시, 가쓰우라)
눈볼대
백합 (구주쿠리)

도쿄
붕장어 (하네다)
참돔
둥근전복 (이즈칠도)
금눈돔
가다랑어 (하치조지마)

가나가와현
금눈돔
참고등어 (마스와)
참돔
붕장어 (고시바)
갯가재 (고시바)

전국 각지의 유명한 초밥 재료를 나타냈다.
항구명이나 산지명(산리쿠(三陸)와 같은 전통적인 명칭도 포함)이
대명사로 사용되는 경우도 있어서 유명한 곳은 명칭을 병기했다.

아이치현
- 개량조개 (미카와)
- 키조개 (미카와)
- 새조개 (미카와)
- 전어사리
- 김

시즈오카현
- 금눈돔 (이나토리)
- 참돔
- 둥근전복
- 전어사리 (구 마이사카)
- 벚꽃새우

니가타현
- 단새우
- 대게
- 살오징어
- 송어
- 청보리멸
- 다금바리

후쿠야마현
- 방어 (히미)
- 쌀새우
- 송어
- 불똥꼴뚜기

후쿠이현
- 대게

이시카와현
- 학꽁치
- 대게
- 청새치
- 참전복
- 눈볼대

미에현
- 백합 (구와나)

교토
- 백합 (구 단고)
- 대게
- 창오징어
- 흰오징어
- 학꽁치
- 삼치

와카야마현
- 참고등어
- 가다랑어

효고현
- 참돔 (아카시)
- 전갱이 (아와지)
- 붕장어 (아카시)
- 참문어 (아카시)
- 김
- 보리멸 (세토나이)

오사카
- 정어리 (마이와시)
- 붕장어

돗토리현
- 대게
- 새조개
- 눈볼대
- 도루묵

시마네현
- 대게
- 물레고둥
- 참전복
- 흰꼴뚜기
- 눈볼대
- 백합 (마스다)
- 황돔
- 전갱이 (하마다, 오다)
- 붕장어

오카야마현
- 붕장어
- 갯가재
- 김

히로시마현
- 붕장어
- 김
- 참굴

야마구치현
- 자주복 (시모노세키)
- 피조개
- 창오징어
- 흰오징어

도쿠시마현
- 참돔

가가와현
- 피조개
- 학꽁치
- 보리멸
- 갑오징어
- 입술무늬갑오징어
- 키조개 (하리마나다)

에히메현
- 붕장어
- 피조개 (이마바리)
- 가다랑어 (후카우라)
- 참고등어 (사다미사키)
- 전갱이 (사다미사키)

고치현
- 가다랑어
- 금눈돔

후쿠오카현
- 전갱이
- 참고등어

사가현
- 창오징어
- 왕우럭조개
- 전갱이
- 전어사리 (아리아케)

나가사키현
- 전갱이
- 붕장어 (쓰시마)
- 참고등어 (고토, 쓰시마)
- 전복류
- 방어 (쓰시마)

오이타현
- 청보리멸
- 전갱이 (사가노세키)
- 참고등어 (사가노세키)

구마모토현
- 전어사리 (아마쿠사)
- 참문어 (아마쿠사)
- 갑오징어 (아마쿠사)
- 보라성게 (아마쿠사)
- 참돔
- 왕우럭조개

미야자키현
- 백합
- 가다랑어

가고시마현
- 대전어
- 참돔 (우치노우라)
- 전갱이 (이즈미)

오키나와현
- 황다랑어
- 돛새치

제철 시기가 짧은 재료나 대체해서 먹기 쉬운 재료를 중심으로 모았다.
표에 나타낸 대로 먹으면, 그 시기의 제철 재료를 전부 맛볼 수 있다.

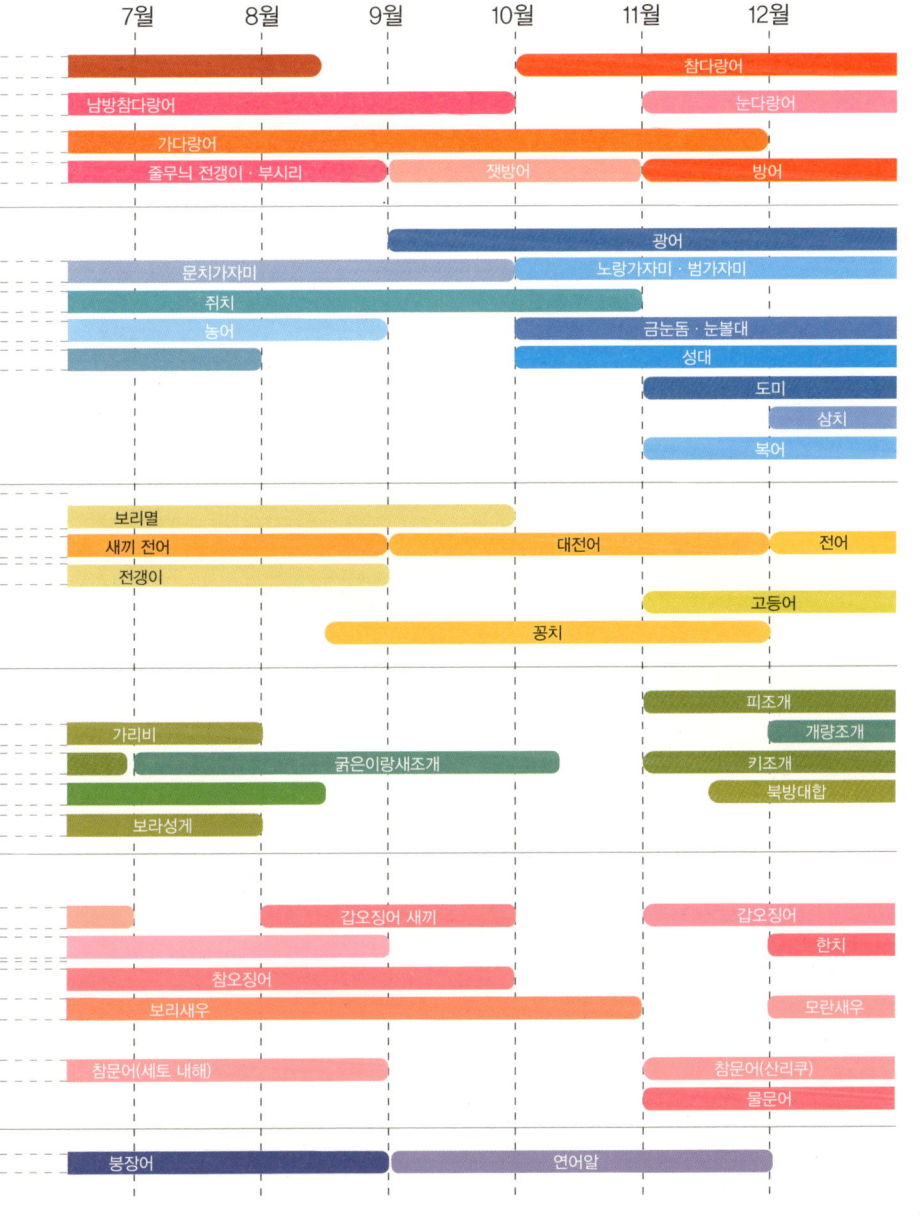

시장에서
일하는 사람들

시장에서 생선을 구입하는 경우 초밥집은 중간 도매업자한테 생선을 산다. 중간 도매업자는 도매업자한테 생선을 사서 소매업자가 사용하기 편한 분량으로 나누어 판매한다. 도요스 시장의 경우에는 수산물 도매업자는 7곳, 중간 도매업자는 약 500곳이 영업하고 있다.

*도요스(豊洲) : 2018년 10월에 쓰키지 시장이 도요스로 이전

● 주
※1 : 판매자와 구매자가 교섭해서 가격을 정하는 방법.
※2 : 판매자가 미리 판매 예상 가격을 정하고, 불특정 다수의 매매 참가자에게 예정 가격으로 판매하는 것을 요구하는 방법.
※3 : 개설자의 허가를 받아 시장의 기능을 돕기 위해 시장 안에서 영업하는 식품점이나 잡화판매점, 냉장고업, 음식업 등의 사업자.

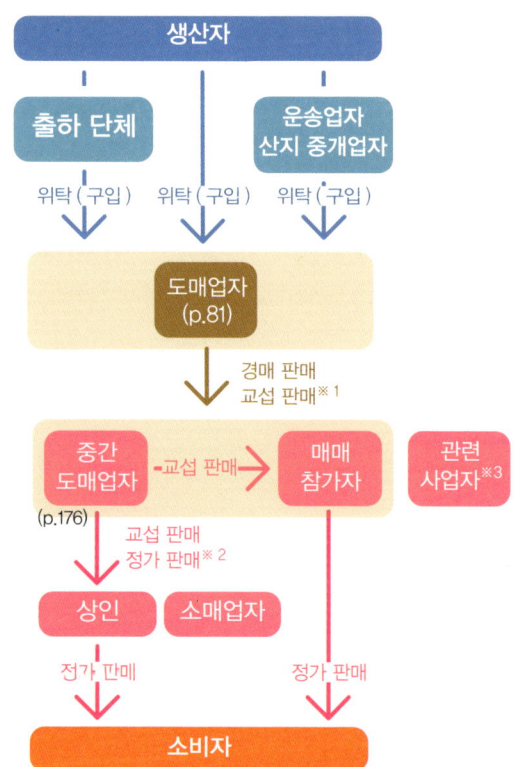

중간 도매업자는 대물업자라고 불리는 다랑어 전문업자나 특종물이라고 불리는 활어와 조개류를 다루는 업자, 신선물 전반을 다루는 업자 등 다양하다. 초밥집 상인은 중간 도매업자를 돌면서 각각의 가게에서 대표하는 생선을 산다. 중간 도매업자는 생선의 질을 판단하는 전문가로, 중간 도매업자의 도움 없이는 좋은 생선을 구입할 수 없다.

다랑어 전문업자

대뱃살 2자리(약 15cm) 정도군.

특종물 : 활어 전문업자

오늘은 이거다! 산지가 아카시(明石)라구요!

관련 사업자

얼음은 매일 얼음 가게에서 사 오지요.

특종물: 조개껍데기 까기나 붕장어, 초밥 재료 등의 전문업자. 재료상이라고도 함.

조개껍데기 까기 외길 40년♪

붕장어를 순식간에 손질해주지!

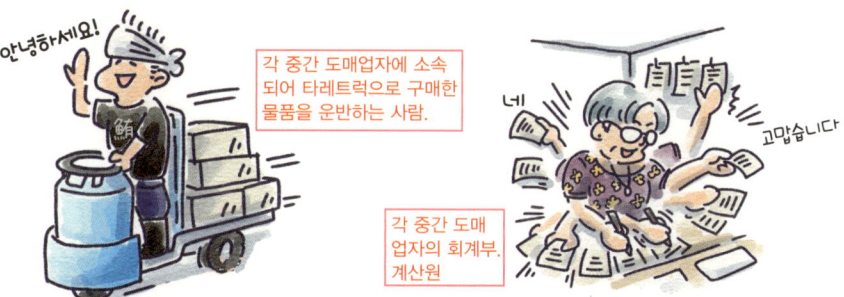

각 중간 도매업자에 소속되어 타레트럭으로 구매한 물품을 운반하는 사람.

각 중간 도매업자의 회계부. 계산원

늦어도 10시까지는 배달해드릴게요~

10건 정도의 주문이라면 동시에 처리할 수 있지요!

용어 편

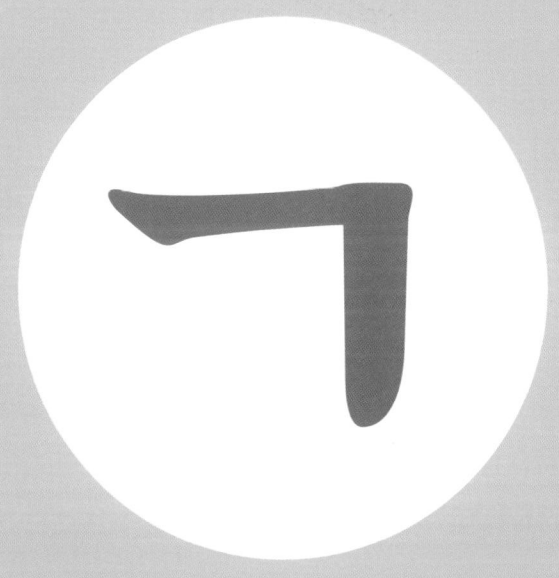

가다랑어	감잎 초밥	고등어	규베에
가다랑어포	갓 말이초밥	고등어 누름초밥	금눈돔
가라코	갓파	고등어 오보로 초밥	금박구운김
가루 와사비	강판	고등어 초밥	기념일
가루차	개라지	고로	기리쓰케·기쓰케
가리비	개량조개	고바	기미스 오보로
가미가타즈시	개량조개 관자	고오리지메	기즈
가부라즈시	갯가재	고케라즈시	긴키대학 수산연구소
가와기시	갯장어	고테가에시	김
가와시모	게구멍	공모양 초밥	김발
가이다시닌	게라다마	관동대지진	김 보관통
가자미	게	광어	김초밥
가지 국화꽃 초밥	게라즈시	교쿠	깨두부
가타오모이	게타	교토쿠	껍질 폰즈
간식	겐	국화 초밥	꼬치고기
간장	겐나리즈시	군함말이	꽁치
간장 절임	겐비루	굴	꽁치 초밥
갈빗살	격자무늬	굵은이랑새조개	

가다랑어 鰹

- 일본어명: 가쓰오
- 별칭: 스지가쓰오, 마가쓰오
- 영어명: Bonito
- 제철: 4~6월, 9~11월

봄에 태평양을 북상해서 오는 가다랑어를 만물 가다랑어(하쓰 가쓰오), 가을에 남하해 가는 기름기가 오른 가다랑어를 돌아온 가다랑어(모도리 가쓰오)라고 한다. 2번의 제철이 있고 각각 다른 매력이 있다. 에도 토박이인 에돗코는 만물을 좋아해서 '아내를 전당포에 맡겨도 만물 가다랑어'라는 센류가 있을 정도로 만물 가다랑어는 가격이 비싸도 너나 할 것 없이 모두 먹었다고 한다. 만물 가다랑어는 산뜻한 풍미가 있어서 생선 껍질을 토치 등을 이용해 직화로 구우면 소금이나 감귤류와 잘 어울린다. 마찬가지로 센류 중에 '절구봉과 강판으로 먹는 만물 가다랑어'라는 시가 있듯이 와사비랑 먹어도 맛있다. 돌아온 가다랑어는 기름기가 많아서 뱃살 부분은 토로 같다고 한다. 날것을 썰어서 초밥으로 만들어도 맛있고, 간장 절임을 해도 풍미가 살아있다. 가다랑어는 보통 태평양에 서식하지만, 동해안으로 잘못 들어오는 경우도 있어서 가을에는 대마도나 히미(氷見) 등에서 방어에 섞여 다랑어가 잡히기도 한다. 엉뚱하게 잡힌 다랑어는 헤맨다는 뜻의 마요이(迷い)라는 단어를 붙여서, '헤매는 다랑어(마요이 가쓰오)'로 부르기도 한다. 기름기가 많은데도 차가운 바다에서 살이 단단해져 있는 상태라 우연히 만나면 행운인 네타이다.

*센류(川柳): 골계미가 있는 정형

가다랑어포 鰹節

갓 깎아낸 훈연향이 좋은 가다랑어포를 듬성듬성 푸짐하게 올려서 느슨하게 만 손말이초밥은 심플해서 가다랑어의 풍미와 샤리의 맛을 천천히 음미할 수 있다. 또한 상대를 가리지 않는 가다랑어는 오이 김초밥이나 낫토 김초밥 속에 넣어 변화를 주거나, 가지, 유채순, 무순 등의 채소 초밥(p.182) 토핑으로 올려도 맛있다. '맛있겠다'고 생각했다면, 다음에 손말이초밥을 만들 때 꼭 무순과 가다랑어포를 준비해보시길. 김 대신 가쓰오부시 시트를 이용해서 만든 김밥도 추천한다. 그 밖에도 초밥집의 맛국물(다시)은 물론 니키리(p.70)나 이리자케(p.163)의 풍미를 살리고 배합초의 깊은 맛을 내기도 한다.

가라코 唐子

중국풍의 복장과 머리모양을 한 아이를 가라코라고 하는데, 꼬챙이(p.124)로 꼬치를 꽂지 않고 가열한 새우를 머리에서 꼬리 쪽으로 등을 갈라 만든 초밥 모양이 가라코의 머리 모양과 비슷하다고 해서 가라코즈케라고 한다. 기미스라는 계란 노른자초에 재운 후 기미스 오보로(p.56)를 올리거나, 조금 강한 식초로 재운 후 달콤한 오보로를 올리기도 한다. 양쪽 모두 전통적인 에도마에즈시 방법이다.

가루 와사비 粉ワサビ

가루 와사비는 다이쇼 초기에 시즈오카에서 차 중매인을 하던 고나가야 요시치(小長谷与七)가 고안했다. 당시 생으로 판매할 수 없던 와사비를 절구로 빻아서 가루 상태로 만들어 판매했는데, 매운 맛이 오래가지 않고 비싸다는 결점이 있었기 때문에 서양 와사비(별칭은 겨자무, 호스래디시)를 섞어서 그 결점을 보완하게 됐다. 지금은 오히려 서양 와사비인 겨자무만 사용하거나 겨자무에 생와사비를 섞은 제품이 대부분이다. 겨자무는 거의 흰색이기 때문에 일반적인 가루 와사비는 착색을 한다. 간토 지방에서 주로 유통되고 있는 시즈오카산 생와사비는 녹색인데 비해 간사이 지방에서는 옅은 녹색의 시마네산 생와사비를 선호하기 때문에 간토용은 짙은 녹색으로 착색하고, 간사이용은 옅은 녹색으로 착색하는 제조 회사도 있다.

가루차 粉茶

전차를 만드는 과정에서 나오는 가루 상태의 줄기와 찻잎을 모은 것. 추출 온도는 전차가 70~80℃인데 비해 90℃ 이상으로 높고 뜨거운 물로 재빨리 추출한다. 처음에는 저렴해서 사용되기 시작했다고 하는데, 지금도 여전히 가루차가 쓰이는 이유는 고급 차처럼 향이 강하지 않아서 초밥의 맛을 죽이지 않고, 뜨거운 물로 타기 때문에 입안에 남아있는 맛을 헹구는 데 딱 좋기 때문이다. 또한 회전초밥집에서 차 컵에 직접 뜨거운 물을 부어서 만드는 셀프서비스 차는 가루차가 아니라 분말 녹차라는 다른 차다. 분말 녹차는 전차를 분쇄기로 곱게 간 것과 추출한 전차에 덱스트린 등을 첨가해서 스프레이 드라이 제조법 등으로 말려서 만든 것도 있다.

가리비 帆立貝

- **일본어명** 호타테가이
- **별칭** 호타테, 아키타가이, 아타라가이
- **영어명** Japanese scallop
- **제철** 6~8월

일본어명 호타테가이는 돛(호)처럼 관자를 세워서(타테) 헤엄치기 때문에 붙은 이름이라고 하지만, 실제로는 수관에서 기세 좋게 물을 분사하면서 그 힘으로 이동하는 것이다. 어시장에서는 양식산 가리비의 껍데기를 깐 관자만 팩에 넣은 가리비(무키호)가 많이 팔린다. 관자 15개들이나 21개들이 팩이 초밥에 알맞은 크기이다. 조개 전문 중간 도매업자(p.176)는 껍데기가 있는 상태로 파는데, 이것은 껍데기 가리비(가라호)라고 한다. 초밥 네타는 관자 1개를 수평으로 얇게 썰어서 2등분하고, 다시 수평으로 칼집을 넣어 한쪽 면만 연결해서 펼치는 게 일반적이다. 얇게 썰면 가리비의 진미라 할 수 있는 식감이 줄기 때문에 얇게 써는 대신에 세로로 얇게 칼집을 넣어 샤리에 붙이는 방법도 있다. 또한 식감을 살리려면 가리비를 초밥으로 만들지 말고 이소베야키(p.164)로 김에 싸서 술안주로 먹어도 좋다.

가미가타즈시 上方寿司

오사카즈시와 같은 의미. 에도시대에는 천황이 사는 교토를 중심으로 한 긴키 지역을 가미카타(上方)라고 불렀다. 에도에서 태어난 니기리즈시를 에도마에즈시라고 부르는 데 견주어 가미카타에서 만들어진 상자초밥을 가미가타즈시라고 한다.

가부라즈시 かぶら寿司

에도시대의 가가번(加賀藩) 지역인 이시카와현과 후쿠야마현에 전해지는 향토요리이다. 칼집을 낸 순무에 방어와 당근을 끼워 넣고 발효시킨 이즈시(p.164)로 지금도 정월 요리로 먹고 있다. 초밥이라고 하지만 채소의 비율이 높아서 절임음식인 쓰케모노에 가깝다. 지역에 따라서는 방어 대신에 고등어나 연어, 말린 청어를, 순무 대신에 무를 사용하기도 한다. 어떤 재료를 사용하든 각각의 재료는 소금에 따로 절인 후에, 순무 사이에 넣어 쌀누룩으로 덮어서 며칠간 숙성시켜 완성한다.

가와기시 皮岸

다랑어 껍질과 살 사이에 있는 기름기를 숟가락으로 떠서 떨어뜨린 것. 지방은 바로 산화되기 때문에 신선한 다랑어가 아니면 먹을 수 없다. 초밥은 군함말이로 만든다.

 네기토루(p.66)

가와시모 皮霜

껍질이나 그 주변 살이 맛있지만, 껍질이 단단하거나 냄새가 나서 날로 먹기에는 힘든 생선의 껍질 부분만 불로 살짝 익혀서 먹기 편하게 만드는 기술을 가와시모라고 한다. 껍질 부분만 뜨거운 물을 붓는 방법과 껍질을 직화로 살짝 굽는 방법이 있는데, 전자를 유시모(湯霜) 또는 유비키(p.161), 후자를 야키시모(p.142)라고 한다. 그리고 가와시모로 조리한 생선회를 '가와시모 생선회(가와시모 즈쿠리)', 또는 익힌 도미 껍질 모양이 소나무(마쓰) 껍질과 비슷하다는 데서 '마쓰가와 생선회(마쓰가와 즈쿠리)'라고 한다. 초밥 네타 중에서는 삼치, 금눈돔, 가다랑어, 눈볼대 등을 가와시모 즈쿠리로 조리한다.

가이다시닌 買出人

시장으로 물건을 사러 다니는 소매업자나 사인을 가이다시닌이라고 한다. 규모에 따라 다양하지만 초밥집의 경우는 직접 시장에 가서 생선을 고르는 초밥 장인도 있다.

가자미 鰈

돌가자미 石鰈

- 일본어명 이시가레이
- 별칭 이시모치
- 英 Stone flounder
- 제철 7~10월

문치가자미와 나란히 여름 가자미이지만, 문치가자미보다 저렴하다. 표면에 비늘이 없는 대신에 거무스름한 쪽에 비늘이 변형된 돌을 제거한 후에 조리한다. 또한 껍질에서 나는 냄새가 강해서 처음에 소금으로 미끈거림을 꼼꼼하게 제거할 필요가 있다.

범가자미 星鰈

- 일본어명 호시가레이
- 별칭 야마부시, 몬가레
- 영어명 Spotted halibut
- 제철 9~2월

겨울철 가자미. 지느러미와 몸통 흰 쪽의 표면에 검은 점이 있어서 범가자미라고 한다. 최고급 생선이라서 중간 도매업자는 진열도 못한 채 구매처가 정해지기 때문에 어시장에서도 쉽게 손에 넣을 수가 없다.

문치가자미 真子鰈

- 일본어명 마코가레이
- 별칭 아마테, 구치본, 시로시타가레이, 마코
- 영어명 Marbled sole
- 제철 6~10월

초밥 네타로는 여름에 알맞다. 겨울에는 알을 품고 있어서 조림으로 한다면 겨울도 괜찮다. 겨울철 가자미가 끝나면 여름철 문치가자미를 대체로 사용할 수 있다. 어시장에서는 300g 정도의 작은 것부터 팔리지만, 초밥용은 1kg 정도의 가자미를 사용한다. 날에 따라서는 엄두가 나지 않을 정도로 비쌀 때도 있기 때문에 여름철에 좋은 것을 발견하면 꼭 사야 한다. 감칠맛도 단맛도 강하고 풍미도 좋다. 소금과 감귤류, 니키리, 폰즈, 다시마절임 등 다양한 향신료나 양념을 곁들여 비교해 보면서 먹는 것도 추천한다.

노랑가자미 松皮鰈

- 일본어명 마쓰카와
- 별칭 다카노하, 야마부시가레이, 무기가레이
- 영어명 Barfin flounder
- 제철 10~1월

범가자미와 어깨를 나란히 하는 겨울철 고급 가자미. 비늘이 딱딱하고 거친 모습이 소나무 껍질 같아서 일본어로 마쓰카와(소나무 껍질) 가자미라고 불린다. 지느러미의 표범 모양 줄무늬가 특징적으로, 별명 다카노하(벼과에 속하는 억새)도 이 겉모양에서 유래했다. 줄무늬 모양으로 자연산과 양식산을 구분할 수 있는데, 유통되는 대부분은 알을 채취해서 부화시킨 치어를 방류한 것이거나 양식이다. 1970년대에 자연산이 급감해서 방류 기술이 확립되었다. 감칠맛이 강하고 탄력 있는 두툼한 살이 포만감을 주는 흰살 생선이다. 간도 맛있어서 초밥 위에 올리거나 무쳐서 먹는다.

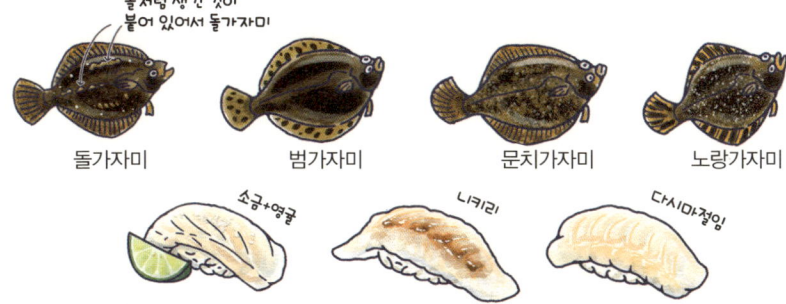

가지 국화꽃 초밥
ナスの花ずし

아키타현 남부에 전해지는 향토요리. 크기가 큰 가지를 썰어서 소금으로 한 달 동안 절인 후, 물로 소금을 헹궈내고 눌러서 물기를 뺀 후에 반죽 상태로 찐 찹쌀, 국화꽃, 송송 썬 고추를 올리고, 위아래에 설탕을 뿌려 조릿대 잎을 덮는 방식으로 몇 단을 쌓은 후에 재워둔다. 여름에 수확한 가지를 미리 절여두고, 가을의 국화꽃으로 본 절임을 하는 등 계절을 느낄 수 있는 초밥이다.

가타오모이 片想い

초밥집에서 쓰는 은어(p.162)로 전복을 가타오모이(짝사랑)라고 부른다. 전복은 나사조개(마키가이)의 일종으로 평탄하게 성장했음에도 언뜻 보기에 2미 조개 중 1미의 껍데기가 없는 것처럼 보이기 때문에 한쪽이 없는 모양을 재미있게 표현해서 짝사랑이라는 뜻의 가타오모이로 부른다.

간식 おやつ

초밥은 지금은 점심이나 저녁 식사로 자리 잡았지만, 옛날에는 '삼시세끼와 별도'라고 생각하는 사람도 있었다. 배가 살짝 고플 때에 주먹밥을 먹거나, 차와 함께 먹는 다과와 같은 감각이었다. 오보로를 잔뜩 사용했기 때문인지 하나야 요헤이(p.200)의 초밥은 과자처럼 달았다고 전해지는 자료도 있고, 간식처럼 먹는 사람도 있었던 모양이다.

간장 醬油

대두, 밀, 소금을 주재료로 양조 방법을 사용해 제조된 발효식품. 타마리쇼유[1], 연간장(薄口), 진간장, 깊은 맛이 나는 사이코미쇼유[2], 백간장(白醬油) 등이 있다. 간장의 기원은 여러 가지 설이 있는데, 7세기경에 '장(醬)'(초장(草醬), 곡장(穀醬), 두장(豆醬) 등 각종 간장)으로 전해졌다고도 하고, 가마쿠라 시대에 승려가 중국에서 된장을 가지고 왔을 때 된장에서 배어 나온 물 '타마리(たまり)'를 조미료로 사용한 것에서 유래되었다고도 한다. 에도시대 초기까지 일본에서는 주로 간사이 지방에서 생산된 타마리쇼유를 사용했으나, 에도의 발전과 더불어 현재 간장의 주요 생산지인 노다(野田)와 조시(銚子)에서 타마리쇼유보다 생산율이 좋은 진간장을 만들게 되었다. 에도시대 이전의 초밥은 생선을 보존하기 위해서 간을 세게 했다고 하므로 초밥에 간장을 사용했을 때는 간토 지방은 주로 진간장을 사용했을 것이다. 회전초밥집에서는 시판되는 작은 간장이 병째로 놓여 있지만, '에도마에즈시(p.44)'를 간판으로 내세우는 가게에서는 보통 간장만이 아니라 술, 맛술, 다시마를 섞어서 알코올을 증발시킨 니키리(p.70)를 만들어 솔로 초밥에 발라서 제공한다. 그런 가게에서 술안주용으로 카운터에 준비해 놓은 간장은 니키리가 아니라 생선회에 잘 어울리는 진간장, 사이코미쇼유라고 한다.

1. 타마리쇼유 : 찐 대두에 누룩을 넣고 만든 된장을 1년 이상 발효·숙성시켜서 만든 간장
2. 사이코미쇼유 : 간장누룩에 소금물을 넣어 모로미를 숙성시키는 일반 간장과 달리 소금물 대신 간장을 사용

간장 절임 漬け

생선을 즈케간장에 절인 것과 즈케간장에 절인 네타로 만든 초밥. 가장 일반적인 네타는 다랑어이지만, 흰살 생선과 등푸른 생선을 절이기도 한다. 간장 절임에 사용하는 즈케간장은 간장, 술, 맛술, 가다랑어포 등으로 만든 니키리(p.70)다. 다랑어 초밥이 등장했을 당시 다랑어는 간장 절임으로 먹는 게 당연했다. 다랑어는 조몬시대(繩文時代, 기원전 1만4000년부터 기원전 300년까지의 시기)부터 먹어 왔는데, 선도가 떨어지기 쉬워서 별로 인기가 없던 탓에 오랫동안 신분이 낮은 사람이 먹는 음식으로 여겨져 왔다. 작고 어리다는 뜻의 시비(シビ)라는 별명이 있는데, 시비(死日)로도 읽혀서 무사들은 불길한 생선으로 인식했다고 한다. 덴포 기간(1831~1845년)에 일본 근해에서 다랑어가 너무 많이 잡혔던 탓에 다랑어가 헐값인데다 많았기 때문에 니혼바시 바로쿠정(馬喰町)의 '에비스즈시'라는 포장마차에서 초밥을 만들었는데, 의외로 맛이 좋아서 이후 다랑어 초밥이 널리 퍼졌다고 한다. 간장 절임을 할 경우에는 다랑어 덩어리를 소금물에 담갔다가 뜨거운 물을 부어 시모후리한 후에 즈케간장에 반나절 이상 담가 둔다. 급속 간장 절임(하야즈케)이라고 해서, 생선을 한 점 크기로 썰어서 짧은 시간 즈케간장에 절이는 방법도 있다.

갈빗살 中落ち

세 장 뜨기(p.122)로 손질한 생선의 가운데 뼈 사이에 붙은 살을 말한다. 상품으로 판매되는 것은 몸통이 큰 다랑어 정도라서 초밥집에서 말하는 갈빗살은 보통 다랑어를 말한다. 갈빗살은 붉은살이기 때문에 갈빗살에서만 긁어낸 네기토로(p.66)는 산미와 감칠맛이 강해서 둘이 먹다가 하나가 죽어도 모를 다랑어의 묘미이다. 덧붙여 육고기도 마찬가지로 늑골 사이의 살을 갈빗살이라고 한다.

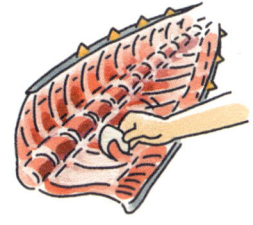

감잎 초밥 柿の葉寿司

이시카와현, 나라현, 와카야마현에 전해지는 향토요리. 이시카와에서는 넓게 편 감잎 위에 샤리와 식초절임한 생선을 올리고 감잎으로 싸서 하룻밤 숙성시켜 만든다. 한편, 나라와 와카야마에서는 샤리에 생선을 올리고 감잎으로 싼 후 누름돌을 해서 하룻밤 재워서 만든다. 감잎에는 폴리페놀의 일종인 탄닌이 풍부한데, 탄닌의 살균과 항산화 작용은 보존에 적합한 데다 단백질 응고 작용이 생선을 절이는 데 큰 역할을 한다. 옛날에는 나레즈시의 일종으로 만들어져서 생선의 짠맛이 강했지만, 지금은 소금을 줄이고 빨리 먹을 수 있게 변화했다.

갓 말이초밥 高菜巻き

오이타현 히타(日田) 지방에 전해지는 향토요리. 김 대신 넓게 펼친 갓절임에 샤리와 마, 낫토, 파를 넣어서 만든 말이초밥. 이 조합만으로도 훌륭하지만 오이타현에서는 여기에 달달한 규슈 간장을 찍어 먹는다. 갓에 짠맛이 있어서 간장 없이도 먹을 수 있지만, 꼭 달달한 간장 버전도 먹어 보기 바란다.

갓파 かっぱ

초밥집에서 사용하는 은어(p.162) 중 하나로 오이를 말한다. 갓파가 오이를 좋아한다는 데서 유래되었다고도 하고, 오이를 썬 단면이 갓파 머리 위에 음식을 담아두는 갓파 접시와 비슷하다는 데서 유래되었다고도 한다

강판 おろし金

와사비나 무, 생강, 감귤의 껍질을 가는 도구. 스테인리스, 알루미늄, 도기 등으로 만든다.

개라지 ガレージ

초밥집에서 쓰는 은어(p.162)로 갯가재를 말한다. 갯가재는 일본어로 '샤코'라고 하는데 샤코→차고(샤코와 동음)→개라지(garage)로 변한 것이다.

개량조개 青柳

일본어명	바카가이
별칭	사쿠라가이, 히메가이
영어명	Chinese mactra
제철	1~4월

초밥집에서는 아오야기로 통하지만, 표준 일본어명은 바카가이, 씹었을 때의 오독오독한 식감과 바다 냄새가 매력적이다. 조개발을 닭 꽁지깃처럼 만든 초밥이나, 관자만 모아 만든 군함말이가 일반적이다.

관련어 개량조개 관자(p.46)

개량조개 관자 星

개량조개 관자를 말한다. 개량조개에는 대소 1개씩 2개의 관자가 있는데, 큰 쪽을 오오보시(大星), 작은 쪽을 고보시(小星)라고 한다. 개량조개는 껍데기를 벗겨서 조갯살이나 관자만 모아서 판매된다. 큰 관자는 조갯살보다 비싸고, 김 없이 만드는 큰 관자 초밥(오오보시 니기리)은 재료와 쥐는 기술 전부가 호사스러운 일품이다.

갯가재 蝦蛄

- 일본어명 샤코
- 별칭 가샤에비, 가타에비, 샤에비
- 영어명 Mantis shrimp
- 제철 6∼10월

모양은 새우와 닮았지만, 맛은 새우보다 깔끔해서 게와 비슷하다. 봄에서 여름까지 가쓰부시(カツブシ)라 불리는 알을 품은 갯가재도 있는데, 알이 없는 것과 같은 전혀 다른 맛을 즐길 수 있다. 다리의 살점은 한 마리에서 조금밖에 얻을 수 없기 때문에 별미로 군함말이를 만들기도 한다. 선도가 떨어지기 쉽고, 찐 갯자재에 쓰메 소스(p.137)를 발라서 제공되는 경우가 많지만, 신선하다면 날것으로 먹을 수 있고 찐 것보다 단맛이 강하다. 산지에 가면 꼭 갯가재 회를 먹어보기를 바란다.

갯장어 鱧

- 일본어명 하모
- 별칭 혼하모, 우미우나기
- 영어명 Dagger-tooth pike conger, Conger pike
- 제철 6∼9월, 10∼11월

여름에서 가을이 산란 시기로, 산란 전이나 산란 후에 다시 살이 오른 만추가 제철이다. '장맛비를 마시고 맛있어진다'고 해서 간사이에서 서쪽 지역에서는 초밥에 사용하는 네타다. 보통은 뼈를 제거하고 유비키(p.161)를 한 '하모오토시'라고 불리는 것으로 초밥을 만들어 으깬 우메와 청차조기를 곁들이지만, 날것으로 초밥을 만들어 니키리를 발라 먹기도 한다.

- 관련어 뼈 절단용 칼(p.189)

게구멍 カニの穴

맛있게 지어진 밥 표면에는 구멍이 송송 나 있는데, 모래사장에서 게가 바닷물을 내뿜는 구멍과 비슷하다고 해서 게구멍이라고 한다. 이 구멍은 밥을 지을 때 쌀알 하나하나가 살아있고, 뜨거운 물로 열이 전달되면 솥 바닥에서부터 증기가 올라오면서 생긴다. '맛있는 초밥집은 샤리가 맛있다'는 말처럼 초밥집의 갓 지은 밥에는 게구멍이 있을 것이다.

게라다마 ケラ玉

초밥집의 달걀말이 중에서 중하새우(시바에비) 또는 으깬 생선살을 넣고 얇게 부친 달걀 우스야키타마고를 게라 또는 게라다마라고 한다. 원래 에도마에즈시에서 말하는 달걀말이는 두꺼운 달걀말이가 아닌 게라다마였다. 게라란 냄비의 원료인 불순물이 적은 철 덩어리를 말하는 것으로, 달걀을 철판에 굽는다고 해서 달걀말이를 게라다마라고 한다. 달걀말이를 먹어보면 그 초밥집의 수준을 알 수 있다고 하는데, 왜냐하면 게라다마에는 맛국물, 으깬 생선, 간장, 설탕 등 그 가게만의 비법이나 기술이 고스란히 담겨 있기 때문이다. 최근에는 가게에서 직접 게라다마를 만들지 않고 사서 쓰는 곳도 많아, 그런 가게의 경우는 달걀말이로 초밥집의 기술을 판단하기 어렵다.

게 蟹 <small>かに</small>

수컷(다리), 다진것, 암컷, 무침

대게 頭矮蟹 <small>ずわいがに</small>

- **일본어명** 즈와이가니
- **별칭** 수컷 – 에치젠가니, 마쓰바가니,
  요시가니, 다이자가니
  암컷 – 메가니, 오야가니, 콧페가니,
  고우바고가니, 세코가니, 세이코가니,
  구로코가니
- **영어명** Snow crab
- **제철** 11~1월(암컷), 11월~3월(수컷)

대게는 암컷과 수컷의 크기가 다르고, 지역마다 일정한 규격을 넘은 것에는 브랜드명을 붙이기 때문에 같은 대게라도 이름이 다르다. 수컷의 경우에는 큰 크기를 그대로 살려서 다리살을 사용한 화려한 초밥, 암컷은 내장과 게딱지의 난소와 뱃속에 찬 알을 사용한 풍미 깊은 초밥을 만들 수 있는데 맛이 전혀 다르다. 생물 대게다리로 초밥을 만드는 경우에는 유시모[1] 또는 아라이[2] 방법으로 게살에 탄력을 만든다. 쫀득쫀득한 식감과 감칠맛은 오랫동안 기억에 남을 정도로 맛이 좋다. 소금물에 데친 다리살이나 게살로 초밥을 만들기도 한다. 암컷은 게다리살을 올린 심플한 초밥에 내장이나 알을 토핑하기도 하는데, 다리살점을 깨끗하게 발라내기가 어렵다. 게살에 내장이나 알을 같이 무쳐서 만드는 초밥도 있고, 내장과 알을 넣고 버무린 샤리에 다리를 올려서 만든 초밥도 있다.

1. 유시모: 생선에 뜨거운 물을 부어 표면만 익히고 얼음물에 담그는 조리 방법
2. 아라이: 얇게 저민 생선의 냄새와 불순물을 씻어내고 얼음물에 담그는 조리 방법

왕게 鱈場蟹 <small>たらばがに</small>

- **일본어명** 다라바가니
- **별칭** 안코(작은 것), 구랏카(아주 작은 것)
- **영어명** Red king crab

껍데기가 20cm 정도, 다리까지 재면 1m나 되는 대형 게. 맛이 진해서 보통 막 찐 것을 초밥 네타로 쓴다. 살아있을 때 살짝 데친 게가 일품이지만, 가게 입장에서는 비용이나 손님 회전 등을 고려하면 산 게를 초밥 네타로 쓸 수 있는 환경은 제한적이다. 한국에서 유통되는 대부분의 왕게는 러시아와 일본에서 수입한다. 탈피 시기가 2~3월 또는 12~1월로 탈피 직후에는 살이 없고, 탈피 후 시간이 지나 살이 차올랐을 때가 제철이기 때문에 이 시기에 잡힌 탈피 직전의 것인지 확인하고 먹는다. 3월 중에는 유빙으로 잡히지 않고 산란기인 4~6월은 금어기인 지역도 있다. 일본은 겨울에 게를 찾는 사람들이 많아 가격이 비싸진다. 때문에 여름에서 가을이 끝날 무렵이면 합리적인 가격에 맛있는 왕게를 먹을 수 있다.

게라즈시 けら寿司 <small>ずし</small>

달걀(게라다마), 소금과 단식초로 절인 새우, 소금과 식초로 절인 흰살 생선, 김으로 만든 누름초밥. 사이사이에 조린 박고지와 표고버섯을 넣기도 한다.

게타(초밥 담는 대) 下駄(げた)

①초밥을 담는 나무로 만든 대를 스시게타(寿司下駄), 스시다이(寿司台), 스시모리다이(寿司盛台) 등으로 부르는데, 초밥집 은어(p.162)로는 게타라고 한다. 게타노하라고 하는 나무 굽처럼 생긴 다리가 있어서 게타라고 부르는데, 게타를 사용하지 않고 도자기 접시나 엽란(p.149) 등을 이용하는 가게가 많으며, 접시는 쓰케자라(ツケ皿)라고 한다. ②초밥집의 은어로 숫자 3을 게타라고 한다. 게타를 보면 당연히 2개의 나무 굽에 시선이 먼저 가지만, 게타에는 하나오(鼻緒)라는 끈을 끼는 구멍이 3개 있으며 이 숫자와 연관지어 3을 게타라고 한다. ③가게에 따라 다르지만, 원래 초밥 장인의 신발은 게타였다.

겐 けん

생선회에 곁들이는 장식 채소나 해조류인 쓰마(p.137) 중에서 무, 오이, 당근, 호박 등을 채로 썬 것을 말한다. 섬유질의 결을 따라 아주 얇게 썬 것을 다테쓰마나 다테겐이라 하고, 생선회 옆에 세우듯이 장식한다. 결을 끊듯이 썬 것을 요코쓰마 또는 요코겐이라 하고, 생선회의 밑에 쿠션처럼 깔아서 사용한다.

겐나리스시 げんなり寿司

시즈오카현 가모군(賀茂郡) 히가시이즈정(東伊豆町)에 전해지는 향토요리. 크기가 큰 데다 많은 양의 밥을 꽉 채워 눌러 만들기 때문에 금방 배가 불러서 질려버린다고 해서 싫증이 나거나 질린다는 뜻의 '겐나리'를 붙여 겐나리스시라고 한다.

겐비루 けんびる

에도말로 겐비시(剣菱) 술을 마시는 것. 에도에서 최고 인기였던 일본술은 '겐비시'로, 우키요에 '도카이도오십삼차'에는 다랑어를 어깨에 이고 니혼바시를 건너는 사람과 함께 겐비시 술통을 짊어진 사람이 그려져 있다. 술과 함께 당시의 에도마에즈시를 실감나게 즐기고 싶은 사람은 꼭 겐비시를 드셔보시길.

*에도말(江戸弁, 江戸言葉): 에도시대에 에도를 중심으로 거주하던 상인·장인 사이에서 발달한 말로 도쿄방언에 속한다.

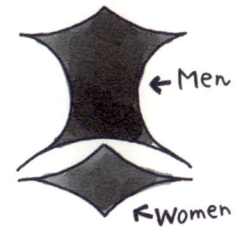

격자무늬 鹿の子
(か　こ)

사슴 새끼의 등에 있는 반점과 비슷한 모양의 격자무늬를 가노코라고 하는데, 초밥집에서는 네타에 가노코 모양의 칼집을 넣어 장식한다. 오징어나 전갱이에 자주 쓰이는 기술이다. 깊게 칼집을 넣으면 두텁게 자른 전갱이도 식감이 유지되면서 먹기에도 좋은 초밥이 된다.

고등어 鯖
(さば)

일본어명 마사바
별칭 혼사바, 히라메
영어명 Chub mackerel
제철 11~2월

일반적으로 고등어라고 하면 참고등어를 말한다. 각 지역에서 상품화되어 있으며, 세키고등이(호요(豊予) 해협에서 잡아서 오이타현 사가노세키에서 하역), 하나고등어(호요 해협에서 잡아서 에히메현 사다미사키 항에서 하역), 이나고등어(대마도에서 잡아서 이나(伊奈) 항구에서 하역), 긴카고등어(미야기현 긴카산(金華山) 해역에서 잡아서 이시노마카 항에서 하역), 도키고등어(고토(五島) 열도 해역에서 대마도 해협 사이에서 잡힌 것), 마쓰와고등어(가나가와현 미우라시(三浦市) 마쓰와(松輪) 항에서 하역한 것, '황금고등어'라고도 함)는 전부 참고등어이다.

고등어 누름초밥 バッテラ

절인 고등어를 사용한 누름초밥으로 일본어로는 밧테라라고 한다. 어원은 포르투갈어 bateira(작은 배)에서 왔다. 큰 고등어는 한쪽 몸통으로 6등분으로 자를 수 있는 밧테라 4줄을 만들 수 있다. 고등어 자르는 방법이 독특한데, 우선 고등어의 껍질 부분을 밑으로 살을 위로 오게 해서 도마와 평행하게 두고 4장으로 얇게 썬다. 그리고 4장 중 껍질이 붙은 살을 뒤집어서 상자 크기에 맞춰 비스듬하게 4등분으로 자른다. 누름틀에 담을 때는 다시 껍질이 밑으로 가게 해서 바닥에 깔고, 빈 곳에 중간 부분 살을 넣는데 부족한 부분에는 자르고 남은 자투리 살로 덮은 후에 샤리를 채워 누른다. 누름틀을 빼고 식초로 조린 밧테라콘부(백다시마)를 고등어 위에 올려 6등분으로 자른다.

고등어 오보로 초밥
ばら寿司
(　　ずし)

일본이명 마라스시

교토부 북부에 해당하는 단고(丹後) 지방에 전해지는 향토요리. 보통 오보로는 흰살 생선이나 중하새우로 만들지만, 바라즈시에서는 고등어로 만든 오보로를 사용하는 게 특징이다. 원래 오보로는 구운 고등어를 설탕과 간장으로 달달하게 조려서 만들지만, 최근에는 고등어 통조림을 바짝 조려서 설탕과 간장을 넣고 만든 오보로를 쓰기도 한다. 마쓰부(まつぶ)라 불리는 나무 상자에 샤리를 깔고 고등어 오보로를 뿌린 다음에 다시 샤리를 깔고 그 위에 알록달록한 재료를 올린다. 재료는 지역이나 가정에 따라 다양하지만, 달걀지단, 가마보코, 붉은 생강, 조린 표고버섯, 송이버섯 등이 사용된다. 마쓰부타즈시(p.86)라고도 한다.

고등어 초밥 鯖寿司

고등어 초밥은 일본어로 사바스시라고 하는데 식초절임한 고등어로 만든 초밥을 뜻한다. 봉초밥, 고등어 누름초밥(p.50), 마쓰마에즈시(p.86) 등이 있다.

고로 ゴロ

다랑어의 유통 단위 중 하나로 다랑어 큰 덩어리를 말한다. 대형 다랑어는 대부분의 경우 중개 도매업자가 고로라는 큰 덩어리로 해체해서 판매한다. 해체된 덩어리는 등 쪽과 배 쪽의 상(카미), 중(나카), 하(시모)로 나눠지고, 세카미(p.122)와 하라카미(p.200) 등으로 불린다. 같은 다랑어 덩어리라도 부위에 따라 맛과 지방이 오른 정도가 다르다.

고바 小刃

초밥 네타 끝부분에 있는 조금 높게 만들어진 부분. 이 부분을 만드는 것을 고바를 붙인다, 각을 세운다·각을 붙인다, 칼을 꺾다, 칼이 잘 들다, 칼이 날다 등으로 표현한다. 스시 네타를 썰 때 덩어리에서 한 점으로 잘라내기 직전에 칼의 각도를 바꿔 도마에 수직으로 세워서 떼어내면 깔끔하게 고바가 생긴다. 원래 칼날 끝을 고바라고 하는데, 그 고바 부분을 사용해서 써는 데서 유래했다. 장식 칼집을 고려해서 고바 없이 썰기도 하지만, 심플한 초밥은 고바가 있는 편이 모양도 예쁘다고 한다. 고바는 껍질 쪽에 있기 때문에 네타의 종류에 따라서는 색채의 대비가 생기고 또한 높이도 있어 보기에도 좋기 때문에 초밥을 담을 때는 먹는 사람 쪽으로 고바가 오도록 놓는다.

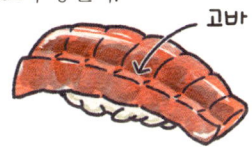

고오리지메 氷じめ

잡은 생선을 얼음을 채운 바닷물에 넣어 동사시키는 일로 얼음숙성이라고도 한다. 이케지메(p.164)만큼은 아니지만, 생선이 받는 스트레스를 줄이는 방법이다. 주로 생선의 수가 많아서 이케지메로 할 수 없을 때 쓴다. 보통 전어사리, 보리멸, 정어리, 꽁치 등은 고오리지메로, 전갱이나 도미 같은 생선은 크기에 따라 고오리지메로 하거나 이케지메로 하거나 한다.

고케라즈시 こけら寿司

고치현 도요정(東洋町)의 향토요리로, 구워서 으깬 고등어살을 넉넉한 유자식초에 섞은 샤리로 만든 누름초밥이다. 샤리 위에는 조린 표고버섯과 당근, 당근 잎과 얇게 부친 달걀을 설렁설렁 뿌린다. 1단이 완성되면 판을 깔고 다시 샤리와 재료를 까는 방식으로 5~6단을 겹쳐 쌓는다.

고테가에시 小手返し

초밥을 쥐는 방법의 명칭 중 하나. 쥐는 방법에는 기본인 고테가에시, 다테가에시(p.76), 혼테가에시(p.204)가 있고, 그 중에서도 고테가에시는 손을 적게 움직여서 쥘 수 있는 간단한 기술로 대부분의 초밥 장인이 고테가에시로 초밥을 쥔다. 초밥 장인에 따라서는 어디에도 해당되지 않는 방법으로 쥐기도 하고, 네타에 따라서 쥐는 방법을 바꾸는 사람도 있다.

공모양 초밥 手毬寿司

공처럼 동그란 모양으로 만든 초밥. 면보(p.91)를 짜듯이 해서 동그랗게 완성한다. 생선만이 아닌 채소나 쓰케모노 등을 네타로 사용하면 알록달록한 초밥 한 접시를 완성할 수 있다. 가정에서는 면보 대신에 랩을 사용한다.

관동대지진 関東大震災

1923년 9월 1일 11시 58분 32초에 일어난 사가미만 북서부가 진원지인 진도 7.9의 대지진. 당시 도쿄는 목조주택이 많아서 지진으로 인한 화재로 마을이 처참한 상태가 되었다. 에도마에즈시 장인들도 집을 잃고 각자의 고향으로 돌아가 초밥집을 개업한 사람이 많았기 때문에 그때까지 대부분 도쿄에서 먹었던 에도마에즈시가 전국 각지로 전해지게 된 계기 중 하나가 되었다.

광어 平目

- **일본어명** 히라메
- **별칭** 뎃쿠이, 오오구치카레이, 히다리구치, 소게(치어)
- **영어명** Bastard halibut, Olive flounder
- **제철** 11~3월

히라메라는 말은 원래 도쿄 근교에서 사용되던 단어로, 몸통이 평편(히라)하다는 데서 유래했다. 한자도 물고기 어(魚)에 평편할 평(平)을 붙여서 넙치 평(鮃). 일본 근해에서는 오키나와를 제외한 전국에서 잡히지만, 주요 산지는 홋카이도, 아오모리, 미야기와 같은 북쪽이다. 양식은 따뜻한 지역에서 이루어지는데, 가고시마, 오이타, 에히메가 주요 산지이다. 광어끼리 겹쳐 있으면 밑에 있는 광어의 검은 등색이 위에 있는 광어의 배에 물들어서 배가 거무스름해진다. 이것이 양식 또는 방류된 광어라는 표시가 된다. 또한 광어는 15분 정도면 피부색을 바꿀 수 있다. 살이 꽉 차서 감칠맛이 풍부한 생선으로, 다시마절임이 대표적이지만 니키리나 폰즈, 감귤류+소금 등 뭐든지 잘 어울린다.

교쿠 ぎょく

초밥집 은어(p.162)로 달걀말이(다마고야키)를 다마고(玉子)의 다마(玉)를 음독해서 교쿠라고 한다. 또한 달걀말이는 '게라' 혹은 '게라다마'(p.47)라고도 한다.

교토쿠 行徳

초밥집 은어(p.162)로 소금을 말한다. 옛날부터 지바현 교토쿠에서 소금을 만들었다. 전국적으로는 세토우치나 기타규슈 쪽이 생산량이 많았으나, 에도성에는 교토쿠에서 만들어진 소금이 세금으로 징수되었을 정도로 에도에서 소금 하면 바로 교토쿠였다.

*에도성(江戸城): 에도 막부 쇼군의 거처이며, 최고의 정무기관

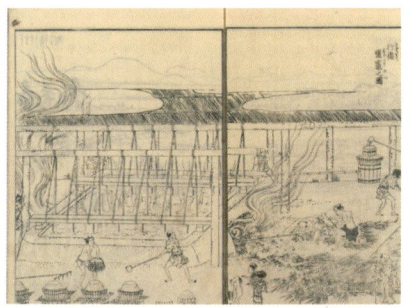

국화 초밥 菊寿司

식용 국화의 산지인 아오모리현 하치노헤, 산노헤 지방의 향토요리. 식초를 1~2방울 떨어뜨린 따뜻한 물에 국화꽃을 살짝 데치고, 식초에 10분 정도 담가둔다. 샤리에 와사비를 바르고 국화를 올린 후 가볍게 쥐어서 초밥을 완성한다.

군함말이 軍艦巻き

1개 분량의 샤리를 두꺼운 띠처럼 자른 김으로 둘러싸고, 그 위에 네타를 올린 초밥을 말한다. 군함말이는 연어알이나 날치알과 같이 자잘한 네타도 초밥으로 만들 수 있다. 군함말이용 김은 '군노리'라고 해서, 김(노리)을 아래의 그림처럼 잘라서 만든다. 초밥 장인이 손님 앞에서 자르는 경우에는 회칼을 사용하지만, 김 가게에서 군함말이용으로 잘라놓은 김도 판매한다. 김에는 광택이 있는 표면과 거칠거칠한 뒷면이 있는데, 군함말이는 거칠거칠한 뒷면에 샤리가 닿도록 만든다.

김 끝부분이 딱 붙지 못하고 팔랑팔랑 거리기 때문에 풀 대신에 밥알로 고정하는 사람과 그 방법이 옳지 않다고 하는 사람의 양쪽이 있다. 원조 에도마에즈시에는 군함말이가 없는데, 규베에(p.54)에서 연어알 군함말이를 발명했다. 지금도 전통을 고집하는 가게에서는 연어알을 취급하지 않거나, 성게는 군함말이로 만들지 않고 초밥으로 만들기도 한다.

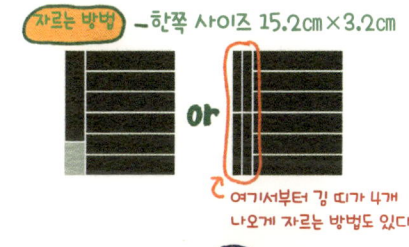

굴 牡蠣

- 일본어명: 마가키
- 별칭: 에조가키, 나가가키
- 영어명: Pacific oyster
- 제철: 12~3월

겨울에는 참굴, 여름에는 바위굴이 제철이다. 굴 초밥은 수분이 많아서 빨리 먹지 않으면 초밥 형태가 무너져버린다. 약한 불에서 조미료로 간을 한 국물에 조린 다음에 초밥을 만들면 수분과 감칠맛을 굴 속에 꽉 채울 수 있다.

굵은이랑새조개 石垣貝

- 일본어명: 에조이시카게가이
- 영어명: Bering sea cockle
- 제철: 7~10월

조갯살이 두툼하고 오독오독한 식감과 단맛, 감칠맛이 꽉 찬 조개. 선도가 좋은 것은 껍데기를 제거해도 살아서 움직이기 때문에 조갯살을 벌려서 초밥으로 만들어도 조개발이 계속 꿈틀거린다. 일본어명은 이시카게(イシカゲ)가 이시가키(イシガキ)로 잘못 불리다가 이시카기가이로 정착되었지만, 산지가 이시가키섬(石垣島)은 아니다.

규베에 久兵衛

일본에서 아는 사람은 다 아는 긴자의 너무나 유명한 고급 초밥집으로 1935년에 이마다 히사지(p.163)가 창업하였다. 일본의 저명인은 물론 미국의 클린턴 전 대통령, 오바마 전 대통령과 같은 국빈급 해외 중요 인물도 이용한 음식점이다. 2대째는 이마다 요스케(今田洋輔), 현재는 3대째 이마다 가게히사(今田景久)가 운영하고 있다. 해외 지점은 없지만 긴자에 2개, 도쿄 유명 호텔에 5개의 점포를 갖고 있다. 고급 초밥집이지만 가격이 투명하고, 면식 없는 손님 사절을 하지 않아서 일반인에게도 문턱이 낮은 고급 초밥집이라고 한다. 규베에는 고급 초밥집으로서는 드물게 많은 초밥 장인을 직원으로 고용하고 있는데, 초밥 기술을 수련한 제자 장인이 일본 각지에서 개업을 해 전부 인기 초밥집이 되었다. 규베에에서 초밥을 먹은 후에는 제자 장인의 초밥집을 돌아보는 투어를 해보는 것도 흥미로울 듯하다.

금눈돔 金目鯛

- 일본어명: 긴메다이
- 별칭: 긴메
- 영어명: Splendid alfonsino
- 제철: 12~3월

제철은 대체로 겨울철이지만, 조시산(銚子産)은 3~5월, 고치산(高知産)은 7~9월이 제철이라고 한다. 심해어라서 옛날부터 내려오는 전통적인 에도마에즈시 네타가 아닌 비교적 새로운 네타이다. 껍질이 맛있는 생선이라 껍질째 조리하는 경우가 많고, 데치는 유비키(p.161), 짚으로 굽는 와라야키, 아부리(p.141) 등 매번 어떤 조리법으로 먹을지 기대하게 되는 네타이다. 조려도 맛있고, 조려서 아부리로 불향을 살짝 입히면 고소한 향이 나서 좋다.

금박구운김 金箔焼海苔

금색 김. 김 한 면을 진공 상태에서 가열하는 증착 기술을 이용해 금으로 코팅을 입힌 것. 일반 김과 똑같이 먹을 수 있다. 언제 어디서 금색 김 초밥을 만날지 모르지만, 그 김은 금속가공·간판 등을 취급하는 〈스와알파〉라는 회사에서 제조된 것이다.

기념일 記念日

유부초밥의 날 いなりの日
매월 17일. 이나리의 '이(い)를 1, 나(な)를 7'이라고 읽는 숫자놀이에서 따와 매월 17일이 되었다. 나가노현 나가노시(長野市)에 본사를 둔 유부초밥 재료를 제조 판매하는 주식회사 미스즈에서 제정했다. 유부초밥 먹을 기회를 늘리기 위해서 만들었다.

오사카즈시의 날 大阪寿司の日
9월 15일. 날것을 사용하지 않는 오사카즈시는 노인에게도 안전한 음식이기 때문에 '경로의 날'인 9월 15일과 연관 지어 오사카즈시의 재료를 취급하는 간사이 아츠야키공업조합에서 제정했다.

회전초밥의 날 回転寿司の日
11월 22일. 겐로쿠즈시의 창업자로 회전초밥이라는 시스템을 만든 초밥 장인 시라이시 요시아키(白石義明)의 생일 1913년 11월 22일을 기념해서 겐로쿠산업주식회사가 제정했다.

고등어 초밥의 날 鯖寿司の日
3월 8일. '사(さ) 3, 바(ば) 8'(사바)라고 읽는 숫자놀이에서 유래된 것으로, 시가현 나가하마시(長浜市)에 있는 창업 100년을 세는 노포 초밥집이자 고급 요리점 '스시케이(すし慶)'가 제정했다.

초밥의 날 寿司の日
11월 1일. 11월은 햅쌀의 계절인데다 초밥 네타가 되는 바다와 산에서 나는 먹거리가 맛있는 시기이기도 해서 전국 초밥상인 생활위생동업조합연합회가 제정했다.

흩뿌린 초밥의 날 ちらし寿司の日
6월 27일. 흩뿌린 초밥 탄생의 계기가 된 비젠국 번주였던 이케다 미쓰마사공의 기일을 기념해서, 히로시마현 히로시마시에 본사를 두고 흩뿌린 초밥 등의 조리용 식재료를 제조 판매하는 주식회사 아지칸이 제정했다.

손말이초밥의 날 手巻き寿司の日
9월 9일. 손말이초밥을 만드는 '동그랗게 마는' 동작에서 힌트를 얻어 이시카와현 나나오시(七尾市)에 있는 수산가공품 등을 제조하는 주식회사 스기요가 제정했다. 가족이 모여서 손말이초밥을 먹는 따뜻한 가정의 날이 되었으면 좋겠다는 바람이 담겨 있다.

생선의 날 魚の日
10월 10일. 쇠퇴하는 어식(魚食) 문화를 지키자는 취지에서 전국 수산물도매조합연합회가 제정했다.

토로의 날 トロの日
매월 16일. 16을 '토로'로 읽는 숫자놀이에서 힌트를 얻어 회전초밥집 '갓파즈시'를 운영하는 갓파 크리에이트 주식회사가 제정했다.

김의 날 海苔の日
2월 6일. 옛날에는 국가에 김을 세금으로 납부했다는 것을 다이호 율령을 통해 확인할 수 있는데, 전국 김조개류어업협동조합연합회가 다이호 율령의 시행과 연관 지어 제정했다. 시행은 다이호(연호) 2년 1월 1일로, 서양력으로 702년 2월 6일에 해당한다.

다랑어의 날 まぐろの日
10월 10일. 나라시대(710~794년)의 가인 야마베노 아카히토가 726년 10월 10일에 효고현 아카이시(明石) 지방을 방문했을 때에 쇼무 천황(聖武天皇)을 칭송하며 다랑어 잡는 사람들을 시로 읊었다. 이와 연관 지어 일본 가다랑어·다랑어업협동조합의 전신 단체에서 제정했다.

기리쓰케·기쓰케
切りつけ·切つけ
き   き

생선을 덩어리 상태에서 초밥 1개에 올리는 한 점 크기로 써는 것을 '기리쓰케'라 하고, 기리쓰케는 초밥의 모양과 맛을 크게 좌우한다. 초밥 네타를 썰 때는 항상 생선껍질이 있는 몸통 쪽을 밑으로 두고 썬다. 또한 생선에는 근육이 있는데, 대부분의 경우 근육을 끊듯이 썰지만, 근육이 분리될 것 같은 상태의 생선은 근육의 결을 따라서 썬다. 생선의 단단함과 썰고 난 후에 어떤 식으로 칼집을 넣을지를 계산해서 두께와 각도를 바꿔가며 칼질을 한다. 기리쓰케는 칼질 한 번으로 생선살 한 점을 써는데, 절대 칼을 앞뒤로 쓱싹쓱싹 움직이지 않는다. 칼질 한 번으로 초밥 표면에 매끄러운 광택이 생기고 생선을 썬 단면이 탱탱하고 탄력 있는 상태가 된다. 신기하게 같은 생선이라도 서툰 기리쓰케와 능숙한 기리쓰케에 따라 초밥의 맛이 달라진다.

기미스 오보로 黄身酢おぼろ
き み す

달걀 노른자만 사용하거나 노른자의 비율을 많이 해서 볶은 것을 노른자 오보로라 하고, 기미 오보로(노른자 오보로)에 식초를 넣은 것을 기미스 오보로라고 한다. 기미스 오보로는 초밥 네타를 식초에 절일 때 사용한다. 단식초를 사용하고 식초가 노른자에 천천히 스며들기 때문에 일반 식초절임보다 부드러워진다. 새끼 도미(p.114)나 익힌 보리새우(p.116)를 기미스 오보로로 숙성시키는 방법은 전형적인 에도마에즈시의 방법이다.

기즈 木津
き づ

초밥집 은어(p.162)로 박고지를 기즈라고 한다. 유래에 대해서는 여러 가지 설이 있지만, 일설에는 박고지로 유명한 산지가 교토 남부에 있는 기즈(木津)라는 지역이기 때문이라고 한다.

초밥집 은어

산지 시리즈

기즈	박고지
교토쿠	소금
야나카	생강
야마	조릿대
쿠사(아사쿠사)	김

긴키대학 수산연구소
近畿大学水産研究所
きん き だい がく すい さん けん きゅう じょ

긴키대학 수산연구소는 1970년에 참다랑어(구로마구로)의 완전 양식을 목표로 연구를 시작하여 32년 만인 2002년 6월에 성공을 거둔다. 과거에는 자연 다랑어의 치어 또는 빈약한 성어를 포획해서 하는 양식이었다면, 완전 양식은 알에서 키운 다랑어의 성어가 낳은 알로 다랑어의 성어를 생산하는, 즉 자연산 다랑어를 자원으로 삼지 않으면서 다랑어를 재생산하는 방법이다. 다랑어는 피부가 약해서 이동하는 데는 여러 가지 연구가 필요하고, 헤엄치는 속도가 빠르다 보니 축양시설 안에서 충돌해 죽기도 한다. 또한, 살아있는 먹이를 좋아해서 배합비료에 길들지 않는 등 다른 생선에 비해 양식하기 어

려운 생선이다. 32년 동안에 11년 연속으로 다랑어가 산란하지 않았던 시기도 있었으며 다랑어 양식 방법의 개발은 매우 힘들었다. 긴키대학의 다랑어는 태어나서 며칠 후부터 순차적으로 동물성 플랑크톤, 브라인시림프(갑각류의 일종), 돌돔의 부화자어(孵化仔魚), 배합 사료나 생선토막, 냉동한 것을 해동시킨 정어리, 고등어 등의 먹이를 주면서 기른다. 자란 다랑어는 몇 개월의 치어로 양식업자에게 출하되거나 3년 자란 성어로 출하된다. 출하할 때는 다랑어가 날뛰다가 상처 입지 않도록 축양시설에서 낚시로 잡고, 잡힌 순간에 전기쇼크로 감전사를 시켜 배 위에서 내장과 아가미를 제거하여 피를 뺀 후 하루 동안 내부까지 차갑게 해 준비한다. 상자에 넣을 때는 모든 다랑어에 긴키대학의 졸업 증명서가 붙는다. 통상적으로 긴대 다랑어라고 불리며, 양식 다랑어 한 마리를 통째로 또는 해체해서 덩어리로 유통시키기도 하고, 오사카와 도쿄의 레스토랑 '긴키대학 수산연구소'에서는 조리해서 제공되기도 한다. 긴대 다랑어는 일본뿐 아니라 미국과 아시아에도 수출되고 있으며, 천연자원의 보호에 민감한 해외에서는 완전 양식인 다랑어만 고집하는 사람도 있다. 일본에서는 다랑어뿐만 아니라 기본적으로 자연산 생선을 중요하게 생각하지만, 완전 양식이라면 천연자원의 상태에 관계없이 안정적으로 공급할 수 있고 맛도 사료의 개선으로 계속 좋아지고 있으며 양식 다랑어는 자연산 다랑어보다 수은 수치가 낮다는 데이터도 있다. 긴키대학 수산연구소는 다랑어 양식으로 유명하지만, 그 밖에도 줄무늬 전갱이, 전갱이, 방어, 부시리, 잿방어, 돌돔, 자주복, 쏨뱅이, 쏘기미, 자바리, 붕장어, 철갑상어, 참전복 등 다양한 종류의 양식이 이루어지고 있으며, 도미의 완전 양식에도 성공했다. 현재는 참다랑어처럼 멸종 위기종으로 지정된 뱀장어의 완전 양식을 목표로 연구도 진행 중이다.

관련어 멸종 위기종(p.91), 양식 다랑어(p.142)

김 海苔

일본어명 노리

초밥용 김은 향이 좋고 입에서 잘 녹아 질기지 않으면서 짠맛이 강하지 않은 것이 선호된다. 김은 겨울에 수확하지만, 양식하는 그물발에서 자란 만큼만 잘라도 일주일이면 다시 수확할 수 있는 길이로 자라기 때문에 또 잘라서 수확하고 같은 작업을 반복한다. 처음에 수확한 김을 첫 번째 딴 김(이치방즈미, 一番摘み), 두 번째를 두 번째 딴 김(니방즈미, 二番摘)이라고 하고, 하나의 그물발에서 9~10번 수확할 수 있다. 첫 번째 딴 김은 입에서 살살 녹고, 질기지 않으며 감칠맛 성분도 풍부해 맛있기 때문에 선물용 등의 고급품이 된다. 두 번째 딴 김부터는 초밥용이나 오니기리용 김으로 쓴다. 시판되는 김에도 두 번째 딴 김이라는 '니방즈미(二番摘)'라는 표시가 있고, 이 김은 일반 구매자용으로 판매되는 김 중에서도 품질이 좋은 김이라는 것을 의미한다. 수확·가공된 김은 각지 어업협동조합에 수집되어 검사원이 9등급으로 구분하고, 또 검사에 따라 15종류로 등급이 매겨져서 김 도매상이 입찰을 통해 대량으로 사들인다. 김 도매상은 보통 등급이 상위인 것을 초밥용 김으로 판매한다. 초밥집의 장인 취향이나 샤리와의 궁합도 있기 때문에 실제로 김에 샤리를 말아서 먹어보고 고른다.

김발 巻き簀

김발은 일본어로 스다레라고도 하며 초밥을 말 때 사용하는 도구이다. 자른 대나무를 실로 연결해서 만든 것으로 대나무의 초록색 표면을 위로 오게 두고, 실이 튀어 나와 있는 부분을 반대쪽으로 두고 사용한다. 호소마키(얇은 김초밥), 주마키(중간 굵기 김초밥), 후토마키(굵은 김초밥), 다테마키(두꺼운 달걀말이초밥)용의 4종류가 있고, 그밖에 다테마키에 모양을 만들 때는 대나무로 만든 삼각형 모양의 오니스다레를 사용한다.

관련어 유리 김발(p.160)

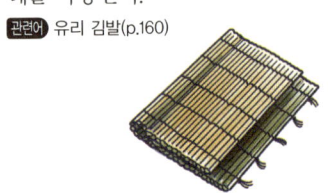

김 보관통 海苔缶

초밥에 사용하는 김을 일시적으로 넣어 두는 금속제 용기. 방습제와 함께 그날 하루 쓸 분량만 넣어 두고 남은 김은 밀폐 용기에 방습제를 넣어 보관한다. 김이 눅눅해지는 것을 방지하기 위해 손대신 젓가락으로 김을 꺼내는 장인도 있다.

깨두부 胡麻豆腐

곱게 갈아 채에 거른 참깨에 다시마국물을 붓고 칡 녹말가루를 넣어 굳힌 음식. 초밥집에서는 본 요리가 나오기 전에 술안주로 나오는 간단한 요리 사키즈케(先付け)로 자주 제공된다. 두부 자체에도 맛국물을 사용하고, 생선의 서덜탕(아라지루, p.120)으로 만든 걸쭉한 국물을 곁들이기도 한다. 감칠맛 가득한 국물과 참깨의 풍미를 맛볼 수 있다.

껍질 폰즈 皮ポン酢

껍질 폰즈는 초밥집에서 자주 나오는 술안주 중 하나. 복어가 아니라도 도미와 같은 흰살 생선을 벗긴 껍질은 가와시모 요령으로 익혀서 가늘게 썰고 폰즈와 빨간 무즙을 곁들이면 생선을 남기지 않고 깨끗하게 먹을 수 있다.

김초밥 海苔巻き

일본어명 노리마키

김으로 샤리와 재료를 만 초밥의 총칭. 단, 초밥집에서 재료를 지정하지 않고 '김초밥'이라고 하면 보통 '박고지 김초밥'을 말한다. 에도마에즈시에는 원래 박고지 김초밥밖에 없었는데 나중에 다랑어 김초밥과 오이 김초밥이 생겼다. 반대로 간사이 남쪽 지역에서 말하는 김초밥은 '후토마키'를 의미한다.

꼬치고기 魳

- 일본어명 아카카마스
- 별칭 Barracudas
- 제철 9~12월

일본인들이 즐겨 먹는 생선으로 수분이 많아서 소금 또는 소금과 식초로 가볍게 절인 후에 초밥 네타로 쓴다. 껍질의 기름기가 매력적인 생선이므로 껍질째로 불에 살짝 굽는다. 초밥으로 만들어서 구우면 몸통이 뒤집히기 때문에 세장 뜨기로 절인 상태에서 살짝 구운 다음에 초밥에 올릴 크기로 썬다. 특히 가을에서 겨울에 지방이 오른 꼬치고기를 서리 내린 꼬치고기(시모후리 가마스)라고 한다. 니키리도 괜찮고, 소금이나 감귤류와도 잘 어울린다.

꽁치 秋刀魚

- 일본어명 산마
- 별칭 사이라, 사자, 사요리, 세이라, 가도
- 영어명 Pacific saury
- 제철 8~11월

꽁치의 제철은 가을이지만, 기름이 오르기 전인 한여름의 꽁치도 초밥이라면 충분히 그 풍미를 살릴 수 있다. 차조기, 차이브, 생강과 같은 향신료와 같이 먹거나, 식초 노른자, 다시마 등으로 절이거나, 아부리 방법으로 살짝 굽거나, 무즙을 곁들이는 등 먹는 방법도 다양하다.

꽁치 초밥 さんま寿司

미야케현 시마(志摩) 반도에서 와카야마현 구마노나다(熊野灘) 연안 일대, 나라현 일부에 전해지는 향토요리로 꽁치를 갈라서 소금으로 절인 후에 샤리 위에 올려서 만든 누름초밥. 등 가르기(p.81)로 손질하는 지역도 있지만, 배 가르기(p.103)로 손질하는 지역도 있다. 이 지역에서는 꽁치로 나레즈시도 만든다. 또한 시즈오카현 이즈(伊豆)에서도 향토초밥으로 꽁치 초밥을 만드는데, 이즈에서는 식초에 절인 꽁치를 쓴다.

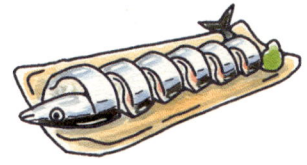

나가시모리	날치알 절임	노로바이러스
나데시코즈시	낫토 김초밥	노지메
나레즈시	냉동	농어
나마나레	냉동 다랑어	누름초밥
나무밥통	네기토로	누름틀
나뭇잎 모양 생선회	네기토루	눈볼대
나미다	네코마타기	니가스
나시와리	네타박스	니키리
나이텐	노랑 전갱이	니혼슈
날개줄고기	노래	
날치	노렌	

나가시모리 流し盛り

초밥을 담는 방법 중 하나. 먹는 사람의 시선에서 초밥의 고바(p.51)가 비스듬히(오른쪽이 4시 방향, 왼쪽이 10시 방향) 오도록, 초밥과 초밥의 거리가 너무 떨어지지 않고 초밥끼리 평행이 되도록 배치한다. 이렇게 비스듬히 놓으면 오른손 또는 왼손에 든 젓가락으로 초밥을 잡기 쉽다. 그래서 카운터에서 왼손잡이 손님한테 내놓을 때는 방향을 반대로 해서 놓는다. 지금은 나가시모리가 가장 일반적인 방법이지만, 스기모리(p.127)가 적절하다고 여겨지던 에도시대에는 품격이 없는 방법으로 취급되기도 했다.

나데시코즈시 なでしこ寿司

일본 문화의 발신지인 도쿄 아키하바라에 2010년에 오픈한 세계 최초 초밥 장인이 전원 여성인 가게. 2019년 4월에는 초밥 학교도 개교했다.

나레즈시 なれずし

주로 생선에 소금과 밥을 섞어서 젖산 발효시켜 먹는 음식. 현재 초밥이 식초(사이아노초산 발효로 산을 만든다)로 산미를 만드는 것과 달리 나레즈시는 젖산 발효로 산미를 생산한다. 일본어 '나레'라는 한자에는 발음이 같은 '熟れ, 馴れ, 慣れ' 등이 사용된다. 기원에는 여러 가지 설이 있지만, 고대 동남아시아에서 저장식으로 발생했고 중국을 경유해서 벼농사와 더불어 일본에 전해졌다는 설이 유력하다. 기록을 보면 현재 초밥의 원형이 되는 음식으로 나라 시대에는 각종 어패류와 함께 사슴, 멧돼지 고기도 사용한 것을 알 수 있다. 시가현 비와호(琵琶湖) 연안에서 지금도 만들어지고 있는 붕어 초밥의 원형은 나레즈시에 가까운 것이다. 몇 개월 동안 발효시켜서 뼈가 녹아 부드러워진 상태라 뼈째 먹을 수 있다. 밥은 당화작용으로 인해 질척해지기 때문에 걷어내고 먹는다. 무로마치 시대가 되면 발효 시간을 줄여서 빨리 먹을 수 있는 '나마나레'가 만들어진다. 현재 일본에서 '나마나레'라는 단어는 '나레즈시'보다 훨씬 사용하는 사람이 적고 '나마나레'에 해당하는 초밥도 '나레즈시'라고 부른다. 나레즈시를 '나마나레'와 비교해서 '혼나레'라고도 한다.

나마나레 生なれ

무로마치 시대에 생긴 생선에 소금과 밥을 섞어 젖산 발효시켜 만든 나레즈시의 일종. 발효에 걸리는 시간도 몇 주 정도로 나레즈시보다 짧고, 밥알이 남아 있어서 밥과 생선을 같이 먹을 수 있다. 나중에 나마나레보다 더 빨리 먹기 위해서 식초로 산미를 낸 것이 하야즈시(p.201)의 시작이다.

나무밥통 おひつ

완성된 샤리를 보존해 두는 뚜껑이 있는 나무 밥통. 나무가 여분의 수분을 흡수해서 샤리의 상태를 보존할 수 있다.

나뭇잎 모양 생선회
木の葉造り

생선회의 일종으로 회를 나뭇잎 모양으로 썰어서 접시에 담기 때문에 나뭇잎 모양 생선회라고 한다. 전어사리, 꽁치, 학꽁치와 같은 몸통이 길고 가는 생선에 사용되는 기술이다. 우선 3장 뜨기를 해서 꼬리의 가는 부분을 잘라낸다. 등쪽을 위로 오게 두고 반으로 자른 다음에 자른 몸통을 살짝 위아래 어긋나게 겹치는 작업을 2번 반복한다. 다시 중앙에서 반으로 자르고, 마지막으로 자른 단면이 위로 향하게 생선회를 세우고 잘 맞춰서 접시에 담는다.

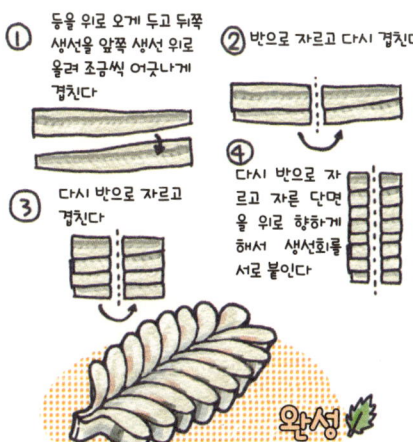

나미다 なみだ

초밥집 은어(p.162)로 와사비(p.156)를 말한다. 와사비를 먹으면 눈물이 난다고 해서 눈물이란 뜻의 일본어 나미다(涙)이다. 와사비를 상어껍질 강판(p.114)으로 갈 때도 한꺼번에 많이 갈면 눈물이 나오는데, 콘택트렌즈를 끼고 있으면 와사비의 자극을 피할 수 있다.

나시와리 梨割

배를 가르듯이 칼날을 사용해서 식재료를 세로로 반 가르기 하는 것을 말한다. 초밥집에서 말하는 나시와리는 머리를 생선용 칼을 이용해서 세로로 자르는 것을 말한다. 가부토와리라고도 한다.

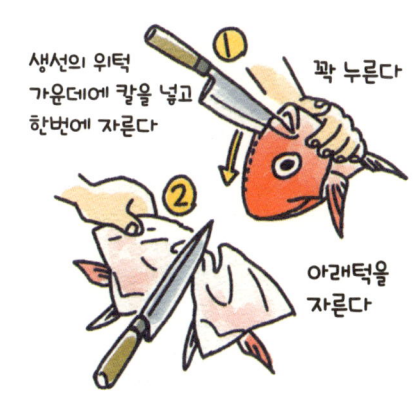

나이텐 内店
ないてん

에도시대에 생긴 초밥집 형태로 포장마차나 배달통을 들고 초밥을 팔던 초밥 장수와 달리 점포가 있는 초밥집을 나이텐이라고 한다. 점포가 있어도 도시락이나 배달이 중심이어서, 나이텐에 들어와 식사를 하는 손님이 매우 적었다고 한다. 나이텐에서 식사를 하는 경우는 조식 식사이고, 현대의 다치(p.120) 초밥이 생긴 것은 훨씬 나중이다. 저녁에 나이텐이 가게를 닫으면 포장마차(p.196)가 서기 시작했다. 나이텐에서 일하던 사람 중에는 자신의 가게를 갖기 위해 배달통으로 초밥을 팔러 다니거나 저녁에 포장마차 장사로 돈을 모으는 사람도 있었다고 한다.

날개줄고기 八角
はっかく

[일본어명] 도쿠비레 [별칭] 핫카쿠, 사치
[영어명] Sailfin poacher [제철] 12~2월

표준 일본어명은 도쿠비레인데, 지느러미라는 뜻의 히레가 비레로 변한 것으로 수컷에만 있는 큰 등지느러미와 뒷지느러미에서 붙여진 명칭이다. 일본 간토 지방에서는 수컷과 암컷 모두 생긴 모양을 본떠서 핫카쿠(팔각형)라는 이름으로 유통된다. 국방색 패턴과 비슷한 색으로 뾰족한 머리와 단단한 표피를 가졌고 큰 지느러미가 있다. 게다가 몸체가 팔각형으로 못생겼지만 맛있는 생선 중 하나이다. 팔각형 몸통도 가로로 자르면 보통 세 장 뜨기가 가능하다. 겨울에 지방이 오른 살은 부드러워서 겉모습으로는 상상조차 할 수 없는 고급스러운 맛이다.

날치 飛魚
とびうお

[일본어명] 도비우오
[영어명] Flying fish
[제철] 6~9월

초밥에서는 오로지 알만 절여서 사용한다. 성어는 대체로 가열해서 먹고 초밥 네타로는 거의 보지 못했지만, 신선한 것을 초밥으로 만들어주는 가게도 있다. 기본적으로 절임한 것을 초밥 네타로 쓴다. 식초절임, 다시마절임 전부 맛있어서 산지까지 가고 싶어지게 만드는 초밥이다.

날치알 절임 トビッコ

날치알을 소금과 간장 등의 조미료에 절인 것으로 초밥 네타로 사용된다. 날치알은 착색하지 않은 경우 말린 청어알과 비슷한 크림색에서 옅은 오렌지색을 띠고 있지만, 대부분의 상품이 착색되다 보니 선명한 오렌지색이다. 착색이나 조미의 종류는 상당히 다양하고, 녹색의 와사비맛이나 영귤맛, 같은 오렌지색이라도 간사이풍, 생강의 풍미가 있는 것 등 다양하다. 날치알 절임으로 초밥을 만들 때는 보통은 군함말이다. 그리고 우라마키의 경우에는 날치알을 깨처럼 바깥쪽의 샤리에 입히거나, 초밥을 썬 후

에 초밥 위에 올리기도 한다. 또한 다양한 색이 있어서 장식 후토마키(p.207)의 색을 입히는 데도 사용된다.

낫토 김초밥 納豆巻き

잘게 다진 낫토를 넣고 만 호소마키. 모리오카에 있는 산즈시(三寿司)라는 가게가 발상지라고 한다. 청차조기, 오이, 가쓰오부시 등으로 다양한 변화를 줄 수 있다. 낫토 김초밥은 군함말이도 있는데, 이것은 긴자 '스시사사키'의 선대인 사사키 히로마사가 '간파치(勘八)'라는 초밥집에서 일했을 때에 고안했다고 한다. 데쳐서 썬 소송채와 낫토를 넣고 만든 군함말이에 소금을 올려서 제공된다고 한다.

냉동 冷凍

대부분의 초밥 네타는 냉동품이 유통된다. 다랑어, 연어, 가리비, 오징어, 방어 새끼, 새우, 조개, 네기토로, 연어알, 성게, 갯가재, 소금에 절인 고등어, 달걀말이, 초생강 등 일반적인 네타는 전부 냉동으로 준비할 수 있다. 새우는 냉동 새우는 물론 단새우처럼 날로 먹는 것도 새우 살만 팩에 들어 있는 것도 있다. 금눈돔의 다시마절임도 한 점 크기로 썰어서 다시마 위에 올린 상태로 팩에 들어 있다. 제철 시기에 대량으로 제조할 수 있기 때문에 가격은 날씨의 영향을 받지 않는다. 안정적이면서 날것보다 저렴한 가격에 살 수 있고, 소량으로도 살 수 있어서 손실이 적고 원가를 낮출 수 있다.

냉동 다랑어 冷凍まぐろ

다랑어는 종종 '가까운 바다에 있는 살아있는 것이 좋다'고 하는데, 그 반대에 해당되는 것이 '원양 냉동' 다랑어이다. 냉동 다랑어도 유통하는 동안에 적절한 방법으로 보관하고, 적절하게 해동(p.202)하면 맛있게 먹을 수 있다. 조건에 따라서는 근해에 서식하는 산 다랑어와 비교해도 손색이 없을 정도다. 냉동 다랑어에는 자연산과 양식산 모두 포함된다. 다랑어는 배 위에서 날뛰다가 몸체가 상하지 않도록 연수를 갈고리나 칼로 절단해서 죽인 후에 아가미를 잘라 피를 뽑고 내장을 제거해서 물로 씻은 다음에 계량해서 -50~-60℃의 저온 냉동고에 보관한다. 여기까지의 공정을 얼마나 빨리하느냐에 따라서 손상 없이 냉동할 수 있다. 일본 어부들은 이 공정을 10분 정도에 끝낼 수 있다. 냉동 중에는 세포 속에서 물의 결정이 커지는 0~-5℃ 사이를 가급적 빨리 통과시켜 빨리 그 이하의 온도로 떨어뜨리면, 세포 파괴를 최소한으로 억제할 수 있다. 냉동고 안에서는 처음에 머리 쪽에 냉기가 닿도록 해서 다랑어 겉과 속을 동시에 차갑게 하도록 설계되어 있다. 냉동 다랑어 종류는 주로 눈다랑어이다. 어시장에 경매로 나오기도 하지만, 대부분은 다랑어 전문업자가 어선째 가격을 교섭하거나 입찰로 사서 직접 중간 도매업자나 소매업자에게 판매한다. 경매에 나오는 경우에는 꼬리를 자르고 흐르는 물에 해동시킨다. 도매업자가 다랑어 상태를 살펴보고 등급을 매겨서 붉은 식용 물감으로 번호를 적은 후에 경매를 기다린다. 경매에서 낙찰된 다랑어가 타레트럭이나 소형차로 중간 도매업자에게 운반되면 전동 톱으로 잘라서 판매된다.

네기토로 ネギトロ

다랑어를 해체할 때 덩어리로 자르고 남은 부분으로, 껍질 근처의 근육과 근육 사이의 지방이 많은 살이나 가운데 뼈 사이에 붙은 붉은살(갈빗살)을 백합 껍데기(스푼으로 대용 가능)로 긁어낸 살을 네기토로라고 한다. 김초밥이나 군함말이, 김 없는 초밥 등에서 초밥 네타로 쓰인다. 네기토로 김초밥도 낫토 김초밥과 마찬가지로 긴자 '스시사사키'의 선대인 사사키 히로마사가 고안했다고 한다. 네기토로의 네기는 원래 '네기토루' 동작의 네기인데, 보통 대파, 차이브, 쪽파 등을 섞어서 만들기 때문에 일반적으로는 채소 네기(파)로 알고 있다. 고급 가게에서는 초밥 네타로 쓸 수 있는 부위의 좋은 토로로 네기토로를 만들기도 한다. 그리고 값싼 네기토로는 다랑어에 식용유나 첨가물을 섞는다.

네기토루 ねぎ取る

네기토로의 어원이 된 일본어 '네기토루'는 '백합 껍데기에서 살을 떼어내는 움직임'을 나타내는 동사이다. 원래는 건축 용어로, 지하 구조를 만들기 위해서 땅을 파는 작업을 '네기루(根切る)'라고 하는 데서 유래했다. 실제로는 백합 껍데기가 없는 경우 스푼을 사용한다.

가와기시 등

네코마타기 猫またぎ

지역이나 상황에 따라서 다른 의미로 사용되지만, 고양이(네코)가 관심을 보이지 않고 넘어갈 정도로 하나도 남김없이 깨끗하게 먹어 치운 생선, 혹은 고양이조차 관심을 보이지 않을 정도로 맛없는 생선을 말한다. 지금은 도저히 상상하기 어려운 일이지만, 옛날에 사가미만에서 잡힌 다랑어는 에도로 운반되는 동안에 선도가 떨어져서 특히 지방이 많은 '토로' 부분은 살이 부서지거나 비린내가 나다 보니 먹을 수 없어 토로를 네코마타기[1]라고 부르기도 했다.

1. 마타기의 원형은 마타구로 넘다, 건넌다는 뜻

네타박스 ネタケース

초밥용 재료를 보존하는 케이스. 목제나 유리제, 전기를 사용하는 타입, 얼음으로 차게 하는 타입 등 다양하다. 얼음을 사용하면 네타의 수분을 뺏기지 않고 보존할 수 있다. 손님이 보이는 장소에 놓지 않고 재료 상자라 불리는 원목의 상자에 네타를 정렬해서 냉장고에 넣어두기도 한다.

노랑 전갱이 黄鯵

분류상 전갱이와 같은 종류이지만, 전갱이 중에는 회유하지 않고 태어난 해역에 머무는 전갱이가 있는데 그것을 노랑 전갱이 또는 뿌리 내린다는 뜻의 네쓰키(根つき)를 붙여 네쓰키 아지(뿌리 전갱이) 혹은 금색과 비슷하다는 의미로 긴아지(금 전갱이) 등으로 부른다. 회유하

는 전갱이가 검은빛인 데 비해 노랑 전갱이는 노란빛을 띠고 있다. 어획량이 적은데다 외줄낚시로 잡기 때문에 살에 상처가 잘 생기지 않는 고급 생선이다. 노랑 전갱이는 살이 꽉 차고 기름이 올라서 두말할 것 없이 급이 다른 맛이라 할 수 있다.

않았던 랩을, 호텔에서 배달 초밥의 메뉴를 보면서 즉석해서 만든 것이 원형이라고 한다. 가사에 나오는 초밥 네타의 라인업이 일품이며, 영어 버전도 있다.

SUSHI 먹고 싶어 feat. 소이소스

2015년에 발매된 〈SUSHI 먹고 싶어 EP〉, 앨범 〈TEN〉에 수록된 ORANGE RANGE의 곡. 역시 초밥 네타와 랩이 잘 어울린다는 생각이 들게 한다. 특히 중독성이 있는 뮤직비디오는 한번 볼만하다.

스시보이즈

사이타마현 출신의 힙합 그룹. 지금까지는 곡명이 아닌 그룹 이름과 EP 타이틀에 초밥과 연관된 이름이 붙어 있다.

스시야

도코로죠지(所ジョージ)의 곡. 생선회를 먹고 '살아있네'라고 말하는 사람을 보고, '살아있네라는 말은 살아있을 때나 가능한 일, 잡혀서 어쩌지도 못하는 상태를 살아있다고는 할 수 없지'라고 생각하면서도 아무 말도 하지 않은 도코로죠지의 심정을 노래하고 있다.

노래 歌

I LIKE SUSH

요코야마 켄 작사·작곡에 크레이지 켄 밴드의 노래. 앨범 〈777〉에 수록되어 있다. 시부가키타이의 곡 〈스시 먹자!〉의 가사가 대부분 초밥 네타로 구성되어 있는 것에 반해, 이 곡은 네타가 거의 등장하지 않는다. 식어버린 사랑의 끝을 노래한 곡이다.

스시 먹자!

1986년에 발매된 시부가키타이의 곡. 음반 발매를 앞둔 콘서트 투어에 공교롭게도 야쿠마루 히로히데가 참여하지 못해 모토키 마사히로(本木雅弘)와 후카와 도시카즈(布川敏和) 둘이서만 진행을 했는데 콘서트의 부위기가 좋지 않자 막간을 이용해 당시 아직 일본에서는 그다지 부르지

노렌 暖簾

가게에 치는 막을 가리키며 원래는 해를 가리거나 바람막이, 가리개의 목적으로 사용했지만, 가게 이름을 걸거나 영업 중임을 표시하는 역할도 한다. 옛날에 포장마차 초밥집에서는 물수건이 없는데도 손으로 초밥을 먹었는데 손님이 나갈 때에 노렌을 살짝 잡으면서 손가락을 닦고 나갔다. 그래서 맛있는 초밥집은 노렌이 더러웠고, '노렌이 더러울수록 장사가 잘 되는 가게'라는 인식이 생겼다.

노로바이러스 ノロウイルス

바이러스성 위염의 원인이 되는 RNA 바이러스의 일종. 감염자의 변이나 토사물 및 그 건조물에 의한 접촉 감염과 수돗물의 염소에 내성이 생겨서 하수처리로 충분히 제거되지 못하다 보니, 하천 경유로 바이러스가 축적된 조개를 섭취해서 감염되기도 한다. '잠복 감염'이라고 해서 감염되어도 증상이 나타나지 않기도 한다. 요리한 사람이 증상이 없는 경우라도 가족에게 증상이 있는 사람이 초밥을 조리해서 감염된 사례도 보고된 바 있다. 비누로 철저히 손을 씻거나 화장실 문 등을 하이포 아염소산나트륨으로 소독하는 등의 예방이 중요하다.

노지메 野じめ

생선 처리 방법으로 기본적으로는 잡은 생선을 방치해서 죽이는 것을 의미한다. 그러나 이케지메와 비교해서 고오리지메(p.51)를 의미하기도 하고, 잡은 그 자리에서 죽인다는 뜻으로 이케지메를 의미하기도 한다.

농어 鱸

일본어명	스즈키
영어명	Japanese sea bass
제철	6~8월

혈압육이 거의 없는 흰살 생선. 초밥 네타로도 등장하지만, 생선회나 뼈째 썰어서 술안주로도 많이 나온다. 초밥용 네타는 껍질을 벗겨서 사용하기도 하고 껍질째로 불에 살짝 굽기도 한다. 부드럽고 단맛이 나는 농어는 여름을 대표하는 초밥 네타이다.

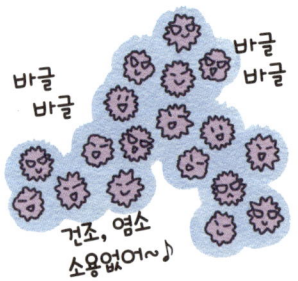

누름초밥 押し寿司

상자에 샤리와 재료를 채우고 위에서 압력을 가해 형태를 만드는 초밥을 말한다. 상자초밥이라고도 한다. 고등어로 만드는 밧테라(バッテラ)나 붕장어 누름초밥 등 전국적으로 유명한 누름초밥 외에도 각 지역의 향토요리가 있다. 또한 신선한 아이디어로 케이크와 같은 모양을 시도하는 등 다양한 형태가 있다.

누름틀 押し型

누름초밥을 만들기 위한 목제 도구. 폴리에틸렌 제품도 있다. 스시틀(스시가타), 누름상자(오시바코)라고도 한다. 게라바코[1], 밧테라바코[2], 마츠마에가타[3] 등 용도에 따라 가로세로 비율이 다르다. 또한 누름틀을 이용해서 만드는 초밥을 통틀어 상자초밥이라고 한다. 틀에 샤리가 붙는 것을 방지하기 위해 누름틀은 사용 전에 물에 담가 뒀다가 사용할 때는 젖은 면보로 닦아준다. 그리고 틀 사이즈에 맞춰 자른 엽란(p.149)을 깔면 깔끔하게 완성할 수 있다.

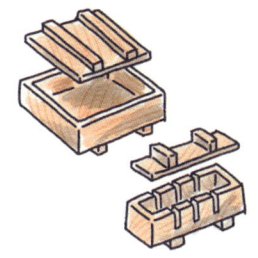

1. 게라바코 : 달걀구이, 새우, 흰살 생선이 기본 재료인 누름초밥을 만드는 틀
2. 밧테라바코 : 배 모양의 누름초밥을 만드는 틀
3. 마츠마에가타 : 다시마로 만 고등어 누름초밥, 마츠마에즈시를 만드는 틀

눈볼대 のど黒

일본어명 아카무쓰
별칭 긴메, 교우순, 긴교우오
영어명 Rosy seabass

'무쓰(ムツ)'는 포동포동하다는 뜻의 '뭇치리(むっちり)', 보동보동하다는 뜻의 '무츳코이(むつっこい)' 등 기름이 많아 살찐 모양을 가리키는 말에서 유래했다. 일 년 내내 지방이 올라 맛있어서 흰살 생선의 토로라고도 불린다. 껍질 부분을 불에 살짝 굽거나 쪄서 지방의 고소한 맛을 최대한 살린 초밥이 잘 맞는다. 간도 맛있는데, 생강과 간장으로 달달하게 조리거나 간무침 등으로 먹는다. 껍질을 벗겼을 때는 간하고 같이 무치면 버리는 부분 없이 다 먹을 수 있다. 시장에서는 30cm 이상인 것도 팔지만, 20cm 이하의 눈볼대도 좋다. 지방은 줄어들지 몰라도, 초밥 1개 정도로 썬 살점을 소금에 가볍게 절여서 초밥을 만들면 놀라울 만큼 맛이 진하고 깊다.

니가스 逃がす

초밥집의 은어(p.162)로 식재료를 폐기하는 것. 그밖에도 던진다는 뜻의 '나게루', 떨어뜨린다는 뜻의 '오토스', 그만둔다는 뜻의 '도메테오쿠' 등 가게에 따라 사용하는 다양한 은어가 있다. 음식과 관련된 일을 하면서 식재료 폐기는 내키지 않기도 하지만 폐기라는 단어가 손님 귀에 들리지 않는 편이 좋기 때문에 은어가 생겼을 것이다. '놓아주다'라는 뜻의 니가스에는 바다에서 잡은 귀중한 생물을 원래 자리로 돌려보낸다는 의미가 포함되어 있다고도 생각된다.

니키리 煮切り

일반적으로 술이나 맛술을 냄비에 넣고 불을 붙이거나 끓여서 알코올을 증발시킨 것. 또한 그 조리법 자체를 말한다. 단, 초밥집에서는 니혼슈와 맛술을 섞어서 알코올을 증발시킨 것에 간장을 첨가한다. 니혼슈와 맛술에 다시마를 같이 넣기도 한다. 보통은 장인이 초밥 네타에 솔로 니키리를 발라서 제공한다.

니혼슈 日本酒

에도시대의 초밥집 포장마차에서는 니혼슈가 아닌 차가 제공되었다. 그러나 꽃놀이 모습을 그린 우키요에(p.159) 『미타테 겐지 꽃의 연회』에는 초밥통에 담긴 초밥과 생선회, 사카후(酒:술로 조린 밀기울)로 술 마시는 모습이 그려 있는 걸 보면 초밥은 니혼슈와 같이 먹었음을 알 수 있다. 에도시대에는 배달, 포장용 초밥도 많이 팔렸던 것으로 보아 집에서 초밥을 먹을 때에는 술도 곁들였을 것으로 추측할 수 있다. 다이쇼 시대에도 초밥은 서서 먹는 것이라 빨리 먹고 가야 했기 때문에 가게에서 먹을 때는 차를 마셨다. 초밥집에서 음주가 정착한 것은 전쟁 후 카운터 앞에 의자가 놓이면서였다.

다고즈시	다즈나즈시	데스시오스시
다금바리	다테가에시	데자쿠
다금바리	다테마키	데코네즈시
다랑어	단무지 김초밥	도루묵 초밥
다네	달걀말이	도마
다랑어 김초밥	달걀말이용 사각팬	도매업자
다섯 장 뜨기	달걀지단	도미
다시마	닷코즈시	드래곤롤
다시마 말이초밥	대나무 시장바구니	등 가르기
다시마소금	대발	등푸른 생선
다시마절임	대전어	등푸른 생선
다이묘오로시	대파	
다이토즈시	데비라키	

다고즈시 田子寿し

시즈오카현 니시이즈정(西伊豆町) 닷코(田子) 지역에 전해지는 향토요리. 상자에 양하잎을 깔고 샤리를 담는다. 그 위에 달달하고 짭짤하게 조린 박고지, 표고버섯, 곤약을 올리고 다시 샤리를 깔고 양하잎으로 덮은 후에 누른 상자초밥이다.

다금바리 鯏

| 일본어명 | 아라 | 별칭 | 오키스즈키, 호타
| 영어명 | Saw-edged perch | 제철 | 12~3월

농어과에 속하지만, 어획량이 적고 양식도 어려워 좀처럼 보기 힘들며 최고급에다 맛이 일품인 생선이다. 보기에는 살짝 핑크색을 띤 보통의 흰살이지만 강한 풍미를 품고 있다. '자바리'라는 다른 생선도 규슈에서는 다금바리로 불리다 보니 착각하기 쉽다.

다금바리 クエ

| 일본어명 | 구에
| 별칭 | 아라
| 영어명 | Longtooth grouper

일 년 내내 맛있는 고급 생선. 생김새가 투박하고 피하지방과 풍미가 가득한데, 왠지 맛은 산뜻해서 질리지 않고 먹을 수 있는 미스터리한 생선이다.

다랑어 鮪

황다랑어 黄肌鮪

| 일본어명 | 기하다
| 별칭 | 혼하쓰
| 영어명 | Yellowfin tuna
| 제철 | 3~8월

남방참다랑어, 눈다랑어와 나란히 중형 다랑어로, 등지느러미와 꼬리지느러미가 밝은 노란빛을 띠고 있다. 살은 다른 다랑어에 비해 지방이 적어서 간토 지방보다 간사이 지방에서 즐겨 먹는다. 토로 지상주의에게는 인기가 없지만, 반대로 지방의 느끼한 맛을 싫어하는 사람도 맛있게 먹을 수 있는 다랑어이다. 살의 색이 옅고, 특히 지방이 적은 부분은 핑크색을 띠고 있다. 시모후리(p.131)로 조리하는 등 정성을 들여 풍미를 응축시킨다.

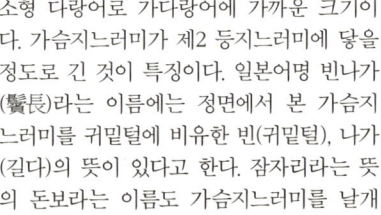

날개다랑어 備長鮪

| 일본어명 | 빈나가
| 별칭 | 빈초, 빈나가마구로, 간타로우, 간타, 돈보, 돈보시비, 아바코
| 영어명 | Albacore
| 제철 | 연중

소형 다랑어로 가다랑어에 가까운 크기이다. 가슴지느러미가 제2 등지느러미에 닿을 정도로 긴 것이 특징이다. 일본어명 빈나가(鬢長)라는 이름에는 정면에서 본 가슴지느러미를 귀밑털에 비유한 빈(귀밑털), 나가(길다)의 뜻이 있다고 한다. 잠자리라는 뜻의 돈보라는 이름도 가슴지느러미를 날개에 비유한 것이고, 아바코는 영어에서 유래했다. 세계의 열대와 온대 지역에 넓게 분포

하고, 일본 근해는 홋카이도보다 주로 남쪽인 태평양 인근에서 서식한다. 다른 다랑어와 비교하면 붉은색이 연하고, 아카미도 핑크색이다. 감칠맛도 적은 편이지만, 빈토로라고 불리는 뱃살 부분은 회전초밥집의 인기 네타이다.

참다랑어 本鮪

- 일본어명 구로마구로
- 별칭 시비
- 영어명 Pacific bluefin tuna
- 제철 10~2월

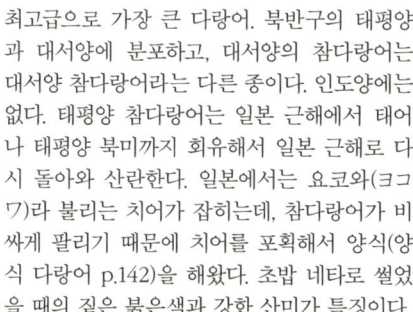

최고급으로 가장 큰 다랑어. 북반구의 태평양과 대서양에 분포하고, 대서양의 참다랑어는 대서양 참다랑어라는 다른 종이다. 인도양에는 없다. 태평양 참다랑어는 일본 근해에서 태어나 태평양 북미까지 회유해서 일본 근해로 다시 돌아와 산란한다. 일본에서는 요코와(ヨコワ)라 불리는 치어가 잡히는데, 참다랑어가 비싸게 팔리기 때문에 치어를 포획해서 양식(양식 다랑어 p.142)을 해왔다. 초밥 네타로 썰었을 때의 짙은 붉은색과 강한 산미가 특징이다.

남방참다랑어 南鮪

- 일본어명 미나미마구로
- 별칭 인도마구로
- 영어명 Southern bluefin tuna
- 제철 6~10월

남반구에서만 서식하는 다랑어라서 남방참다랑어. 옛날에는 인도양에서 잡혀서 인도참다랑어라고도 한다. 남반구에 살아서 제철 시기가 참다랑어와 겹치지 않다 보니 여름부터 가을까지 귀하게 여겨진다. 참다랑어 다음으로 고급 다랑어이고, 오스트레일리아에서는 양식(양식 다랑어 p.142)도 이루어지고 있다. 250kg 정도까지 자라고 크기는 눈다랑어, 황다랑어에 필적하는 중형이다. 맛은 기름기가 많고, 산미는 적다. 생선살은 토로와 아카미 둘 다 참다랑어와 비교하면 분홍색에 가깝고, 토로가 많아서 남방참다랑어를 대표하는 초밥은 분홍색의 토로 초밥이다.

눈다랑어 目撥鮪

- 일본어명 메바치
- 별칭 바치, 바치마구로
- 영어명 Bigeye tuna
- 제철 10~3월

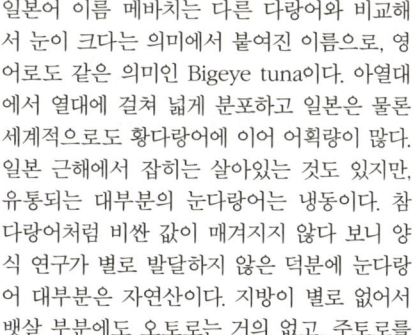

일본어 이름 메바치는 다른 다랑어와 비교해서 눈이 크다는 의미에서 붙여진 이름으로, 영어로도 같은 의미인 Bigeye tuna이다. 아열대에서 열대에 걸쳐 넓게 분포하고 일본은 물론 세계적으로도 황다랑어에 이어 어획량이 많다. 일본 근해에서 잡히는 살아있는 것도 있지만, 유통되는 대부분의 눈다랑어는 냉동이다. 참다랑어처럼 비싼 값이 매겨지지 않다 보니 양식 연구가 별로 발달하지 않은 덕분에 눈다랑어 대부분은 자연산이다. 지방이 별로 없어서 뱃살 부분에도 오토로는 거의 없고, 주토로를 얻을 수 있는 정도. 생선 단면이 비교적 흰빛을 띠는 게 특징이다.

다네

다네 夕ネ

초밥의 재료가 되는 어패류를 말한다. 초밥집에서 사용하는 어패류는 본래 씨앗이라는 뜻의 다네(種)가 정식 명칭이다. 네타는 초밥업계의 은어(p.162)였지만, 아가리나 가리와 같이 은어가 일반적이 되어 버렸다.

다랑어 김초밥 鉄火巻き

다랑어를 심으로 넣고 돌돌 만 김초밥으로 뎃카마키라고 한다. 원래 도박장을 뎃카바(鉄火場)라고 하는데, 그곳에서 손에 묻히지 않고 먹을 수 있어 편리했기 때문에 '뎃카마키'로 불리게 됐다고 한다.

다섯 장 뜨기 5枚おろし

광어나 가자미와 같이 평편한 생선과 가다랑어를 손질하는 기술로 윗살, 아랫살을 2등분한 4장에 가운데 뼈까지 합쳐서 다섯 장 뜨기라고 한다. 또한 평편한 생선이라도 다섯 장 뜨기를 하지 않고, 세 장 뜨기로 하는 사람도 있다.

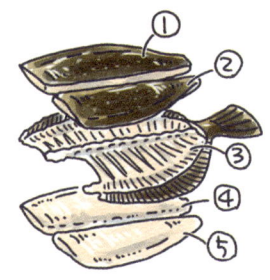

다시마 昆布

일본에서 생산되는 다시마의 90% 이상이 홋카이도산이고 나머지는 산리쿠해안에서 생산된다. 해류의 차이로 인해 지역에 따라서 채취되는 종류가 다르다. 초밥집에서 국물용으로는 마콘부, 라우스콘부(羅臼昆布), 이시리콘부(利尻昆布)를, 다시마절임용으로는 마콘부, 라우스콘부 등을 사용하는 게 일반적이다. 마콘부를 얇게 깎아낸 시로이타콘부(밧데라콘부)나 오보로콘부(おぼろ昆布)도 다시마절임이나 토핑으로 사용하기도 한다.

다시마 말이초밥
昆布巻き寿司

구마노(熊野) 지역인 와카야마현 남부와 미에현 남부에 전해지는 향토요리. 샤리에 당근, 죽순, 우엉, 박고지 등을 올려서 두꺼운 백다시마로 말아서 만든 초밥으로 삼치 초밥과 나란히 설 요리로 즐겨 먹는 음식이다. 구마노 지역에서는 다시마가 채취되지 않았지만, 에도시대에 활약한 해상 운송선의 무역으로 도호쿠 지방의 다시마를 구할 수 있었다.

다시마소금 昆布塩

흰살 생선이나 오징어 등의 초밥은 다시마소금으로 먹어도 맛있다. 소금에 분말 상태로 간 다시마를 혼합한 시판 다시마소금도 있고, 진하게 우려낸 다시마국물에 소금을 넣고 수분을 날리는 방법으로 집에서도 다시마소금을 만들 수 있다. 다시마소금은 채소절임인 아사즈케(浅漬け)를 비롯해, 일본식, 양식에 상관없이 가정식 요리의 맛을 내는 데도 사용되는 굉장히 편리한 조미료이다.

다시마절임 昆布じめ

다시마 사이에 생선을 넣어 생선에 다시마의 감칠맛을 배게 하는 방법. 초밥 네타 중에서는 광어, 도미, 보리멸, 새끼도미 등이 다시마절임의 단골 생선이다. 생선토막에 소금을 뿌려 잠깐 절인 다음에 소금을 물로 깨끗이 씻어내고 식초물에 살짝 담근다. 다시마는 술로 불려놓는다. 생선을 다시마 사이에 넣고 랩으로 만 후에 생선과 다시마를 밀착시켜 냉장고에 몇 시간 넣어두면 완성된다. 식초물이 아닌 시모후리(p.128) 방법으로 비린내를 제거하기도 한다. 생선에서 다시마로 수분이 이동하면서 생선의 수분은 빠지지만, 다시마에서 글루타민산이나 염분과 같은 미네랄 성분이 생선으로 옮겨가면서 생선의 감칠맛이 더해진다. 다시마 종류는 주로 맛이 담백하고 폭이 넓은 고급 다시마 마콘부(真昆布)를 사용하는데, 홋카이도 라우스(羅臼) 다시마를 사용해도 깊은 맛이 난다. 마콘부와 라우스 다시마를 같이 사용하는 사람도 있다. 살이 적고 맛이 담백한 네타에 마콘부를 사용하면 다시마 맛이 강해지기 때문에 시간은 물론이고, 학꽁치는 백다시마로, 뱅어는 장인이 한 장씩 깎아낸 오보로콘부로 절여야 하는 것처럼 다시마의 종류를 바꿔가면서 절이거나 한다. 생선만이 아니라 오이와 같은 채소도 다시마절임으로 맛을 내서 술안주로 삼는다. 다시마절임은 원래 도야마현의 향토요리이다. 도야마에서는 에도시대에 해상 운송선인 기타마에부네를 통해 홋카이도에서 운반한 다시마가 대량으로 유통된 덕에 다시마 말이(곤부마키), 다시마 말이 가마보코(곤부마키가마보코)와 같이 다시마를 사용한 요리가 많이 만들어졌다. 향토요리 다시마절임은 다시마 사이에 생선회를 넣는데, 초밥용으로 다시마절임을 만드는 경우는 다시마 사이에 생선을 덩어리 상태로 넣고 절여서 초밥으로 만들기 직전에 쓴다.

다이묘오로시 大名おろし
だいみょう

생선을 세 장으로 뜨는 방법. 세 장 뜨기(p.122)로 배에서 등까지 가운데 뼈에 닿도록 칼을 넣은 후 가운데 뼈와 살을 분리하는데, 다이묘오로시는 머리를 자른 후에 등뼈와 가운데 뼈의 단면에 직선으로 칼을 넣고 꼬리를 향해 잘라서 한 번에 살을 분리한다. 공정이 적어서 빨리 뜰 수 있지만, 가운데 뼈에 살이 많이 남는다. 살이 많이 남는 사치스러운 방법이라서 다이묘오로시라 불린다. 큰 생선은 가운데 뼈에 살이 많아서 손실이 많다. 그래서 일반적으로 많은 수를 다루는 작은 생선(보리멸, 학꽁치)이나 몸통이 가는 생선(꽁치, 꼬치고기, 갈치)을 손질할 때 쓰는 방법이다.

*다이묘: 에도시대에 1만 석 이상의 땅을 소유한 무신이자 영주

다즈나즈시 手綱寿司
たづなずし

재료를 얇게 썰어서 비스듬하게 정렬한 후 그 위에 샤리를 올려 만 말이초밥으로, 말고삐(다즈나)와 비슷한 모양이라고 해서 다즈나즈시라고 한다. 학꽁치나 새우, 오이, 얇게 부친 달걀 등을 사용하지만, 공모양 초밥처럼 다양한 재료로 여러 가지 형태가 시도된다. 헤이안 시대에 작성된 『엔기시키(延喜式)』라는 법령집에 다즈나즈시라는 글자가 있는데, 당시 초밥은 나레즈시였기 때문에 이 책에 적힌 다즈나즈시가 어떤 것이었는지는 분명하지 않다.

다이토즈시 大東寿司
だいとうずし

오키나와현 다이토(大東) 제도에 전해지는 향토요리. 다이토 제도 주변에서 잡은 삼치를 간장, 맛술, 설탕으로 만든 소스에 캐러멜색이 될 때까지 조린 후에 살짝 단맛이 나는 샤리로 초밥을 만든다. 하치조섬(八丈島)이나 오가사와라(小笠原) 제도에 전해지는 시마즈시(p.131)와 비슷해서 하치조섬에서 이주해온 사람들이 전했다는 이야기가 있다. 생선은 다랑어나 돗새치 등도 사용된다.

다테가에시 立て返し
たてがえし

초밥을 쥐는 명칭 중 하나. 왼손에 있는 네타에 샤리를 얹고 네타와 샤리를 붙인 후에 왼손 엄지와 손바닥으로 초밥을 잡고, 오른손 검지와 엄지로 샤리 앞뒤를 지탱하면서 왼손을 안쪽으로 회전시켜 잠깐 초밥을 오른손에 둔다. 그 후 바로 왼 손바닥을 오른 손바닥 밑으로 옮겨 샤리를 뒤집어서 받으면 네타가 위로 온다. 네타를 잡는 시간이 짧다는 점과 샤리에 잘 붙지 않는 네타라도 뒤집었을 때 샤리와 분리되지 않는다는 장점이 있다.

관련어 고테가에시(p.52, 214), 혼테가에시(p.204)

다테마키 伊達巻き

다테마키라는 단어를 들으면 설음식 오세치(お せち) 요리에 들어가는 두꺼운 달걀말이 요리 다테마키타마고를 떠올릴지 모르지만, 그 다테마키타마고로 말은 두꺼운 달걀말이초밥도 다테마키라고 한다. 현재 표준적인 다테마키는 으깬 생선살이 들어간 두꺼운 달걀말이를 김발로 말아서 김발의 모양을 낸 후에 구운 면 위에 샤리를 올리고 김과 조린 표고버섯, 오보로, 박고지, 오이와 같은 재료를 넣어 만든다. 에도시대 자료를 보면 당시에는 샤리에 김과 다진 박고지를 섞은 것을 달걀로 말은 다테마키가 만들어졌다는 것을 알 수 있다.

단무지 김초밥 お新香巻き

다쿠안 마키라고도 한다. 채 썬 단무지와 흰깨를 넣어 얇게 말아서 만든 김초밥. 차조기를 함께 넣으면 산뜻하게 변신한다.

달걀말이 玉子焼き

풀어놓은 달걀에 여러 가지 재료를 섞어서 달걀말이용 프라이팬에 구운 것. 초밥집의 달걀말이는 크게 두 종류로 나뉘는데, 하나는 푼 달걀에 맛국물과 조미료를 넣은 다시마키(だし巻き)이고, 또 다른 하나는 푼 달걀에 시바새우 또는 으깬 생선살, 조미료를 넣어 만드는 게라다마(p.47)라고 불리는 것이다. 에도시대의 초밥집 달걀말이는 무조건 게라다마였는데, 조리 시간이 오래 걸리다 보니 점차 다시마키를 만들게 되었고 지금은 일부 고급 요리점을 빼고 다시마키가 제공되고 있다. 다시마키는 간토 지방에서는 설탕을 넣은 단 것이, 간사이 지방에서는 달지 않은 것이 보통인데, 원래 에도마에즈시의 달걀말이가 꽤 달았기 때문에 간사이에서도 보통 달달한 다시마키를 제공한다. 가장 인지도가 높은 다시마키 초밥은 얇게 자른 김 띠로 묶는 스타일이지만, 사시코미 초밥(p.112)처럼 샤리가 적거나 아예 샤리 없이 만들기도 해서 달걀을 주문하면 '샤리를 넣어서 만들까요?'라고 묻는 경우도 있다.

달걀말이용 사각팬 ケラ鍋

달걀말이용으로 만들어진 구리제 사각형 프라이팬. 정사각형인 간토형(東型)과 직사각형의 간사이형(西型)이 있다. 깊이도 달걀지단이나 얇게 부치는 달걀용인 얕은 것과, 두껍게 굽는 달걀말이(아츠야키 타마고)나 맛국물을 넣고 만드는 다시마키 타마고용으로 깊은 것이 있다. 구리에 기름을 발라 잘 길들여서 사용하기 때문에 세제로 닦지 않고 찌꺼기만 털어낸 후 기름으로 닦아서 보관한다. 프라이팬보다 한 치수 작은 게타처럼 생긴 판을 세트로 사용한다. 달걀을 뒤집을 때는 판 위에 달걀을 뒤집어서 올리고 팬 가장자리에 달걀말이 끝을 맞춘 후 판을 빼면서 뒤집는다. 간토풍 달걀말이(게라다마)는 설탕이 많이 들어가서 살짝 태우듯이 구워 한 번만 뒤집지만, 태우지 않고 자주 뒤집어 만드는 간사이풍 달걀말이는 직사각형의 달걀말이용 팬이 다루기 편하다.

달걀지단
錦糸玉子·金糸玉子
きんしたまご / きんしたまご

종이처럼 얇게 구운 달걀말이를 '금지지단(긴시타마고)'이라 하고, 그것을 실처럼 가늘게 썬 것을 '금실지단(긴시타마고)'이라고 한다. 그리고 '금(錦)'은 색깔과 연관 지어 '금(金)'이라고 쓰기도 한다. 초밥집의 금지지단은 달걀에 설탕, 물에 푼 녹말, 소금을 넣고 채로 곱게 걸러서 부친다.

닷코즈시 だっこずし

회전초밥 체인점인 스시로의 캐릭터. 판다나 토끼와 같은 여러 가지 동물이 초밥 네타를 '안고' 있는 모습으로, 일본어로 '다코'라고 한다. 초밥 네타를 너무 좋아해서 무슨 일이 있어도 놓지 않는다.

절대 놓지 않을 거야...

대나무 시장바구니 市場かご
いちば

대나무로 만든 바구니. 바닥이 평편하고 면적이 넓어서 생선을 눕혀서 넣기에 알맞다. 시장에서 장을 보는 데 편리하다.

대발 簀子
すのこ

과거 초밥집 카운터 안에는 대발이 깔려 있었다. 바닥에 떨어진 생선이나 밥풀을 물청소하기에 편리하기도 하고 서서 하는 일이다 보니 발의 피로를 줄일 목적으로 사용했는데, 매일 청소할 때마다 대발도 깨끗이 청소해야 해서 청소가 매우 힘들었다. 가게 주인의 취향이나 혹은 새로 연 가게에서는 사용하지 않기도 한다. 또한 네타박스의 경우는 얼음 위에 작은 대발을 깔고, 그 위에 생선을 올려두거나 한다.

대전어 鮗
このしろ

일본어명 고노시로
별칭 쓰나시(치어), 신코(4~7cm), 고하다(7~11cm), 나카즈미(11~15cm)
영어명 Dotted gizzard shad
제철 6~8월 (신코), 9~11월 (고하다), 12~2월 (나카즈미)

대전어는 성장하면서 이름이 바뀌는 출세어로 15cm 이상의 전어를 가리킨다. 초밥집에서 가장 많이 쓰는 전어는 고하다 크기인데, 일부러 대전어의 크기를 내놓는 가게도 가끔 있다. 전어가 성장하면서 무게에 비해 가격이 싸지는 것은 너무나 유명한 이야기이고 대전어 정도로 성장하면 맛이 굉장히 농후해진다. 풍미를 살리면서 비린내를 없애고, 성장하면서 두드러지는 잔가시가 거슬리지 않도록 칼집을 넣거나 소금과 식초의 양·시간을 조절해서 절이는 것이 에도마에즈시 장인의 솜씨가 발휘되는 부분이다.

신코(새끼 전어)→고하다(전어사리)
→나카즈미(중간 엿사리)→고노시로(대전어)

대파 白ねぎ

대파는 기름이 있는 생선의 비린내를 제거하는 데 효과가 있어서 네기토로(p.66)나 연어, 전갱이 등과 어울린다. 잘게 썰어서 마요네즈와 무친 것을 연어 위에 올려 불로 살짝 구우면 연어가 훌륭하게 변신한다.

데스시오스시 ですしおすし

일본에서 사용하는 인터넷 속어. 보통 문장에서 '~데스(입니다)'라고 쓰는 어미를 '~데스시오스시'라는 말로 바꾸면 문장의 표현이 부드러워진다.

데비라키 手開き

손으로 생선을 손질하는 기술. 정어리나 청어와 같이 등뼈에 부드러운 잔가시가 많은 생선을 손질할 때 쓰는 방법이다. 머리를 자르고 내장을 빼낸 후에 양손 엄지를 배 안쪽에서 등 쪽으로 향해 찔러 넣고 좌우로 벌려서 머리 쪽에서 꼬리 쪽을 향해 등뼈를 당겨서 분리한다. 초밥 네타로 쓸 경우에는 꼬리 주변 껍질에 상처가 나지 않도록 배에만 칼날을 넣는다. 정어리나 청어 등, 청어과 생선은 생선 중에서도 원시적인 골격을 하고 있어 나중에 출현한 생선에는 없는 가시가 많다. 칼로 손질하면 그런 가시를 자르게 되어 빼내야 할 가시가 많아진다. 한편 살은 부드러워서 손으로 손질하면 등뼈에 잔가시가 붙은 채로 깔끔하게 떨어진다. 전어사리도 청어과에 속하지만, 전어사리는 식초절임(p.136)을 하므로 잔뼈가 거슬리지 않는다.

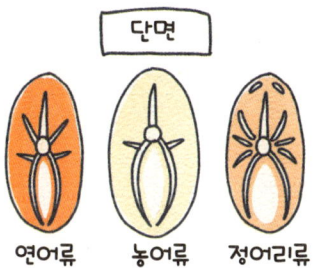

데자쿠 手ざく

검지에서 손가락 새끼까지의 길이를 자 대신에 사용해 덩어리로 자르는 것, 혹은 길이를 말한다. 초밥용 생선의 표준 길이는 7.5cm 정도로 개인차는 있지만, 남성 장인이면 검지에서 새끼손가락까지의 길이와 딱 맞기 때문에 손을 자 대신에 사용하는 것이다. 여성인 경우에는 새끼손가락에서 엄지까지의 길이다. 연어 정도의 큰 생선은 뱃살 부분의 덩어리가 초밥 네타로 썰기에는 폭이 넓어서 일단 데자쿠 길이로 자른 다음에 초밥에 올릴 한 점 크기로 썬다.

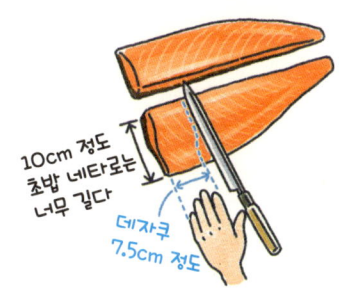

데코네즈시 てこね寿司

미야케현 시마(志摩) 지방에 전해지는 향토요리. 가다랑어나 다랑어와 같은 붉은살 생선을 한 점 크기로 썰어서 간장다레에 절이고, 절인 생선살과 소량의 다레를 샤리에 넣어서 손으로 섞은 것이다. 원래 가다랑어를 잡는 어부가 낚시하다가 만들어 먹은 초밥이다.

도루묵 초밥 ハタハタ寿司

도루묵의 산지인 아키타와 돗토리에 전해지는 향토요리. 아키타의 도루묵 초밥은 머리까지 통째로 쓰는 한 마리 초밥과 한 입 사이즈로 잘라서 절인 기리즈시(切りずし)가 있다. 도루묵의 아가미와 내장을 제거하고(기리즈시의 경우에는 머리도 잘라낸다), 이틀 동안 소금에 절인 후에 물로 헹궈서 식초로 짠맛을 뺀다. 그 후 나무통에 조릿대 잎을 깔고, 누룩, 소금, 맛술, 술, 설탕과 섞은 밥에 도루묵을 넣은 후 다시마, 유자, 채 썬 생강, 순무, 당근을 뿌린다. 이것을 반복한 다음에 맨 위에 조릿대 잎을 깔고 3~4주 동안 절여서 만든다. 돗토리의 경우에는 밑절임한 도루묵에 달고 짜게 볶은 콩비지와 대마씨를 채워 일주일 정도 절여둔다. 도루묵은 별칭으로 가미나리우오(천둥물고기)라고도 하는데, 아키타에서 겨울에 천둥 칠 즈음에 도루묵이 산란을 위해 심해에서 바닷가로 나오는 데서 유래되었다고 한다.

도마 まな板

일본어명 마나이타의 '마나'는 한자 조(俎)를 사용하는데, 이것은 고대 중국에서 공물을 올릴 때 사용하는 대(臺)를 나타내는 한자에 뜻과 관계없이 발음을 붙인 것이다. 고대 일본에서는 생선을 나(魚)로 불렀고 여기에 접두어 마(ま)가 붙어서 '마나'는 생선을 가리킨다. 생선을 자르는 데 사용하는 이타(판)라서 마나이타로 불리다가 후에 다른 식자재용 도마 전부를 마나이타로 부르게 되었다. 일본의 전통적인 도마는 목제이지만, 현재 일반 가정과 음식점에서는 플라스틱이나 합성고무를 사용하는 경우가 많다. 생선은 수분이 많기 때문에 수분을 적당히 흡수하는 목제 도마를 사용하면 생선과 도마가 밀착해서 생선이 잘 미끄러지지 않는다. 재료의 칼 손질이 중요한 초밥집에서는 노송나무, 은행나무, 후박나무 등의 목제 도마를 골라서 사용한다. 생선을 통째로 손질하거나 조개를 손질하면 도마에 상처가 나기도 하고, 물이 들기 때문에 주방에서 재료를 손질할 때 쓰는 도마와 손님 앞에서 초밥 네타를 써는 도마는 분리한다. 또한, 붕장어는 송곳으로 고정해야 해서 붕장어 전용 도마를 사용한다. 일본 요리는 특히 식재료 자르는 과정이 중요하기 때문에 요리인을 '도마(이타) 앞(마에)에 서는 사람'이라는 의미로 이타마에(板前), 또는 이타상(板さん)이라고 부른다. 초밥의 세계에서는 같은 생선도 생선 다루는 방법에 따라 맛이 완전히 달라지다 보니 초밥 장인에게 있어 도마는 가장 중요한 조리 도구 중 하나이다.

도매업자 卸売業者

상품유통 과정에서 제조·수확(생선식품)과 소매 사이에서 판매활동을 하는 직종이다. 생선식품 이외를 취급하는 업자는 도매상이라고도 한다. 매입한 상품을 소매업자가 판매할 수 있는 단위로 소분해 판매해서 이익을 남긴다. 어패류의 유통의 경우는 어업생산지의 출하자에게 직접 구매하거나, 혹은 위탁으로 모은 수산품을 소분해서 중간 도매업자(p.176)에게 판매한다.

도미 鯛

- 일본어명 마다이
- 별칭 오다이, 혼다이
- 영어명 Red seabream
- 제철 11~4월

별칭 '흰살 생선의 왕'이라 불리는 도미. 양식이 늘어서 다른 흰살 생선에 조금 밀리는 느낌이지만, 감칠맛과 단맛, 탄력, 향 등 풍부한 맛을 가진 초밥 네타이다. 초밥용으로 두껍게 썰어서 칼로 장식을 넣으면 식감을 살려서 먹을 수 있다. 껍질에 풍미가 있어서 유비키(p.161)로 살짝 익힌 후에 초밥을 만드는 경우가 많지만, 껍질을 아주 얇게 벗겨낸 부분의 색이 연한 핑크로 혀의 감촉도 부드럽다. 한 쪽만 선택하기 어렵다면 도미의 몸통을 반으로 갈라 두 가지 조리법으로 먹는 방법도있다. 소금만으로 감칠맛을 숙성시켜도 좋고, 다시마절임(p.75)도 맛있다. 이리자케(p.163)나 감귤류와도 잘 어울린다.

드래곤롤 ドラゴンロール

얇게 썬 아보카도를 샤리 위에 올려 드래곤처럼 보이게 만든 우라마키(p.155). 모양이 무한궤도와 비슷해서 무한궤도라고도 한다. 안에는 쓰메소스(p.137)를 바른 뱀장어구이와 오이를 넣고, 반으로 자른 김으로 랩과 김발(p.57)을 이용해서 우라마키를 만든다. 랩을 펼쳐 우라마키를 앞쪽에 두고, 랩의 뒤쪽 남은 공간에 얇게 썬 아보카도를 비스듬하게 한 줄로 놓는다. 랩을 들어 아보카도가 우라마키 위에 얹히도록 싼 후에 랩 위에 김발을 덮어 형태를 다듬는다. 랩으로 만 상태에서 8등분으로 자르고, 드래곤처럼 꾸불거리는 모양으로 접시에 담는다. 잘 익은 아보카도를 사용하면 모양을 예쁘게 낼 수 있다.

등 가르기(세비라키) 背開き

생선의 등 가운데 칼을 넣고 배가 갈라지지 않도록 1장으로 뜨는 방법. 전갱이, 보리멸, 새끼 도미 등은 배 가르기로 손질해 두면, 식초절임이나 다시마절임 할 때 효율적이다. 작은 전갱이라면 세 장 뜨기보다는 등 가르기로 손질하는 편이 효율적이다. 전갱이 새끼인 진탄(p.115)은 등 가르기를 해서 통째로 절인다.

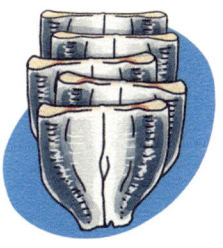

등푸른 생선

등푸른 생선 青魚 (あおざかな)

생선 중에서 '등이 푸른 생선'의 총칭. 그 중에서도 어획량이 많은 비교적 가격이 저렴한 생선을 말한다. 등은 푸르지만 배 쪽은 흰데, 이것은 해면 근처를 헤엄치는 어종에서 많이 보이는 보호색의 일종으로 위에서 새가 봤을 때는 바다 색처럼 보이고, 큰 물고기가 밑에서 봤을 때는 햇빛으로 착각하기 쉽기 때문이다. 전갱이, 정어리, 샛줄멸, 전어사리, 날치, 청어, 고등어, 꽁치 등을 가리키고, 다랑어나 가다랑어도 등은 푸르지만 가격대가 달라서 보통은 등푸른 생선이라고 하지 않는다.

등푸른 생선(히카리모노) 光り物 (ひかりもの)

일본어로 히카리모노란 껍질이 푸르고 은빛이 나는 등푸른 생선을 가리키는 초밥집 특유의 단어이다. 전어사리, 전갱이, 고등어와 같이 푸른빛을 띠는 생선을 비롯해 보리멸, 학꽁치, 새끼도미, 샛돔과 같이 은색을 띠는 생선도 포함된다.

로비키
리소토
리틀 미스 벤토

로비키

로비키 蝋引き
ろう び

표면을 왁스로 가공한 내수성이 있는 갈색 봉투. 가시가 있는 생선이나 새우를 비닐봉지에 넣으면 구멍이 뚫리는데, 로비키 봉투에 넣으면 구멍이 나지 않기 때문에 어시장에서는 생선을 담는 데 사용해 왔다. 최근에는 튼튼하고 두꺼운 비닐봉지로 바뀌어 가는 추세이지만, 로비키는 지금도 사용되고 있다.

리소토 リゾット

샤리는 리소토를 만들어도 맛있다. 샤리에 조개 국물이나 어패류로 끓인 우시오지루(서덜탕 p.120)를 넣고 졸여서 성게나 조갯살을 올린 다음에 생크림이나 달걀노른자, 치즈로 완성한다. 샤리에 전복 내장으로 만든 소스를 넣고 끓여서 만드는 가게도 있다.

리틀 미스 벤토
リトル・ミス・ベントー

본명은 Shirley Wong으로 일본을 좋아하는 싱가포르인이다. 싱가포르인 중에는 처음으로 JSIA 스시인스트럭트협회에서 인정한 사람으로 블로그, 페이스북 등을 통해 장식 후토마키나 캐릭터 초밥 만드는 방법을 발신하고 있다. 일본에서 인기가 많은 캐릭터를 모티브로 한 특이한 초밥이 'Kawaii! Sushi'로 소개되고 있다.

Kawaii Deco Sushi by
Little Miss Bento,Shirley Wong,
is published by Marshall Cavendish

84

마루즈시	멍게	문어
마사모토소혼텐	메하리즈시	문학작품
마쓰마에즈시	면보	물결 모양 칼집
마쓰부타즈시	멸종 위기종	물레고둥
마쓰자키키우에몬	모로코하코즈시	미가키
마쓰히사 노부유키	모리 마고에몬	미쉐린 가이드
마카나이	모리바시	미쓰칸 박물관
말안장 초밥	모시조개	미야지마 주걱
말쥐치	모티브	미역
맛술	모즈쿠	미역 말이초밥
만화	무게	미오글로빈
망치고등어	무라사키	미와레
매운 참치롤	무시즈시	민물장어
머릿살	묵은쌀	밑손질
머릿살(돗사키)	묵은초밥	

마루즈시 丸ずし

에히메현 난요(南予) 지방의 향토요리. 샤리 대신에 식초로 간을 한 비지와 생강, 대마씨, 간 유자 껍질 등을 섞은 재료를 쌀가마 모양으로 쥐어서 식초절임 한 작은 생선으로 감아 만든 음식. 생선은 전어사리, 보리멸, 정어리, 전갱이, 샛줄멸 등이 사용된다.

마사모토소혼텐 正本総本店

간토를 대표하는 칼 브랜드로 '니시(西)의 아리쓰구, 히가시(東)의 마사모토'라고도 한다. 간토에서는 불로 쇠를 달구어서 요리용 칼을 만들기 시작한 초대 인물로 여겨지며, 마사모토소혼텐은 1866년에 창업했다.

*니시(西)는 간사이, 히가시(東)는 간토라는 의미로 교토의 아리쓰구(有次)와 도쿄의 마사모토소혼텐을 말함.

ⓒ주식회사 마사모토소혼텐

마쓰마에즈시 松前寿司

홋카이도 산지의 다시마로 고등어 봉초밥을 말아서 만든 것. 에도시대부터 메이지 시대에 걸쳐 동해에서 운항된 배 기타마에부네(北前船)에 실어 홋카이도에서 운반해온 다시마로 만들었다. 원래는 다시마 말이초밥(콘부마키즈시)이라고 불렸으나, 오사카의 '마루만(丸万)'이라는 초밥집이 1912년에 마쓰마에즈시를 상표로 등록했다가 그 후 철회했는데, 고등어 봉초밥을 다시마로 만 것이 널리 마쓰마에즈시로 불리게 되었다. 시로이타콘부(백다시마)의 별칭이 마쓰마에콘부라서 백다시마를 사용하는 고등어 누름초밥하고 자주 혼동되지만, 고등어 누름초밥은 고등어를 잘라 상자에 넣고 다시마는 백다시마를 사용하는데, 마쓰마에즈시는 고등어 반토막을 자르지 않은 채 그대로 사용하고 다시마도 흑다시마를 쓴다.

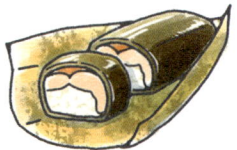

마쓰부타즈시 まつぶた寿司

교토부 북부의 단고 지방에 전해지는 향토요리. 고등어 오보로 초밥(p.50)의 별칭. 소나무로 만든 목제 상자를 뚜껑처럼 포개서 사용하기 때문에 소나무 마쓰(まつ)와 뚜껑 후타(ふた)를 합쳐서 마쓰부타즈시라고 한다. 마쓰부타는 초밥뿐만 아니라 떡을 담는 데도 사용한다.

마쓰자키키우에몬 松崎喜右衛門

1702년에 현재의 니혼바시 닌교초 2가에 해당하는 헷츠이가시(竈河岸)에서 에도산즈시 중 하나인 사사마키 게누키즈시를 창업한 인물이다. 에치고 시바타번(현 나가타현 시바타시 일부 지역) 출신이다. 사사마키 게누키즈시의 분점은 지금도 간다에서 영업하고 있으며, 현존하는 가장 오래된 에도마에즈시 가게이다. 지금의 니기리즈시 형태를 고안했다고 전해지는 하나야 요헤이(p.200)의 요헤이즈시보다 100년이나 앞선 창업이다. 초밥은 조릿대로 말아서 하루 동안 재워서 먹는 형태로 지금의 에도마에즈시와는 다르지만, 초밥 순위(에도산즈시 p.144)에 떡하니 이름을 올리고 있다.

마쓰히사 노부유키 松久信幸

공동 경영을 포함해 전 세계에 약 40개나 되는 레스토랑과 호텔을 경영하는 국제적으로 유명한 초밥 장인. 사이타마현 출신이다. 고등학교를 졸업한 후부터 도쿄에 있는 초밥집에서 수행하다가 24세 때 일본계 페루인 3세 사업가의 권유로 페루로 건너가 개업한다. 그러나 방침이 달라서 3년 만에 가게를 그만두고 아르헨티나로 건너가 다른 초밥집에서 근무하고 일단 일본으로 귀국했다가 미국의 알래스카주에서 다시 개업하지만 개점 직후 화재로 인해 폐업하게 된다. 그 후 로스앤젤레스의 일본식 레스토랑 '미쓰와'와 '오우쇼'에 일하면서 빚을 갚고, 1988년에 비버리힐스에 자신의 가게 'Matsuhisa'를 개업했다. 영화관계자 사이에서 인기를 얻어 그 가게의 단골이 된 배우 로버트 드니로와 공동 경영으로 1993년에 뉴욕에 'NOBU(NOBU New York City)'를 열고, 2000년 10월에는 디자이너 조르지오 아르마니와 공동으로 이탈리아 밀라노에 'NOBU Milan'을 개업했다. 로버트 드니로의 권유로 영화 〈카지노〉에 일본에서 온 도박사 역할로 출연하기도 했다.

노부&드니로

마카나이 まかない

직원용 식사를 말하며 보통 수행 중인 요리사가 만든다. 초밥집의 마카나이는 기본적으로 초밥 네타로 쓰지 않는 부위나 손님에게 제공할 타이밍을 놓친 재료로 만드는데, 흩뿌린 초밥이나 김초밥, 서덜탕 등이 가장 일반적인 메뉴이다.

조린 다랑어의 혈압육을 매콤하게 굽기도 하고, 가끔은 독특한 재료의 오므라이스(p.150)나 덴무스비를 만들기도 한다.

말안장 초밥 鞍掛にぎり

초밥 네타를 말 등에 얹은 안장 모양으로 자른다고 해서 말안장 초밥이라고 한다. 달걀 외에도 다랑어 덩어리의 가장자리 부분으로 만드는 초밥에도 사용되는 기술이다.

말쥐치 馬面剝

일본어명	우마즈라하기	별칭	하게, 나가하게
영어명	Black scraper, Filefish
제철	9~2월

쥐치와 마찬가지로 살과 간을 모두 즐길 수 있는 생선. 간을 올린 초밥은 최고의 일품이다.

| 관련어 | 쥐치(p.176) |

맛술 みりん

조미료로 사용되는 알코올 음료로, 찐 찹쌀에 쌀누룩을 섞고 소주를 부어 상온에서 숙성시킨 후에 압착해서 만든다. 초밥집에서는 니키리(p.70)를 만들 때 맛술을 사용한다. 또한 지금은 조미료로 판매되지만, 원래는 음료수였다. 에도시대에는 고급술로 주로 음용되었다. 현재도 설날에 마시는 술 도소는 맛술을 사용해 만들고, 요메슈(養命酒)는 생약을 맛술에 담가서 상온에서 우려내어 만든 것이다.

만화 漫画

키라라의 일
하야카와 히카리(원작), 하시모토 코조(만화) (집영사)

어렸을 때 어머니를 잃고 상점가가 있는 동네에서 실력이 뛰어난 초밥 장인 밑에서 자란 소녀 가이토 키라라가 쓰러진 할아버지를 대신해서 가게를 다시 살리려고 고군분투하는 이야기. 처음에는 순수하게 맛있는 초밥을 추구하는 모습이 그려지지만, 중반부터 초밥 실력을 다투는 초밥 배틀 이야기로 변한다.

요리 삼대째
쓰쿠모 모리(작), 사토 데루시(그림) (일본예문사)

주인공 야나기바 슌은 가족이 운영하는 초밥집 '야나기스시'의 삼대째 주인. 아버지가 쓰러지면서 초밥 장인의 수행을 시작해 여러 장인 밑에서 배우면서 성장해 간다. 초밥 기술이나 지식만이 아니라 적절한 인간 드라마가 담긴 스토리가 술술 읽히는 만화이다.

초밥이 옵니다! ◆쓰카사의 초밥 하나◆
가가 미쓰루(원작·구성), 가토 히로후미(그림) (소학관)

교토 에도마에즈시 가게 '초밥 사와라비'에서 남장을 하고 수행하는 소녀 쓰카사 사와라비의 주인이 쓰러진 후에 쓰카사 밑의 수련생으로 들어온 풋내기 히사시가 초밥을 만들면서 성장해 가는 모습을 그린 만화. 매회 사연이 있는 손님이 사와라비를 방문해서 과제를 내고, 그 과제를 풀어가는 과정을 통해 쓰카사는 물론 독자도 같이 공부를 하거나 감동을 받기도 한다.

나에게 주는 사치 초밥
하야카와 히카리(원작), 오지마 다마키(만화) (집영사)

서른을 넘어 10년 이상 사귀던 애인한테 차여 최악의 상태에 있는 주인공 이자키 아이코는 회사 후배가 자신을 위한 사치를 해보라고 권하지만, 좋은 아이디어가 떠오르지 않는다. 그때 거래처 남성에게 '사치란?'하고 묻자 바로 '초밥'이라는 대답이 돌아왔다. 이를 계기로 아이코는 예약도 하지 않은 채 요쓰야의 고급 초밥집 문을 두드린다. 초밥을 먹은 주인공의 감정이 서민을 대변하고 있어서 같이 먹고 있는 듯한 느낌이 들고, 장인과 아이코가 주고받는 대화를 통해 적당한 지식도 얻을 수 있다. 아이코가 가는 곳은 실제로도 유명한 가게이고, 오마카세의 메뉴 내용과 금액을 매화마다 정리해서 브리핑해 주기 때문에 나 홀로 초밥집 데뷔를 이미지 트레이닝하기에도 좋다. 수많은 초밥만화 중에서 가장 사실적인 만화이다. 작가인 하야카와 히카리가 안내하는 BS12 채널의 '하야카와 히카리의 최고로 맛있는 초밥'은 이 만화의 실사판과 같은 프로그램으로, 이 방송도 추천한다.

미스터 초밥왕
테라사와 다이스케(저) (강담사)

도쿄 세타가야구에 있는 오토리 초밥집에

 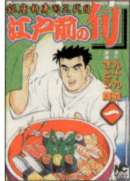 

 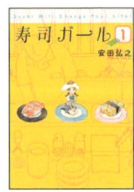 

서 일하는 소년 세키구치 쇼타가 일본 제일의 초밥 장인을 목표로 토너먼트 방식의 '초밥 장인 콩쿠르'에 출전해 승리해 가는 과정을 그린 만화. 방해하는 캐릭터가 나오고 쇼타에게 패배한다는 뻔한 이야기이지만, 갯장어의 골격을 이해하기 위해서 엑스레이를 찍는 등 신기한 에피소드도 미스터 초밥왕이기에 가능한 이야기다.

최고의 초밥!
오가와 에쓰시(저) (리이도사)

에도시대 말기 초밥집 골목에 가게를 연 나노하나 초밥집의 장인 이코마 다이스케가 주인공. 무대가 에도시대라서 당시의 초밥이나 풍정에 관한 정보가 풍부하게 담겨 있어 지식욕을 채워준다. 다이스케가 초밥을 통해 사람들을 위로해 주는 따뜻한 이야기가 가득하다.

스시걸
야스다 히로유키(저) (신영사)

사는 게 조금 피곤해진 여성들 앞에 매번 다른 초밥을 머리에 올린 작은 여자아이가 나타나 여성들 옆에 꼭 붙어서 따라다니는 이야기로 마음이 따뜻해지는 옴니버스 형식의 만화. 보고 있으면 힐링이 된다. 초밥에 관한 지식은 쓰여 있지 않지만, 그냥 편하게 즐기고 싶은 어른들에게 추천할 만하다.

초밥집 여사장님
사가와 요시에(원작), 구와요시 아사(만화) (소년화보사)

은행 창구일을 하다가 초밥의 매력에 끌려서 초밥집으로 시집을 간 히가시나카노 미도리즈시의 여주인 사가와 요시에가 쓴 에세이를 만화로 만든 작품. 여주인이 샤리를 만들거나, 김초밥 연습을 하는 등 가족 경영의 초밥집을 들여다보는 것 같은 만화. 누룽지로 만든 오니기리를 맛있게 먹는 여주인을 보면 저절로 사랑스럽다고 느끼게 된다.

망치고등어 胡麻鯖

- **일본어명** 고마사바
- **별칭** 마루사바, 호시구로
- **영어명** Blue mackerel
- **제철** 6~9월

몸체에 직선으로 깨와 같은 점 모양이 나란히 있어서 일본에서는 고마(깨)와 사바(고등어)를 붙여서 고마사바라고 부른다. 또한 참고등어의 단면이 타원인데 반해 망치고등어는 거의 원형에 가까워서 둥근 고등어라고도 불린다. 망치고등어는 참고등어와 비교해서 지방이 적다 보니 대부분의 고급 초밥집에서는 참고등어를 사용하지만, 신선한 망치고등어를 식초에 살짝 절이면 또 다른 별미이다. 여름이 제철이라서 겨울이 제철인 참고등어가 대신 제공되기도 한다.

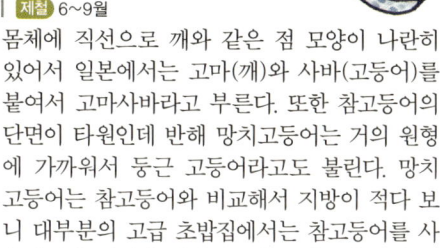

매운 참치롤 スパイシーツナロール

매운 소스를 사용한 우라마키 다랑어 김초밥(p.74). 소스는 고추장 혹은 칠리소스, 두반장, 타바스코와 같은 매운 소스와 마요네즈, 참기름, 파 등을 섞는다. 미리 소스로 버무린 다랑어 외에 오이나 양상추, 아보카도 등 좋아하는 채소를 반으로 자른 김으로 만다. 접시에 담을 때는 소스를 더 뿌리기도 한다. 미국에서는 꽤 일반적인 김초밥으로 마트 부식 코너의 단골 메뉴이기도 하다.

머릿살 八の身

다랑어 머리에 있는 희소 부위. 노텐(脳天), 쓰노토로(ツノトロ)라고도 한다. 근육이 있어서 초밥 네타로 쓰려면 근육에 쌓인 살을 끄집어내야 하지만, 지방이 있어서 풍미도 단맛도 강한 맛있는 부위다.

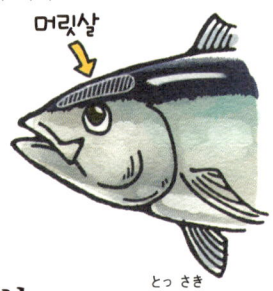

머릿살 (돗사키) 突先

다랑어 머릿살 중에서 뾰족한 끝 부분으로 돗사키라고 부른다. 머릿살에서 등지느러미로 이어지는 근육이 단단한 부분으로 근육을 떼어내듯이 칼을 넣고 베어낸다. 돗사키는 최근 사용되기 시작한 단어로 아래 그림의 머릿살 부분과 구별하지 않고, 머릿살 혹은 두신(頭身)이라 부르기도 한다. 희소 부위를 초밥에 사용하는 일은 별로 없지만, 다랑어의 돗사키로 만든 손말이초밥(p.123)을 제공하는 가게가 있다. 게다가 이치대로 하면 손말이초밥은 마지막 나오는 게 정석인데, 돗사키 손말이초밥을 제일 먼저 제공하는 가게도 있다.

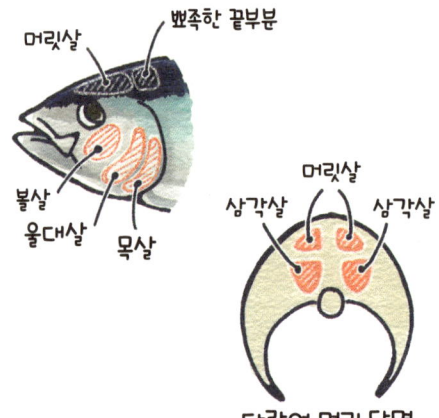

멍게 ホヤ

- 일본어명 호야, 마보야
- 별칭 Ascidian, Sea pineapple, Sea squirt
- 제철 6~7월

초밥 네타로 썰면 조개와 형태가 비슷하지만, 척추동물도 무척추동물도 아니면서 척추동물로 분류되는 동물이다. 바다 속에서 언뜻 보면 식물처럼 보이고, 해조류의 뿌리처럼 생긴 부분을 바다 밑바닥에 있는 돌에 부착시키고 있다. 산리쿠 지역에서 양식되기 때문에 센다이 초밥집에서 먹을 수 있지만, 전국적으로는 굉장히 보기 드문 초밥 네타. 취향도 확실히 갈리는 네타라서 오마카세를 먹는다면 우선 만날 수 없는 네타이다. 강한 바다 향을 농축한 것 같은 향에 끌려 술꾼이라면 그냥 지나치기 힘든 초밥이다. 호야와 해삼 내장젓갈(p.202)을 섞은 것을 '바쿠라이(莫久来)'라고 하는데, 이것도 술을 부르는 안주이다. 바쿠라이라는 이름의 유래는 여러 가지 설이 있는데, 일설에서는 호야의 모양이 기뢰와 비슷해서 '기라이(機雷)' → '바쿠하츠(爆発, 폭발)' → '바쿠라이'로 변했다고도 한다.

메하리즈시 めはり寿司

와카야마현 남부와 미에현 남부로 이어지는 구마노(熊野) 지역과 나라현 요시노군(吉野郡)에 전해지는 향토요리. 소프트볼 정도로 큰 오니기리를 소금에 절인 일본식 갓김치 다카나즈케 잎으로 싼 것이다. 눈이 커질 만큼 입을 크게 하고 먹어야 해서 눈이 커진다는 뜻의 메하리를 붙인 메하리즈시로 불린다. 다카나즈케는 한번 소금을 제거한 후에 간장 맛의 양념장에 재워서 사용한다. 원래는 속에 든 오니기리는 보리밥이었는데, 지금은 흰쌀밥이 일반적이다. 삼나무 요시노스기(吉野杉)로 유명한 이 지역에서는 옛날부터 벌목꾼이 있었는데, 산에서 점심을 먹을 때 쓰케모노랑 밥을 같이 먹을 수 있다는 게 편리해서 만들어졌다고 한다.

면보 さらし

표백된 면 100%의 천을 말한다. 초밥 장인은 초밥 네타를 자르거나 썰 때마다 칼과 도마를 면보로 훔치고 면보를 수돗물에 빨아서 짜는데, 이 과정에서 자연스럽게 손도 청결해진다.

멸종 위기종 絶滅危惧種

멸종 위기에 놓인 종. 이와 같은 종을 정리한 것을 적색 목록(정식 명칭은 '절멸 위험이 있는 종의 적색 목록')이라고 한다. 대표적인 것은 스위스 글란트에 본부를 두고 있는 IUCN(국제자연보호연맹)이 작성하고 있으며, 그 밖에도 각 국가와 지역의 목록이 있다. 초밥 네타로 많이 쓰이는 종 중에서 IUCN의 적색 목록에서 절멸 위기종에 해당되는 것은 각 카테고리마다 CR: Southern bluefin tuna (남방참다랑어), EN: Atlantic bluefin tuna(대서양 참다랑어), Japanese eel(뱀장어), VU: Pacific bluefin tuna(참다랑어), Bigeye tuna(눈다랑어), Longtooth grouper(자바리), Golden threadfin bream(황금 실지느러미 돔) 등이 있다. 일본에서는 농림수산성의 수산청이 수산자원으로 유통하는 일반적인 어류(참돔, 참고등어 등과 같이 아주 일반적인 것)과 소형 고래류 등 총 94종을 평가하고, 환경성이 참다랑어 등 다국간 협정으로 평가되는 종과 수산청이 평가하는 종을 제외한 나머지 종을 평가한다. 2019년 현재 주요 초밥 네타로 쓰이는 종 중에서 환경성이 정한 적색 목록에 해당되는 것은 절멸 위기 IA류(CR): 청보리멸, 절멸 위기 IB류(EN): 뱀장어, 니고로부나, 떡붕어(겐고로부나), 절멸 위기 II류(VU): 백합, 왕우럭조개, 준절멸 위기(NT): 범가자미, 절멸 위험이 있는 지역개체군(LP): 세토 내해의 쥐노래미, 아리아케해의 농어 등이 있다. 그 밖에도 각 지역에서 작성된 적색 목록이 있어서 국가 단위로는 보이지 않는 위기를 밝혀내고 있다.

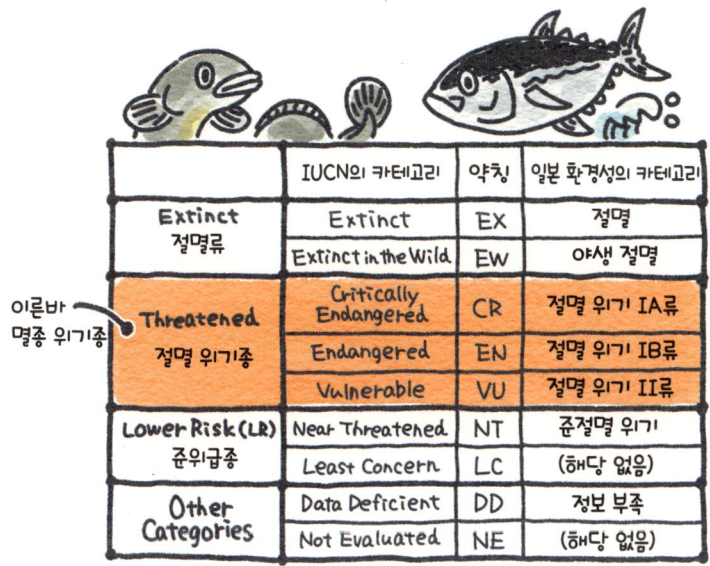

일본 환경성에서는 위에 나타낸 것 이외에 지역적으로 독립되어 있는 개체군으로, 절멸의 위험이 있는 종을 '절멸 위험이 있는 지역개체군 Threatened Local Population(LP)'으로 정하고 있다. 일본 환경성의 카테고리는 IUCN에 준하고 있지만 상세한 것은 다르다.

모로코하코즈시 もろこ箱寿司

아이치현 서부와 기후현에 전해지는 향토요리. 간장과 자라메 설탕, 생강으로 조린 모로코라 불리는 잉어과 민물고기를 샤리 위에 올려서 나무상자에 담아 눌러서 만든 초밥. 나무상자는 겹쳐 쌓고 못을 박아 눌러서 초밥의 형태를 만든다.

모리 마고에몬 森孫右衛門

도쿄 어시장의 기반을 만든 인물로, 셋쓰국 니시나리군 쓰쿠다촌(현 오사카시 니시요도가와구 쓰구다정)에서 어부를 했다. 1950년에 도쿠가와 이에야스가 에도로 옮겼을 때 이에야스를 따라 동료 어부들과 함께 에도로 이주해서 에도 무코우지마(向島)(이후의 쓰구다지마(佃島))의 영지와 어업권을 부여받았다. 이곳에서 에도성에 공납할 생선을 어획하고 남은 것을 니혼바시 오다와라카시(小田原河岸) 시장에서 판매한 것이 어시장의 발단이라고 한다. 오사카 시대에 모리 마고에몬 가문은 이에야스가 세토 내해를 건널 때 정찰을 도왔고, 에도만(도쿄만)에서 어업을 하면서부터는 바다의 상황을 막부에 보고하는 역할도 했다고 한다. 즉, 단순한 어부가 아닌 수군이나 해적과 같은 사람들이었다는 설도 있다. 또한 문헌을 통해서 나이를 계산해 보면 나이에 모순이 생겨서 오사카에서 이에야스와 친분이 있던 아버지 모리 마고에몬과, 이에야스와 함께 에도로 건너온 아들 모리 마고에몬 두 사람이 있었던 것으로 추측된다.

*오사카 시대(大阪時代): 일본 전국의 물류가 집중하면서 경제·상업의 중심지가 된 시기

모리바시 盛箸

장인이 음식을 그릇에 담을 때 사용하는 튀김용 긴 젓가락. 대나무 제품과 스테인리스 제품이 있고, 스테인리스 제품은 마나바시(真菜箸)라고 한다. '마(真)'는 생선을 의미하는데, 원래는 생선 전용 젓가락이었다.

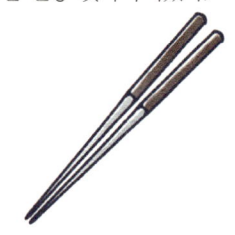

모시조개 浅蜊

일본어명 아사리
영어명 Japanese littleneck clam, Manila clam
제철 4~6월

큰 모시조개의 익힌 살 2~3개를 초밥 위에 올리거나, 군함말이를 만들어 단맛의 쓰메 소스(p.137)를 발라서 먹는다.

모티브 モチーフ

인형 탈 着ぐるみ
인간이 착용할 수 있는 큰 인형. 테마파크나 어린이용 텔레비전 프로그램, 취미 생활 등 용도는 다양하다. 초밥 형태를 한 인형 탈도 판매되고 있어서 누구든지 마음만 먹으면 초밥이 될 수 있다.

지우개 消しゴム
초밥 모양을 한 지우개. 장난감이나 여행선물로 완구점, 관광지, 어시장 등에서 판매한다. 그냥 지우개보다는 소꿉놀이 장난감으로 사용하는 것을 추천한다.

식품 샘플 食品サンプル

음식점에서 요리 견본으로 전시하기 위해서 제작된 식품 모양의 플라스틱 제품. 다이쇼 말기부터 쇼와 초기에 걸쳐 만들어지기 시작했는데, 당시에는 밀랍이 원료였으나 지금은 레진으로 만든다. 원래는 음식점을 대상으로 판매했지만, 최근에는 식품 샘플을 전시하는 가게가 줄고 있다. 대신에 키홀더나 휴대폰 케이스용으로 가공된 것이 온라인이나 관광지에서 판매되고 있으며, 직접 만들어볼 수 있는 가게도 생겼다. 식품 샘플은 해외에서는 food samples나 fake food로 불리지만, 레진을 사용해서 만드는 요리 견본은 일본의 독특한 표현이기 때문에 일본을 찾는 외국인 관광객 선물로도 인기가 좋다. 초밥 모티브는 USB, 키홀더, 이어링, 휴대폰 케이스나 스탠드, 명함 케이스로 제조되어 판매된다.

캐리어 커버 スーツケースカバー
캐리어 전체를 감싸는 커버로, 커버를 씌우면 캐리어가 초밥으로 변신한다. 네타 종류는 다랑어, 새우, 고등어, 연어알, 문어, 달걀 등이 있다. 컨베이어벨트 위에서 돌아가는 모습이 마치 회전초밥을 떠올리게 한다.

초밥사탕 寿司キャンディ
초밥이나 김초밥 모양으로 만든 사탕. 맛은 당연히 설탕 맛으로 초밥의 풍미는 전혀 없다. 해외에서 온 여행객 선물용으로 쓰키지나 아사쿠사와 같은 관광지에서 판매한다.

티셔츠 Tシャツ
초밥을 티셔츠에 프린트한 옷. 몇 년 전까지만 해도 일본을 좋아하는 외국인용으로만 여겨지던 초밥 티셔츠가 최근에는 일본인도 입는 사람이 늘고 있다. 친구가 초밥 티셔츠를 입고 있다면, 우선 장난을 쳐보자.

모즈쿠 もずく

해조류 중에서 모즈쿠과나 민가지말과에 속하는 것의 총칭. 다른 조류에 부착하고 있어서 해조 모(藻)에 붙는다는 뜻인 즈쿠(付く)가 붙어서 모즈쿠(藻付く)로 불린다. 모즈쿠를 산바이즈[1]나 도사즈[2]로 무친 모즈쿠 초절임은 초밥집에서 자주 등장하는 술안주 중 하나이다. 또한 모즈쿠를 이용한 초밥에는 군함말이나 꼬들꼬들하게 지은 밥에 모즈쿠를 섞어서 만드는 모즈쿠 흩뿌린 초밥, 모즈쿠 유부초밥, 모즈쿠 김초밥이 있다.

1. 산바이즈(三杯酢): 설탕이나 맛술, 간장, 식초를 동일한 비율로 섞은 양념장
2. 도사즈(土佐酢): 산바이즈에 가다랑어포 맛국물을 넣은 조미료

무게 重さ

일본에서는 샤리의 무게가 10~20g 정도이다. 고급 음식점에서는 가볍게 만들고, 점심식사나 배달의 경우에는 배를 채우기 위해 묵직하게 만드는 경향이 있다. 다른 나라의 대중적인 초밥집에서는 더 무겁게 만들기도 한다. 어느 정도 수준 있는 가게라면 네타의 종류에 따라 무게도 달라진다. 예를 들면, 쫄깃한 도미나 광어와 같은 흰살 생선은 10g 이하, 살이 부드러운 다랑어나 연어는 12~14g이다. 니기리즈시를 만들기 시작한 에도시대에는 지금의 2배 가까운 사이즈로 45g 정도였다고 한다.

무라사키 むらさき

초밥집 은어(p.162)로 간장을 말한다. 간장색에서 유래했다고도 하고, 값비싸고 귀했던 간장을 값이 비싸서 신분이 높은 사람만 입을 수 있었던 보라색(무라사키) 염색물과 연관 지은 말이라고도 한다.

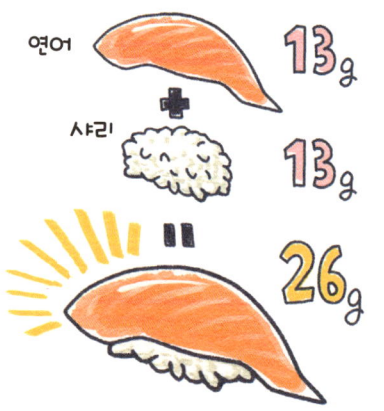

무시즈시 蒸し寿司

무시는 '찌다'라는 의미로 간사이 지방보다 서쪽 지역에서 만들어지는 세이로라는 대나무 찜통에 찐 따뜻한 흩뿌린 초밥이다. 초밥 재료는 흩뿌린 초밥과 마찬가지로 지역이나 가게에 따라 다양하다.

묵은쌀 古米(こまい)

초밥 장인에게 초밥의 맛을 결정하는 게 무엇이냐고 물으면 당연히 맛있는 생선이라고 대답할 것 같지만, 이구동성 '샤리'라고 말한다. 게다가 쌀은 당연히 샤리의 맛을 결정하는 데 가장 중요한 요소이기도 해서 아주 맛있는 쌀을 사용할 것이고, 당연히 햅쌀이 수확되는 시기에는 햅쌀을 쓸 거라고 생각하지만, 초밥집에서 선호하는 쌀은 의외로 묵은쌀이다. 햅쌀이라고 해도 가정에서 즐겨먹는 쌀보다 단단하고 점성이 적은 알갱이가 작은 쌀이다. 또한 묵은쌀은 일본어로 고마이라 하고 지난해에 수확된 쌀을 말한다. 지지난해에 수확된 쌀은 고고마이(古古米)라 불리며 해를 거듭할수록 고(古)가 하나씩 늘어난다. 한마디로 같은 고마이라도 초밥집에서 선호하는 것은 정미한 후에 방치되어 맛이 떨어진 쌀이 아니라, 저온 창고에서 현미 상태로 온도·습도를 조절하면서 보존되어 숙성된 쌀이다. 이런 쌀을 '숙성미(熟成米)'라고 한다.

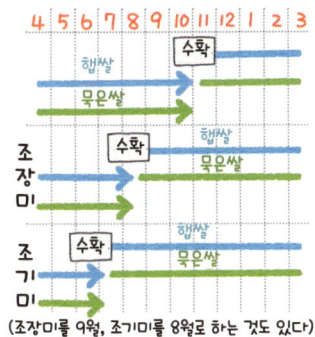

(조장미를 9월, 조기미를 8월로 하는 것도 있다)

묵은초밥 ひねずし

이시카와현 오쿠노토(奧能登) 지방에서 만들어지는 '나레즈시(p.62)'의 별칭. 낡았다는 의미의 '히네루(陳ねる)'에서 유래한 '히네즈시'다. 그 밖에도 이 지역에서는 나레즈시를 '이즈시(いずし)', '스스(すす)'라고 부른다. 이 지역의 나레즈시는 전갱이를 사용한 것이 많은데, 고등어, 정어리, 연어, 새끼 도미 등으로도 만든다. 숙성 기간은 약 두 달 정도로, 나마나레(p.62)에 해당되는 나레즈시이다.

문어 蛸(たこ)

- 일본어명 마다코
- 별칭 이와다코, 이시다코, 이소다코
- 영어명 East Asian common octopus
- 제철 산리쿠(三陸) 11~1월, 세토내 6~9월

참문어(미즈타코)(p.181)도 산지인 홋카이도에서는 마다코로 불리지만, 전혀 다른 종류이다. 마다코는 소금과 무즙으로 잘 문질러서 끈적함을 제거하고 나서 녹차나 호지차로 15분 정도 데쳐서 얼음을 넣은 식초물에 담가 색이 빠지지 않게 한 후에 밑손질을 한다. 다리 안쪽의 부드러운 부분만 껍질을 벗기고 나머지 부분은 어슷하게 썰어서 초밥 네타로 쓴다.

문학작품 文学作品

이즈의 무희 伊豆の踊り子
이즈의 무희와 헤어진 후 시모다항에서 도쿄로 향하는 배에서 눈물을 뚝뚝 흘리는 주인공 옆에 앉아 있던 소년이 '불행한 일이라도 당하셨나요?'하고 물으면서 대나무 껍질로 싼 김초밥을 꺼내서 준다.

『이즈의 무희』, 가와바타 야스나리(저) (신조사)

들어라, 해신의 목소리 きけ わだつみのこえ
'와다쓰미'는 해신을 말한다. 제2차 세계대전에서 사망한 학도병들의 일기와 편지를 모은 유고집이다. 23세 하마다 타다히데(浜田忠秀)는 말라리아에 걸려 앓으면서도 병상에서 '텐진(天津)' 초밥이 먹고 싶어 죽겠다'고 적고 있다.

『들어라, 해신의 목소리』, 일본전몰학생기념회(편) (이와나미 서점)

어린 사환의 신 小僧の神様
간다 저울가게에서 심부름을 하는 어린 사환 센키치는 지배인과 점원이 이야기하던 초밥이 먹고 싶어져 4전을 꼭 쥐고 초밥을 파는 포장마차로 향한다. 그런데 손을 뻗은 광어 초밥이 1개에 6전이라는 소리를 듣고 실망한 나머지 어깨를 축 늘어뜨리고 밖으로 나온다. 그 광경을 목격한 젊은 귀족위원은 며칠 후 저울가게에서 우연히 만난 센키치에게 초밥을 사준다.

『어린 사환의 신』, 시가 나오야(저) (이와나미 서점)

샐러드 기념일 サラダ記念日
'너와 먹은 삼백엔 붕장어 초밥, 그 달콤한 맛이 사랑임을 깨닫는다', '유부 초밥 엄마와 만들고 올 여름 마침표 대마씨를 씹는다'. 역시 유부 초밥은 사람의 정을 느끼게 하는 요리라는 안정감과 붕장어 초밥과 연애를 연결시키는 의외성. 아무튼 믿고 읽는 다와라 선생님의 작품이다.

『샐러드 기념일』, 다와라 마치(저), (서방신사)

스시 鮨
앞부분은 도쿄의 어느 초밥집 정경을 묘사. 뒷부분은 그 초밥집의 단골손님 중 한 명이 어린 시절을 회상한다. 머리는 좋은데 결벽증으로 제대로 먹지 못하는 아이를 위해서 엄마가 툇마루에서 새로 산 도구를 늘어놓고 초밥을 만들어 식사의 즐거움을 알아가게 한다. 등장인물들의 마음의 변화와 초밥이 반짝반짝 빛나 보이는 아름다운 문장이다.

『늙은 기생 초서』, 오카모토 가노코(저) (신조사)

키재기 たけくらべ
요시와라의 다이코쿠야라는 유곽에 사는 밝고 건강한 소녀 미도리는 축제날 밤에 대립하던 골목 패거리들 중 누군가가 던진 짚신을 맞아서 이튿날 아침에 언짢은 기분으로 학교에 가기 싫어하는데, 엄마는 '나중에 스시야스케 초밥이라도 주문해줄까?'하며 걱정한다.

『흐린 강·키재기』, 히구치 이치요(저) (신조사)

초밥의 명인 握り寿司の名人
전후부터 쇼와 시대에 걸친 초밥에 대한 필자 나름의 생각을 펼친 수필. 정보가 다소 편향된 면이 있어서 당시의 자료로 읽기보다는 필자의 개인적인 견해로 이해하면 좋을 작품이다.

『로산진의 식탁』, 기타자와 로산진(저) (가도가와하루키 사무소)

24개의 눈동자 二十四の瞳
24개의 눈동자는 제2차 세계대전 전에 세토 내해 분교로 부임한 젊은 교사 오이시가 담당한 초등학교 1학년 학생 12명의 눈동자이다. 오이시 선생님은 남편과 어머니를 전쟁으로 잃고, 3명의 자식 중 딸 야쓰는 배가 너무 고픈 나머지 풋감을 먹고 급성 장염으로 죽는다. 전후 12명의 학생 중에서 5명과 재회하기로 약속한 날, 오이시 선생님의 아들이 야쓰의 무덤에 유부초밥을 가지고 가자고 제안한다.

『24개의 눈동자』 쓰보이 사카에(저) (이와나미 서점)

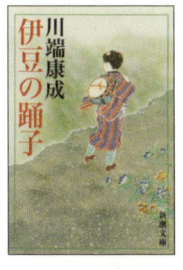

물결 모양 칼집 波切り

잔물결 칼집이라고도 한다. 문어나 오징어 등을 초밥용으로 썰 때 회칼을 섬세하게 앞뒤로 움직이면서 표면에 물결 모양을 만드는 것. 간장이 착착 감기기 쉽고 샤리에도 잘 붙는다. 찐어묵과 달걀말이에도 쓰는 방법이다.

물레고둥 バイ貝

- **일본어명** 바이
- **별칭** 아카바이
- **영어명** Japanese babylon
- **제철** 3~7월

일본의 얕은 바다에 서식하는 나사조개. 초밥은 조개답게 쫄깃쫄깃하고 오독오독한 식감, 바다 향과 조금 쌉쌀한 맛의 매력이 있는 조개다. 술로 감칠맛 나게 졸여지기도 한다. 물레고둥의 주요 산지는 동해 인근이지만, 모양이 비슷한 골뱅이는 태평양 인근에서 잡히고 겨울에서 봄에 걸쳐 제철을 맞이한다.

미가키 身欠き

생선 덩어리(p.113)에서 불필요한 부분이나 상처 난 부분, 기타 근육이 있는 부분을 깨끗하게 손질하기 위해 잘라내는 작업을 말한다. 간단히 말하면 덩어리를 깨끗이 하는 것을 의미하다 보니 갈고 닦는다는 뜻의 '미가쿠(磨く)'와 혼동하기도 하는데, '살을 잘라내는 작업이기 때문에 살(身)을 깎아내다(欠く)의 미가쿠(身欠く)'가 정답이다. '미가키후구'는 독이 있는 부분을 제거하고 판매하는 복어를 말하고, '미가키니신(身欠きニシン)'도 청어를 건조해서 살을 분리하기 때문에 '미가키'가 사용된다. 아무리 정성 들여 생선 한 점을 썰어도(p.54) 불필요하게 연결된 부분이 있으면 모양에 영향을 주기 때문에 깔끔한 초밥을 만들기 위해서도 미가키는 중요한 작업이다.

미쉐린 가이드
ミシュランガイド

프랑스 타이어회사인 미쉐린이 자동차 문화의 발전을 비롯해 타이어 매상의 증가를 목표로 1900년에 발행하기 시작한 가이드북. 당시에는 지금 가이드북과는 달리 주유소와 우체국, 도시지도 등을 포함했는데, 1926년부터는 질 높은 서비스를 제공하는 호텔이나 레스토랑에 별을 주는 시스템이 도입되었다. 처음에는 별 1개를 부여하는 방식으로 시작해서 별 3개로 변경되었고, 익명의 조사원이 조사하는 등 점차 지금의 형태로 변화해 왔다. 처음으로 프랑스가 아닌 다른 나라에서 가이드북이 작성된 것은 1904년 벨기에판. 일본판은 『미쉐린 가이드 도쿄 2008』(2007년 11월 22일 발매)을 시작으로 도쿄판은 이후 2019년까지 매년 발행됐으며, 간사이판은 대상 지역에 변화가 있었지만 2009년 이후 매년 발행되고 있다. 그 이외의 지역은 단발적으로 발행되고 있으며, 일본 전국을 망라해서 작성된 가이드북은 없다. 미쉐린 가이드에는 별점은 없지만 일정한 기준을 충족한 레스토랑도 게재되어 있으며, 이러한 레스토랑까지 포함하면 인터넷에는 2019년 7월까지 게재된 도쿄, 교토, 오사카, 홋카이도, 미야기, 도야마, 이시카와, 아이치, 기후, 미에, 나라, 돗토리, 히로시마, 에히메, 후쿠오카, 사가, 나가사키, 구마모토, 오이타 등 전체 19개 지역에서 366곳의 초밥집이 실려 있다(기후, 나라, 돗토리, 오이타는 별점 없음).

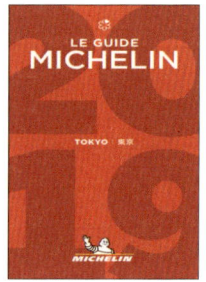
©MICHELIN

미쓰칸 박물관
ミツカンミュージアム

식초를 제조하고 판매하는 미쓰칸 주식회사가 운영하는 체험형 박물관으로, 미쓰칸의 창업지인 아이치현 한다시(半田市)에 있다. 미쓰칸의 식초 제조 역사와 양조 기술, 전통에 대한 고집, 식문화의 매력을 전하고 있다. 에도시대에 내선해운에서 상업 운송선으로 활약한 복각판 벤자이센을 타면서 보는, 한다에서 에도로 식초를 운반하는 영상은 당시 뱃사람이 위험한 항해를 무릅쓰고 물류와 식문화 발전에 얼마나 공헌했는지를 알 수 있는 감동적인 것이다. 초밥의 대중화에는 미쓰칸 창업자가 술지게미 식초를 제조하고, 이를 계기로 초밥과 술지게미 식초가 서로 협력하면서 유행해온 배경이 있기 때문에 초밥에 관한 전시 내용도 알차다.

- 소재지: 아이치현 한다시 나카무라쵸 2-6
- 전화번호: 0569-24-5111
- 영업시간: 9:30~17:00 (사전예약제)
- URL: https://www.mizkan.co.jp/mim/

미야지마 주걱 宮島(みやじま)

갓 지은 밥에 배합초를 넣고 섞을 때 사용하는 주걱을 말한다. 가정용 주걱보다 크고 초밥통 사이즈에 맞춘 크고 작은 미야지마 주걱이 있다. 밥을 섞을 때는 주걱의 유선형 부분을 위로 오게 해서 주걱 손잡이가 팔목에 기대듯이 평행하게 잡고 초밥통 바닥과 수평이 되도록 움직인다.

미역 わかめ

|일본어명| 와카메

6월 즈음에 포자로 태어난 미역은 약 1년 정도면 성장해서 다시 포자를 만든다. 먹기에는 어린 쪽이 맛있기 때문에 3월에는 수확을 시작한다. 미역의 제철은 3~5월경. 가공한 미역은 일 년 내내 먹을 수 있기 때문에 제철이 언제인지 잘 모르는 사람도 많지만, 날미역을 먹을 수 있는 것은 제철뿐이다. 제철 미역은 미역만으로도 충분히 주연급 술안주가 된다. 살짝 데쳐서 폰즈나 간장, 소금을 곁들여 먹으면 바다 향으로 술 한 잔이 술술 넘어간다.

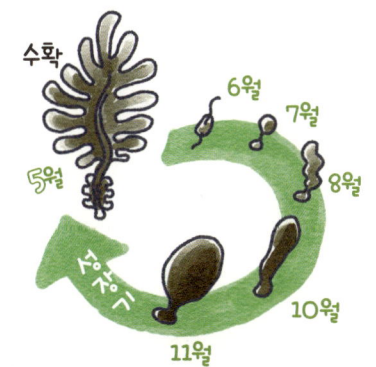

미역 말이초밥
わかめ巻き寿司(まきずし)

와카야마현에 전해지는 향토요리. 김 대신에 판 모양으로 가공된 미역으로 그 지역의 특산물을 넣고 말아서 만든 초밥이다. 또한 판 모양의 미역은 시마네현 등의 산음 지방에서도 제조되고 있으며, 이 지역에서도 판 모양의 미역으로 만든 말이초밥이나 오니기리를 즐겨 먹는다.

미오글로빈 ミオグロビン

동물 근육 속에 있는 붉은색을 띤 단백질의 일종. 미오글로빈은 혈액 속을 흐르는 헤모글로빈(글로빈과 4개의 헴으로 구성되고, 4개의 산소 분자를 운반할 수 있다)에서 산소를 받아 근육 속에 산소를 저장하고 운반한다. 글로빈이라는 아미노산이 연결된 부분과 헴철이라는 부분으로 나뉘지고, 헴철은 한 분자의 산소와 결합한다. 운동량이 많아 산소가 많이 필요한 다랑어나 가다랑어와 같은 붉은살 생선(p.108)은 미오글로빈의 함유량이 많아서 생선살이 붉은색을 띠고 있다. 수산학에서는 생선살 100g마다 미오글로빈 함유량이 10mg 이상인 것을 붉은살 생선, 그보다 적은 것을 흰살 생선이라 부르지만, 일반적으로 초밥집 메뉴에서는 생선의 외관 모양에 따라 붉은살 생선, 등푸른 생선, 흰살 생선으로 나눈다.

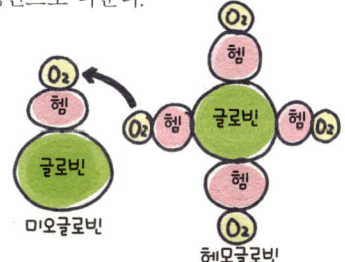

미와레 身割れ

작은 덩어리(p.113)로 자른 생선에 금이 있는 것을 일본어에서는 몸이라는 뜻의 미(身)에 갈라진다는 뜻의 와레(割れ)가 붙어 미와레라고 한다. 고등어나 삼치, 가랑어의 뱃살처럼 잘 갈라지는 생선은 '살이 부서지기 쉽다'고 표현한다. 미와레는 초밥의 네타로서는 치명적이다. 살이 갈라진 정도에 따라서는 불필요한 부분을 제거하고(p.97) 깨끗이 손질해서 사용한다.

살이 이렇게 많이 갈라져 있으면 초밥 네타로 사용할 수 없다

민물장어 鰻

- **일본어명** 니혼우나기
- **별칭** 시라스(치어), 그로메
- **영어명** Japanese eel
- **제철** 자연산 8~12월, 양식 5~8월

양념구이에 쓰메 소스(p.137)를 바르거나, 그냥 구워서 소금과 와사비를 곁들이거나 양쪽 모두 살짝 구운 후에 초밥을 만들어 따뜻한 상태에서 먹으면 민물장어와 샤리의 향이 절묘하게 입에 착착 감긴다.

- **관련어** 멸종 위기종(p.91)

밑손질 仕込み

음식점에서 주문을 받은 후에 요리를 단시간에 제공할 수 있도록 손질해 두는 일. 보통 초밥집에서는 생선을 떠서 작은 덩어리 상태로 잘라 두는 것과 식초나 다시마로 절이거나 조리거나 해서 메타박스에 보관할 때까지의 과정을 밑손질이라고 하는데, 연회나 파티 예약이 있어 단시간에 대량의 초밥을 만들어야 할 경우에는 생선을 썰어두는 기리쓰케(p.54)까지도 밑손질에 포함된다.

바다포도	백합	붉은살 생선
박고지	뱅어	붕어 초밥
박고지 김초밥	벚꽃소금	붕장어
박잎 초밥	벚꽃송어	붕장어 오이 김초밥
밥솥	벚꽃 잎 절임 초밥	붕장어 치어
밥알 초밥	벳코즈시	브랜드 레어드
방어	보리멸	비늘 벗기기
배 가르기	복어	비늘제거기
배달	부시리	빨간 무즙
배 밑바닥 모양	북방대합	뼈 센베이
배합초	분말간장	
배합통	붉은살	

바다포도 海ぶどう

일본어명	구비레즈타	별칭	그린캐비어

영어명 Sea grape, Green caviar　**제철** 10~5월

오키나와 특산물인 해조류의 일종. 그냥 바다포도만으로 술안주로 하거나, 김에 싸서 초밥으로 만들 수 있다. 또한 다랑어의 갈빗살(p.45) 등과 함께 손말이초밥(p.123)이나 군함말이로 만들어서 바다포도의 염분과 김의 향으로 먹는 방법도 추천한다.

박고지 김초밥 干瓢巻き

반으로 자른 김에 박고지를 말아서 만든 호소마키 김초밥. 에도마에즈시에서 김초밥이라고 하면 박고지 김초밥을 말한다. 다른 호소마키는 정사각형으로 만들지만, 박고지 김초밥과 낫토 김초밥은 아랫단 2개의 모서리를 각지게 만들고 윗단은 돔 모양으로 완성한다. 또한 다랑어 김초밥이나 오이 김초밥은 6등분으로 썰어서 단면이 위쪽을 향하도록 접시에 담고, 박고지 김초밥은 4등분으로 썰어서 조림국물이 새어나오지 않도록 단면을 옆으로 눕혀서 담는다.

관련어 다랑어 김초밥(p.74), 김초밥(p.58)

박고지 干瓢

초밥집에서는 짭짤하고 달콤하게 조려서 박고지 김초밥이나 흩뿌린 초밥의 재료, 찻수건 초밥(p.175)을 묶는 데 사용한다. 재료 준비할 때는 박고지 김초밥을 빨리 만들기 위해 김 길이에 맞춰서 미리 잘라둔다.

관련어 기즈(p.56)

박잎 초밥 朴葉ずし

기후현, 나가노현, 나라현 등의 한정된 지역에서 만들어지는 향토요리. 초밥을 박나무 잎 위에 올리는 기본 방법은 같지만, 재료를 샤리 위에 올리는 지역과 섞는 지역이 있다. 재료는 지역에 따라 다양한데, 연어와 간장에 조린 머위(갸라부키), 표고버섯, 붉은 생강 등을 사용한다. 샤리에 밴 박잎 향을 즐길 수 있다.

밥솥 炊飯器

샤리를 짓는 도구. 가게의 규모나 방침에 따라 다르지만, 초밥집에서는 보통 몇 되를 한꺼번에 지을 수 있는 대형 가스 밥솥을 쓴다. 어떤 가게에서는 직접 짓지 않고 밥 공장 등에서 샤리를 구입하기도 한다.

밥알 초밥 一粒寿司

밥알 한 개로 초밥을 만드는 미니어처 초밥. 아사쿠사의 '스시야노 노하치(すし屋の野八)'의 2대째 장인이 고안했다.

방어 鰤

[일본어명] 부리
[영어명] Japanese amberjack, Five-ray yellowtail
[제철] 10~2월

출세어(p.186)이고, 지역에 따라 부르는 이름이 달라서 별명이 많다. 자연산과 양식산이 있는데, 양식산도 '모쟈코(もじゃこ)'라 불리는 자연산 치어를 포획해서 알배기로 기른다. 양식은 가고시마, 오이타, 미야자키, 에히메, 고치 등지에서 이루어지고 있고, 자연산은 태평양 서반부, 오호츠크해, 동해, 동중국해에 분포한다. 여름에는 연안 근처에서 정어리나 새끼 전갱이를 먹으면서 홋카이도까지 북상하고, 가을·겨울이 되면 지방을 축적해서 남하한다. 추운 시기에 지방이 오른 방어를 겨울 방어(간부리)라고 한다. 처음 시중에 나오는 것이 홋카이도에서 잡히는 '덴조부리', 11월이 되면 도미야마의 '히미부리' 어획이 시작된다. 히미부리는 지방이 오르는 11월 말까지 기다려서 어업협동조합 등의 대표로 구성된 판정위원회가 '히미겨울방어 선언(히미간부리 선언)'을 한다. 이듬해 2월까지 '히미간부리'라는 더 상급 상품으로 인정받은 방어도 출하된다. 그밖에 '사가부리', '노토부리' 등의 상품이 있다. 방어는 부위나 숙성 정도에 따라 완전히 다른 느낌을 주는 생선이다. 몸통이 커서 세 장 뜨기로 하면 등과 배를 나눌 수 있다. 등살은 초밥 네타로 쓰기에 두께가 있어서 수평으로 2등분한다. 혀에서 살살 녹는 뱃살의 지방은 물론, 수평으로 2등분한 등살의 지방이 적은 위쪽 부분도 풍미가 강해서 전혀 다른 매력이 있다. 방어의 대표적인 조리법은 숙성과 조림이다. 껍질을 벗기고 초밥을 만드는 경우가 많고, 껍질째 불에 살짝 구운 후에 조리는 방법도 있다.

배 가르기(하라비라키) 腹開き

생선 배에 칼을 넣어 등쪽 껍질을 자르지 않고 연결해서 1장으로 뜨는 손질법. 전어사리는 배 가르기 상태로 식초절임을 하고, 작은 전어사리인 경우에는 배 가르기로 손질한 것으로 초밥을 만들기도 한다. 또한 고등어와 은어의 형태를 살린 스가타즈시(姿ずし)는 지역에 따라서는 배 가르기 한 생선을 사용하기도 한다.

배달 出前
ㄷㅔㅁㅏㅇㅔ

일본어로는 '데마에'라고 하고 음식점이 손님의 주문에 따라 조리를 마친 음식을 배달하는 일을 말한다. 요리가 가게에서 나간다는 의미의 '데(出)'와 몇 인분을 나타내는 난닌마에(何人前)의 '마에(前)'로 성립된 단어이다. 일본 배달 문화는 에도시대 교호 기간(1716~1736년) 즈음에 등장했다. 전화가 없는 시대라서 다이묘 저택과 같은 큰 집이나 점포에서는 음식점으로 심부름하는 사람을 보내 주문을 했다. 배달은 유곽 여성이 소바집에 소바를 부탁한 데서 시작되었다는 설이 있는데, 당시 배달을 하는 초밥가게는 나이텐(p.64)이라는 점포를 두고 영업하는 초밥집이었다.

배 밑바닥 모양 船底
ㅎㅜㄴㅏㅈㅗㄱㅗ

초밥을 만드는 샤리의 가장 이상적인 형태. 초밥 샤리는 단순한 직방체가 아닌 아래 부분이 좁고 네타가 붙는 면은 배의 넓은 밑바닥 모양, 또는 쌀가마 모양으로 만든다. 전체적인 초밥 모양은 부채꼴 모양이 되게 한다.

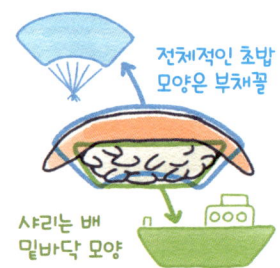

배합초 合わせ酢
ㅇㅏㅇㅗㅏㅅㅔㅈㅜ

식초에 각종 조미료를 배합한 것의 총칭. 샤리에 이용하는 식초만이 아니라, 2배 식초, 3배 식초, 단식초 등도 배합초라고 한다. 샤리용은 보통 식초에 설탕, 소금을 섞어 배합초를 만드는데 비율은 가게에 따라 각양각색이다. 적초를 사용한 에도마에즈시는 설탕을 넣지 않고 만든다. 지금도 가게에 따라서는 설탕을 빼고 술지게미 식초를 사용하기도 한다. 간사이 지방은 간토 지방보다 샤리를 달게 만드는 경향이 있어서 단맛을 내기 위해 밥을 지을 때 다시마를 넣는다. 그밖에 감귤류를 넣거나 가게에 따라서는 다른 재료를 첨가하기도 한다.

관련어 식초(p.133)

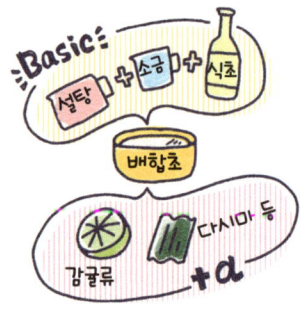

배합통(항기리) 飯切
ㅎㅏㄴㄱㅣㄹㅣ

초밥통의 별칭으로 항기리(半切)라고도 쓴다. 샤리섞기(p.120)라고 해서 샤리를 만들 때에 밥(반)을 자르(기리)듯이 섞는 데서 항기리(飯切)라고 한다. 또는 항다이(飯台)라고도 한다. 초밥집에서는 초밥 담는 초밥통(p.85)과 구별하기 위해서 샤리 섞는 통을 배합통이라고 부른다. 큰 밥솥(p.103)에 밥을 짓는 가게에서는 직경 75cm나 되는 식힘통을 사용한다. 식힘통은 사용하기 전에 밥알이 통에 붙지 않도록 물로 충분히 적셔둔다. 사용 후에 세척할 때에는 세제는 사용하지 않는다. 물로 적신 후에 옛날 방식으로 수세미로 문지르면 쌀의 점성을 쉽게 떨어뜨릴 수 있다. 나무가 수분을 흡수했기 때문에 곰팡이가 생기지 않도록 세워서 건조한다. 식힘통은 너무 건조하면 나무가 말라서 테가 끊어지기 때문에 가끔 물을 뿌려두어야 한다. 덧붙여 나무로 만든 통은 '한번 끊어진 테를 고치면 완성된다'는 말이 있듯이 그래야 비로소 오래 쓸 수 있다고 한다.

백합 蛤

- 일본어명 하마구리
- 영어명 Common orient clam
- 제철 2~4월

일본어 이름인 하마구리는 모양이 밤(구리)과 닮았다고 해서 바닷가(하마)의 밤이라고 불린다. 원래는 홋카이도 남부 이남의 대만까지 담수가 섞인 간석이나 얕은 여울에 널리 분포했다. 그런데 일본에서는 1980년대 이후 간척이나 호안 공사, 수질 오염 등의 영향으로 개체수가 대폭 줄었다. 현재 주로 유통되는 것은 백합과 비슷한 말백합(시나하마구리)과 대합조개(초센하마구리)이다. 헷갈리기 쉬운데 시나라든가 초센이라는 이름은 서식지를 정확히 나타내고 있지 않으며, 말백합은 중국과 한국, 대합조개는 일본과 한국에서 서식한다. 간장과 술 끓인 국물로 간이 배게 한 백합은 조린 백합(니하마)이라고 해서 에도마에즈시의 전통적인 네타이다. 밑손질 방법은 가게에 따라 크게 다르지만, 먼저 조개까기로 껍데기를 까서 조갯살을 꺼내서 30초 정도 데친 후에 가운데 부분에 칼을 넣어 좌우 대칭이 되도록 반으로 잘라 펼쳐시 모래와 내장을 제거하고 깨끗하게 손질한다. 농축된 조개 삶은 국물에 간장, 알코올을 증발시킨 맛술을 넣고 끓이다가 65℃까지 올라가면 조갯살을 넣고 잠시 기다린다. 수분을 닦아

내고 초밥을 만든 후에 쓰메 소스(p.137)를 바른다. 양념장을 바르지 않고 조개 삶을 때 단맛을 내서 니키리(p.70)를 바르는 가게도 있다. 먼저 조개까기로 껍데기를 벌리는 시점에서 숙련되지 않으면 조개에 상처를 입힌다. 특히 외투막 부분을 잘라버리면 볼품없는 초밥이 되고 만다. 삶는 방법도 낮은 불에서 시간을 들이는 방법도 있긴 한데, 조개를 너무 익히면 질겨지기 쉽기 때문에 밑손질이 까다롭다. 백합은 아무리 모양이 비슷해도 한 개의 조개는 딱 두 장의 껍데기만 이가 맞는다. 그래서 짝이 맞는다는 의미가 길조로 해석되어 결혼식 요리에 사용되거나, 조개껍데기 짝을 찾는 가이아와세와 같은 놀이도 있었다. 또한 하마구리를 거꾸로 한 구리하마(딱 맞는다는 말의 반대로 어울리지 않고 균형이 맞지 않는다는 의미)나, 이것을 동사화한 구레루(불량해지다)라는 단어의 어원이기도 하다.

뱅어 白魚

- 일본어명 시라우오
- 별칭 아마사기, 시라스
- 영어명 Icefish
- 제철 2~4월

기수역(강물과 바닷물이 섞이는 수역)에서 서식하는 생선. 선도가 좋으면 투명한데, 찌거나 냉장시키거나, 죽은 후 시간이 지나면 하얗게 변한다. 에도시대에는 쓰쿠다지마(佃島) 섬에서 어획을 했고, 에도마에즈시의 전통 초밥 네타로『그리운 요헤이 초밥』(p.192)에도 그려 있다. 서민에게 뱅어는 군함말이(p.53)에 간 생강이 올려진 이미지인데, 정성을 들이는 가게에서는 조릿대와 오바 위에 가지런히 놓고 김 없이 초밥을 만든다. 맛을 내는 방법은 날것을 다시마절임으로 하거나 벚꽃 잎에 올려서 찌거나 한다.

벚꽃소금 桜塩

소금으로 절인 벚꽃을 건조해서 만든 분말을 소금과 섞어서 보슬보슬해질 때까지 볶은 것. 벚꽃이 피는 계절에 흰살 생선 초밥에 올려서 계절감을 연출할 수 있다.

벚꽃송어 桜鱒

- 일본어명: 사쿠라마스
- 별칭: 혼마스
- 영어명: Cherry salmon
- 제철: 3~6월

산천어(육봉형)의 강해형으로 강에서 태어나 바다로 가서 몇 년을 지낸 후 산란을 위해 다시 태어난 강으로 돌아온다. 벚꽃 전선의 북상과 더불어 강에 모습을 나타내기 때문에 벚꽃송어라는 이름이 붙었다. 도야마현의 송어 초밥에는 이 어종을 사용하고, 니기리즈시의 초밥 네타로 제공하는 가게도 있다.

벚꽃 잎 절임 초밥 桜じめ

소금에 절인 벚꽃 잎으로 참돔, 옥돔 등을 절인다. 벚꽃 잎은 짠맛이 강하므로 염분을 적당히 제거한 후에 사용한다. 봄을 느끼게 하는 방법이다.

벳코즈시 べっこう寿司

시마즈시(p.131)의 별칭. 시즈오카현 이즈 지방과 스루가 지방에도 벳코즈시가 있는데, 이 지방에서는 다랑어 조림으로 만든 초밥을 말한다. 또한 미에현 시마(志摩) 지방에도 벳코즈시가 있는데, 이 지역은 시마즈시와 비슷해서 간장에 조린 네타, 새끼 방어(하마치, 와라사), 붕어 등의 초밥을 말한다.

보리멸 鱚

- 일본어명: 시로기스
- 별칭: 기스고, 시라기스, 아카기스
- 영어명: Sillago
- 제철: 6~8월

크기는 작은데 비늘이 몸통 전체에 붙어 있어서 손질이 성가시지만, 에도마에즈시의 전형적인 초밥 네타이다. 다시마절임이나 식초절임으로 밑손질한 후에 보통 한쪽 몸통으로 1개의 초밥을 만든다. 다시마절임의 경우에는 잘게 썬 다시마를 올리거나 이리자케를 떨어뜨리거나 해서 먹는다.

복어 河豚

- **일본어명** 도라후구
- **별칭** 시로, 혼후구
- **영어명** Japanese pufferfish, Torafugu, Tiger puffer
- **제철** 12~3월

복어는 각종 복어목 어류의 총칭이지만, 여기에서는 최고급으로 여겨지는 범복(도라후구)에 대해 설명한다. 홋카이도의 북쪽 위도 끝인 일본 근해에 널리 분포하지만, 산지와 소비는 주로 서일본이다. 양식도 널리 이뤄지고 있다. 예전에는 복어 조리사 자격증이 있는 가게에서만 취급할 수 있었지만, 2013년에 규제가 완화되면서 생산지에서 독 있는 부위를 제거한 '미가키후구(身欠きふぐ)'를 사용하면, 일정한 조건 하에 자격증이 없는 가게에서도 취급할 수 있게 되어 초밥집에서도 많이 이용하게 되었다. 내장과 알은 특히 독성이 강하고 장에도 약한 독이 있지만, 시라코에는 독이 없어서 살짝 구워서 초밥으로 만든다. 껍질도 폰즈나 생선젤리로 만들어 술안주로 먹는다.

부시리 平政

- **일본어명** 히라마사
- **별칭** 히라소, 히라사
- **영어명** Yellowtail amberjack
- **제철** 6~8월

방어의 종류로 잿방어, 방어와 더불어 '방어계의 트리오'라고도 한다. 일본어명 히라마사는 방어보다 몸통이 평편(히라)한데다 가늘고 길고, 몸의 노란 줄무늬가 나무의 곧은 결(마사메)과 비슷하다는 데서 유래했다고 한다. 잔 비늘이 빼곡하게 붙어 있어서 비늘은 비늘 벗기기(p.110)로 손질한다. 일본 근해뿐만 아니라 인도양이나 태평양의 온대, 아열대 바다에 넓게 분포하고, 규슈, 시코쿠에서는 일 년 내내 어획되며 도호쿠 지방에서는 여름에 잡힌다. 방어처럼 지방의 양에 변화가 없고 일 년 내내 맛있는데,

많이 잡히는 시기라는 의미에서 보면 초여름에서 가을이 제철이다. 규슈에서 양식이 이루어지고 있지만, 양식도 자연산도 많이 잡히지 않기 때문에 고급 생선이다. 기름이 많은 생선이 아니라서 양식도 맛있게 먹을 수 있다. 뱃살은 단단하고 식감이 쫄깃해서 얇게 썰어 2~3점(2점 올린 초밥 p.210) 올린 초밥을 만들어도 괜찮다. 맛이 좋고 꼬들꼬들한 식감이 있는 데다 깔끔한 기름이 입안에 쫙 퍼진다. 가장 기본인 니키리도 좋지만, 간장에 조리거나 맛술로 단맛을 낸 니키리로 감칠맛을 살려도 맛있다.

북방대합 北寄貝

- **일본어명** 우바가이
- **영어명** Sakhalin surf clam
- **제철** 12~2월

제철 시기에는 어시장에서 홋카이도산의 싱싱한 조개를 구입할 수 있다. 개량조개 종류라서 껍데기는 숙련되지 않아도 쉽게 벗길 수 있다. 살아있는 북방대합은 베이지색으로 다리 끝에는 회색빛이 돌며, 익히면 회색빛 부분이 선명한 주홍색으로 변한다. 다양한 방법으로 맛에 변화를 주어 비교하거나, 날것과 불에 살짝 구운 것을 비교하는 등 여러 가지로 즐길 수 있다.

분말간장 粉醬油

분말 상태의 간장. 초밥 위에 간장 대신 토핑하면 평소와는 살짝 다른 맛의 초밥으로 변신한다. 간장만이 아니라 유자나 발사믹식초 등으로 변화를 준 제품도 판매되고 있어서 다양한 시즈닝을 즐길 수 있다.

붉은살 赤身

일반적으로 붉은색을 띤 식재료 전반을 가리키지만, 초밥에 한해서는 다랑어 부위 중에 지방이 적은 등 부위의 살을 말한다. 같은 붉은살이라도 황다랑어는 담백해서 먹기 쉽고, 참다랑어는 풍미가 강해서 다랑어의 종류에 따라 맛이 다르다. 또한 한 마리의 다랑어에서 얻는 붉은살도 부위에 따라 맛에 차이가 있다. 배 부위는 머리에서 가까운 쪽부터 카미(上), 나카(中), 시모(下)로 분리하는데, '하라카미이치방'이라는 말이 있듯이 다른 부위와 마찬가지로 붉은살도 머리에서 가장 가까운 뱃살이 최상급이라고 한다. 다랑어가 초밥집의 품격을 결정한다고 하는데, 다랑어의 질은 붉은살이 결정한다고도 한다.

관련어 흰살 생선(p.208)

붉은살 생선 赤身魚

초밥집에서는 생선을 외관에 따라 붉은살 생선, 흰살 생선, 등푸른 생선(p.82)으로 분류한다. 반면 영양학에서는 생선을 근육 성분을 기준으로 붉은살 생선, 흰살 생선으로 분류한다. 붉은살 생선은 근육 속에 미오글로빈(p.99)이라는 색소 단백질의 함유량이 많은 대부분의 회유어가 포함되는데, 예를 들어 다랑어, 가다랑어, 방어, 부시리, 고등어, 꽁치, 전갱이 등을 말한다. 방어, 부시리, 새끼 방어 등은 살이 흰빛을 띠고 있어서 흰살 생선으로 생각하기 쉽지만, 근육 성분으로 보면 붉은살 생선으로 분류된다.

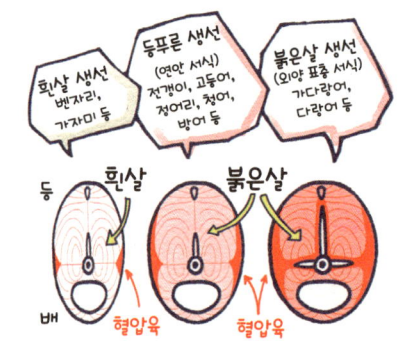

붕어 초밥 鮒寿司

시가현에 전해지는 향토요리. 비와호에 서식하는 붕어 니고로부나로 만든 나레즈시(p.62)이다. 니고로부나 외에 떡붕어(겐고로부나), 은붕어(긴부나) 등의 붕어도 사용되지만, 니고로부나가 가장 적합하다고 한다. 기본 요리 방법은 먼저 비늘, 아가미, 알 이외의 내장을 제거하고 물에 깨끗이 씻어 물기를 제거(생선을 매달아서 말린다)한다. 내장을 제거할 때는 배를 가르지 않고 손으로 긁어서 아가미와 같이 입으로 빼낸다. 그리고 소금으로 밑절임 작업을 한다. 붕어 배에 소금을 채우고 나무통에 소금과 붕어를 번갈아 포개 넣은 다음에 뚜껑을 덮고 눌러서 며칠간 둔다. 소금에 절인 붕어를 물로 깨끗이 헹구고 문질러서 미끈거림을 완전히 제거한 후에 말려서 건조한다(파리가 알을 낳으면 구더기가 생기니 실내에서 말린다). 밥과 같이 절이는 발효 과정은 혼즈케(本漬け)라고 한다. 손에 소주를 묻혀 살균하면서 밥을 붕어 배 속에 채운 후 나무통에 밥과 붕어를 번갈아 가며 넣은 다음에 뚜껑을 덮고 눌러서 몇 달간 재워둔다. 여름 삼복 무렵까지 소금에 절여두면 겨울까지는 먹을 수 있지만, 1년 이상 재워두기도 한다.

붕어살을 얇게 썰어서 반찬으로 먹거나 오차즈케로 먹는다. 붕어 초밥에서는 단백질이 발효할 때 생기는 아민류의 독특한 냄새가 나는데, 이 냄새가 오다 노부나가(織田信長)가 아케치 미쓰히데(明智光秀)에게 살해당한 '혼노지의 변(本能寺の變)'의 원인이 되었다는 일화가 있다. 도쿠가와 이에야스가 아즈치성을 방문했을 때 접대를 전담했던 미쓰히데가 오우미국(近江: 구 지방 율령국의 하나로 현 사가현)의 명물로 준비한 요리 중에 붕어 초밥이 있었는데, 노부나가가 사람들 앞에서 미쓰히데를 호통치며 접대 전담을 그만두게 하고 도요토미 히데요시(豊臣秀吉)에게 대신 그 역할을 하도록 명하였고, 이에 체면이 무너진 미쓰히데의 원한을 샀다고 한다. 그 냄새를 냄새측정기로 측정해 보니 낫토나 어류를 가열하지 않고 건조한 냄새나는 건어물(구사야)과 비슷했고, 막 구운 구사야 냄새의 반 정도 되는 수치였다는 데이터도 있다.

관련어 멸종 위기종 (p.91)

붕장어 穴子

일본어명 마아나고 별칭 하카리메
영어명 Whitespotted conger
제철 4~8월

초밥 네타로는 삶은 붕장어가 일반적이지만, 간사이 지방에서는 구워서 사용할 때도 있다. 삶는 방법은 초밥집마다 다르고 초밥에 쓰메 소스 (p.137)를 바르는 것이 에도시대의 만드는 방법이지만, 소금이나 감귤 간 것을 올리기도 한다. 초밥을 만들기 전에 불에 살짝 구우면 불 맛이 나고 따뜻하게 먹을 수 있다. 내장은 쓰쿠다니로 조리거나 맑은 국으로, 뼈는 그대로 튀겨서 술안주로 활용한다. 붕장어의 치어는 '노레소레'라고 하며 치어도 초밥 네타로 사용한다.

붕장어 오이 김초밥
穴きゅう巻き

삶은 붕장어와 오이를 말아서 만든 김초밥. 보통 중간 굵기의 마키로 만든다.

붕장어 치어 のれそれ

붕장어의 치어. 도사시(土佐市)의 진미로 유명하다. 초밥의 경우에는 군함말이를 만들어 간 생강과 차조기를 곁들인다. 같은 도사시 산지로 유명한 감귤류의 폰즈와 잘 어울린다.

브랜드 레어드 (Brandon Laird)

2015년부터 홋카이도 닛폰햄 파이터즈에서, 2019년까지는 지바 롯데 마린스에서 활약한 미국 출신 야구선수. 초밥을 아주 좋아해서 홈런을 치면 카메라를 향해 초밥 쥐는 포즈를 취했다.

비늘 벗기기 すき引き

회칼을 사용해서 생선의 비늘을 벗기는 방법. 잔 비늘이 있는 생선이나 비늘이 단단하게 붙어 있는 생선 몸통에 압박을 가하지 않고 손질하는 방법이다. 구체적으로는 넙치, 가자미 종류와 방어가 일반적이다. 또한 도마에 올려놓은 생선의 꼬리 쪽에서 비늘 밑으로 칼을 넣고, 칼날을 앞뒤로 크게 움직이면서 머리 쪽으로 이동해서 비늘과 껍질을 벗긴다.

비늘제거기 こけ引き

생선 비늘을 제거하는 도구. 일반적으로 우로코비키라고 하지만, 업계 사람들 사이에서는 고케비키라고도 불린다. 생선에 따라 비늘 상태가 다르기 때문에 가게에 진열될 즈음에는 비늘이 거의 남아있지 않은 꽁치와 같은 생선도 있지만, 비늘제거기 없이는 조리가 불가능한 도미와 같은 생선도 있다. 또한 광어나 가자미의 비늘을 제거할 때는 비늘제거기가 아닌 회칼을 사용한다.

관련어 비늘 벗기기(p.110)

빨간 무즙 赤おろし

별칭 모미지오로시

물에 담가서 불린 빨간 고추를 무 사이에 끼워 함께 강판에 간 무즙. 흰살 생선이나 폰즈와 궁합이 잘 맞아서 초밥의 향신료로도 쓰인다.

뼈 센베이 骨せんべい

생선의 가운데 뼈를 기름에 튀긴 것. 고츠센베이라고도 한다. 저온의 기름에서 기포가 생기지 않을 때까지 튀겨서 소금을 뿌려 먹는다. 감귤류나 카레가루도 어울린다. 보리멸, 전갱이, 학꽁치, 붕장어 등이 튀기기 쉽지만, 기본적으로 작은 생선이라면 다 괜찮다. 보리새우 머리도 같은 방법으로 튀기면 버리는 부분 없이 다 먹을 수 있다.

사가야
사만다 존스
사바오 요무
사시코미 초밥
사이바시
사카이야 마쓰고로
사케즈시
사쿠
사쿠도리
사쿠라니
산수 담기
산초
살균
삼치
상어껍질 강판
새끼 도미
새끼 도미 누름초밥
새끼 멸치

새끼 전갱이
새끼 전어
새우
새조개
샛줄멸 콩비지 초밥
생물
생보리새우 초밥
생선 껍질 벗기기
생선 등 따기
생선 서덜
생선 젤리
샤리
샤리 섞기
서덜탕
서서 먹는 초밥집
섞어 무침
선미선충
성대

성게
세나카
세시모
세 장 뜨기
세카미
소금
속담
손말이초밥
손으로 초밥 먹기
솔
송곳
송어 누름초밥
송어 누름초밥 박물관
쇠꼬챙이
수율
수행
숙성
순서

순채
숫돌
숫자
스기모리
스기모토 하모노
스모지
스시 검정시험
스시다 게임
스시만큼 맛있는
  것도 없어
스시올로지
스시 이시가키
스시 장인: 지로의 꿈
스시하네 김
스케로쿠
스코즈시
스파이더롤
시가

시노다 오사무
시니그린
시라코
시마즈시
시모후리
시미즈 스시뮤지엄
식초물
식초 세척
식초
식초절임
싹눈파
쌀
쌀의 개수
쓰마
쓰메 소스
쓰케다이
쓰케루
쓰케바
쓰키지 시장

사가야 さがや

초밥집의 은어(p.162)로 오보로(p.150)를 말한다. 1747년에 만들어진 사미센 음악, 도키와즈부시(常磐津節)의 한 소절에 '사가야 오무로에는 꽃이 한창, 마음이 들뜬 나비도 짝을 찾아서, 성 밖으로 이끌려, 처음 보는 아라시야마'라는 구절이 있는데, 마쿠라고토바인 사가야를 통해 '오무로(おむろ)'와 발음이 비슷한 '오보로(おぼろ)'를 연상시킨다. 지금의 일반인에게는 살짝 어려운 내용이다.

사만다 존스 (Samantha Jones)

미국 드라마 〈섹스 앤 더 시티(Sex and the City)〉에서 여주인공 킴 캐트럴의 배역. 영화에서는 평소 요리도 하지 않는 사만다가 밸런타인데이 깜짝 선물로 애인인 스미스를 위해 초밥을 만들어 자신의 알몸 위에 차려놓고 기다린다. 그러나 스미스의 일이 3시간이나 늦어져 결국 초밥은 접시로 되돌아갔다.

사바오 요무 さばを読む

사바(さば)는 고등어, 요무(読む)는 읽다라는 뜻으로 나이나 숫자를 속이는 것을 의미하는 일본어 관용구. 고등어와 같은 생선을 셀 때 신고 수와 실제 수가 맞지 않은 데서 유래한 것으로 여러 가지 설이 있는데, 생선을 셀 때에 상하기 쉬워 급하게 세기 때문이라는 설과 한 번에 4마리를 집어서 10번 반복해 40마리를 세는데, 그 사이에 1번 정도는 3마리만 집어도 모르기 때문이라는 설 등이 있다.

사시코미 초밥 射込み

달걀말이초밥 중 하나. 두껍게 자른 달걀말이 중앙에 칼집을 넣고 그 속에 샤리를 채워서 2등분으로 자른다.

관련어 말안장 초밥(p.87)

사이바시 菜箸

조리용 긴 젓가락으로 초밥 위에 작아서 다루기 어려운 향신료를 깔끔하게 놓기 위해서는 끝이 뾰족한 긴 젓가락이 쓰기 편하다. 초밥 장인에 따라서는 금속제 젓가락을 사용하기도 하고 대나무 젓가락을 쓰기 편한 형태로 가늘게 깎아서 사용하기도 한다.

사카이야 마쓰고로
堺屋松五郎

에도시대의 에도마에즈시 장인으로, 에도산즈시(p.144) 중 하나인 '마쓰노즈시'의 창시자이다.

관련어 우키요에(p.159)

사케즈시 酒寿司

연어의 사케(鮭)와 술의 사케(酒)가 발음이 같다고 사케즈시(연어 초밥)을 잘못 표기한 것이 아니다. 사케즈시(술 초밥)는 가고시마현에 전해지는 향토요리이다. 에도시대에 꽃놀이에서 먹고 남은 요리와 술을 한꺼번에 나무통에 넣어두었더니 이튿날 발효해서 좋은 냄새가 나는 맛있는 요리가 되었다는 설과, 남성의 위세가 강했던 가고시마현에서 여성들이 꽃놀이할 때 몰래 술을 즐기기 위해 만들었다는 설이 있다. 가고시마현의 지역술인 아쿠모치자케(灰持酒)를 사용한다. 술을 골고루 뿌린 밥 위에 조린 죽순, 머위, 표고버섯, 사츠마아게 등의 재료를 올리고, 다시 밥으로 덮은 후에 달걀말이, 오징어, 새우, 도미, 샛줄멸 등을 올린 다음에 몇 시간에서 하루 정도 눌러두어 만든다. 술을 좋아하는 사람은 먹을 때에 아쿠모치자케를 더 뿌려서 초밥이 잠길 정도로 해서 먹는다고도 한다.

사쿠 冊

큰 생선을 생선회 등으로 쓰기 편한 크기로 자른 직육면체, 또는 직육면체에 가까운 상태로 자른 덩어리. 도미 등은 세 장 뜨기를 해서 윗살과 아랫살로 나눈 상태를 사쿠라 하고, 다랑어의 경우에는 고로(p.51)를 직사각형의 블록으로 나눈 상태를 사쿠라고 한다.

사쿠도리 冊取り

생선 덩어리를 바로 생선회로 썰기 편하게 직방체로 자르는 작업을 사쿠도리라고 한다.

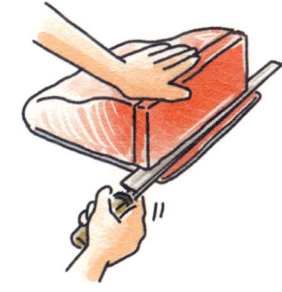

사쿠라니 桜煮

사쿠라이리(桜煎り)와 같은 뜻. 문어 다리를 부드럽게 찐 것으로, 초밥집 술안주로 자주 등장하는 문어찜 요리이다. 막 쪄낸 문어 색이 벚꽃의 색과 비슷해서 사쿠라니라고 하는데, 재료에 벚꽃은 들어가지 않는다. 기본적으로 물과 술로 문어가 부드러워질 때까지 찐 후에 맛술과 간장으로 간을 하지만, 가게에 따라서는 팥이나 무를 사용하는 등 만드는 방법이 제각각이다.

산수 담기 山水盛り

일본식의 기본이 되는 요리를 담는 방법의 명칭. 접시 안쪽에는 산을 표현하듯이 요리를 높게 쌓고 거기에서 강이 흐르듯이 접시 앞쪽은 낮게 담는다.

산초 山椒

운향과 산초나무속의 낙엽관목으로, 암수 한 그루이고, 암그루만 열매를 맺는다. 새싹, 수꽃(화초), 열매(산초 열매), 껍질을 먹는다. 일반적으로 향신료는 익어서 빨갛게 된 열매의 껍질만 말려서 분말로 만든 것을 사용한다. 초밥에는 새싹을 장식으로 사용하거나 간장과 맛술을 넣고 볶은 산초 열매를 샤리에 섞어서 유부초밥(p.161)을 만들거나, 붕장어와 섞기도 한다. 또한 말린 껍질은 방향성(芳香性) 위장약 등의 생약에도 사용된다.

살균 殺菌

살균이란 유해한 세균이나 바이러스와 같은 미생물을 죽여서 줄이는 것이다. 얼마나 줄일 수 있는지에 대한 정의는 없고, 그 효과의 정도도 애매한 면이 있다. 한편 미생물을 완전히 사멸시키는 것을 멸균이라고 한다. 초밥에 사용되는 와사비, 생강, 조릿대, 식초 등은 모두 살균작용이 있다.

삼치 鰆

- 일본어명: 사와라
- 영어명: Japanese Spanish mackerel
- 제철: 12~2월

물고기 어(魚)자에 봄 춘(春)자를 쓰기 때문에 봄철 생선이라고 생각하기 쉬운데, 생선살을 먹는다면 기름이 오른 한겨울이 제철이다. 간사이 지방에서는 봄에 세토 내해로 몰려온 산란 직전의 삼치를 잡아서 알과 시라코를 같이 먹는 습관이 있어서 간사이 지방의 삼치 제철은 봄이라고 생각하는 것이 일반적이다. 껍질째 야키시모(p.142)로 조리한 다음 썰어서 초밥을 만들면 고소한 향의 기름이 입안에 쫙 퍼진다.

상어껍질 강판 サメ皮

와사비 전용 강판. 원목에 상어의 거친 껍질을 붙인 도구로 사이즈는 대·중·소가 있다. 에도 시대에 신사나 사찰, 문화재 등의 건축물을 짓는 궁목수가 가진 목공용 상어껍질을 참고로 해서 만든 것이다. 와사비는 상어껍질 위에서 둥글게 원을 그리듯 돌리면서 간다. 가게에서는 오래 사용하기 위해서 2개의 상어껍질 강판을 번갈아 가며 사용한다.

새끼 도미 春子鯛

참돔, 붉돔, 황돔의 치어를 새끼 도미라고 한다. 그중에서도 붉돔은 붉은색이 강해서 아름다운 초밥을 만들 수 있다. 살이 부드럽고 수분이 많아서 보통은 식초절임이나 다시마절임으로 밑손질한 생선 반 토막으로 2개의 초밥을 만든다. 비늘도 뼈도 단단한데다 몸통도 작아서 손질이 수고스럽지만, 에도마에즈시의 전형적인 등푸른 생선 네타이다. 생선 손질방법이나 껍질 처리, 곁들이는 향신료 선택에서 초밥 장인의 실력이 발휘된다. 에도마에식 전통적인 초밥은 식초절임해서 샤리와 네타 사이에 오보로(p.150)를 넣는다.

새끼 도미 누름초밥
小鯛雀寿司 _{こだいすずめずし}

소금과 식초로 절인 새끼 도미로 만든 누름초밥. 누름틀 가장 밑에는 껍질이 보이도록 도미를 깔고, 그 위에 껍질 없는 살을 올리고 김과 산초의 어린잎을 샤리 사이에 끼워 누른다.

새끼 멸치 シラス

멸치의 치어로 일본어로 시라스라고 한다. 시라스는 은어나 뱀장어, 정어리, 청어, 까나리와 같은 몸에 색소가 없는 하얀 치어를 총칭하는데, 식용으로 판매되는 것은 대부분이 멸치의 치어

이다. 뜨거운 소금물에 데친 후 수분을 날려서 초밥으로 만든다. 선도가 좋으면 날것으로 먹을 수 있지만, 잡은 후 짧은 시간 내에 먹을 수 있는 환경일 경우에만 가능하다.

새끼 전갱이 ジンタン

전갱이 새끼. 등 가르기(p.81)로 손질해서 통째 생선초밥(p.194)으로 만들 수 있는 크기를 사용한다.

새끼 전어 新子 _{しんこ}

출세어(p.186)인 대전어(p.78)의 어린 물고기. 본래 일본어로 신코는 각종 생선의 어린 물고기를 말하는데, 초밥집에서 사용하는 신코는 4~7cm까지의 새끼 전어를 의미한다. 맏물 새끼 전어는 1kg에 3만 엔 이상으로 비쌀 땐 10만 엔을 넘는다. 초밥 1개에 5마리를 사용하기 때문에 생선 원가만 따져도 1개에 1,500엔이나 한다. 몸통이 작아서 밑손질에 손이 많이 가는 데 비해 소득이 적다. 하지만 에도마에즈시에서 전어는 중요한 네타인 데다가 맏물을 좋아하는 도쿄 지역 출신이라면 새끼 전어를 사지 않고는 못 배긴다. 필자도 매년 새끼 전어 시기에는 주말에 들뜬 마음으로 어시장에 가서 새끼 전어를 사들고 집으로 돌아와 연습을 하곤 하는데, 새끼 전어는 금방 자라기 때문에 한 주만 지나도 크기가 완전히 달라진다. 초밥 1개당 5마리를 사용하는 연습은 1년에 이틀 정도뿐이라 좀처럼 실력이 늘지를 않는다.

새우 海老

일반적으로 회전초밥집에서는 익힌 새우보다 생새우가 더 비싸다. 그리고 새우하면 생새우를 떠올리는 분도 많을 테지만, 사실 에도마에 니기리즈시의 전통적인 네타로는 익힌 보리새우를 사용했다. 또한 에도마에 니기리즈시에서는 생선이나 조개가 주요 네타로, 사실 새우는 조연에 불과했다. 그러나 아이들에게 인기가 많은 초밥 네타인 데다, 모양도 독특해서 새우가 있으면 초밥이 더욱 화려해진다. 두말할 나위 없는 명품 조연이다.

단새우 甘海老

- **일본어명** 홋코쿠아카에비
- **별칭** 난방에비
- **영어명** Alaskan pink shrimp
- **제철** 11~1월

북태평양 수심 약 500m 심해에서 서식한다. 이름 그대로 다른 새우에는 없는 단맛이 있는데, 갓 잡은 새우에는 단맛이 없고 사후에 소화 효소로 근육이 분해되고 아미노산으로 전환되면서 단맛이 생기며 새우살도 독특한 끈기를 가지게 된다. 별명인 난방에비는 니가타현 일부 지역에서만 불리는 이름으로 빨갛게 익은 고추(별명 난방)과 닮은 데서 유래했다.

보리새우 車海老

- **일본어명** 구루마에비
- **별칭** 마키, 사이마키, 하루에비
- **영어명** Kuruma shrimp, Japanese tiger prawn
- **제철** 5~10월

가열했을 때 선명한 붉은색과 진한 맛이 특징으로 에도마에즈시에서는 삶아서 얼음물에 담근 후에 사용한다. 간사이 지방에서는 '오도리(p.118)'라고 해서 생새우로 초밥을 만들기도 하고, 가게에 따라서는 익힌 새우와 생새우를 둘 다 사용하기도 한다. 눈앞에서 살아있는 새우로 조리해주는 곳도 있다. 식초 노른자(기미스 오보로 p.56)로 절이거나 내장을 함께 곁들이거나 어떤 상태로 나올지 기대가 되는 네타이다.

벚꽃새우 桜海老

- **일본어명** 사쿠라에비
- **별칭** 신에비, 히네에비(산란 전)
- **영어명** Sakura shrimp
- **제철** 3~6월, 10~12월

산란을 위한 금어기인 여름을 피해서 봄과 가을에 어획한다. 소금물에 씻은 생새우로 만든 군함말이는 아무 것도 가미하지 않아 새우의 풍미 그대로 즐길 수 있다.

꽃새우 縞海老

- 일본어명 | 모로토게아카에비
- 별칭 | 기지에비, 스지에비
- 영어명 | Morotoge shrimp
- 제철 | 11~2월

표준 일본어로 모로토게아카에비라고 하며, 그 이름은 머리에 붙은 가시(토게)에서 유래됐는데 가시보다 표면의 선명한 진홍색의 줄무늬가 더 인상적이어서 일본에서는 보통 시마(줄무늬)에비라고 부른다. 껍질을 벗긴 살도 표면과 마찬가지로 아름다운 붉은 무늬가 있는데, 시간이 지나면 붉은색은 없어져 버린다. 보통 단새우와 마찬가지로 2마리로 초밥 1개를 만들며, 잘 다루면 정말 맛있는 초밥이 된다.

쌀새우 白海老

- 일본어명 | 시라에비
- 별칭 | 벳쿠에비, 히라타에비
- 영어명 | Glass shrimp
- 제철 | 4~6월

일반적으로 유통될 때는 쌀새우로 불린다. 불똥꼴뚜기와 함께 도야마현의 봄철 명물로 4월에 금어기가 풀리면서 가게에 진열된다. 날 것으로 먹을 경우에는 껍질을 까야 하는데, 새우살이 찢어지지 않게 벗기는 일이 매우 어렵다. 손으로 깐 것과 기계로 깐 것이 있는데, 손으로 깐 것은 가격이 비싼 대신 감칠맛이 전혀 다르다. 살은 부드럽고 맛은 놀랄 만큼 깊고 진하다.

포도새우 白海老

- 일본어명 | 히고로모에비
- 별칭 | 무라사키에비
- 영어명 | Prawn
- 제철 | 연중

살아있을 때는 붉은색이고, 잡아서 조금 시간이 지나면 거봉처럼 보랏빛을 띠는 붉은 색으로 변한다. 단맛도 있고, 쫄깃한 식감도 있어서 식용 새우 중에서 가장 고급이다.

모란새우 牡丹海老

- 일본어명 | 보탄에비, 도야마에비
- 별칭 | 오에비, 도라에비, 가스가에비
- 영어명 | Botan shrimp
- 제철 | 12~1월

표준 일본어로 보탄에비인 것과 도야마에비인 것이 있는데, 둘 다 보탄에비로 유통된다. 등 쪽을 벌려서 1마리를 올리는 초밥과 배 쪽을 벌리고 꼬리를 꺾어 올려서 만드는 초밥이 일반적인데, 단새우보다 살이 꽉 차 있어서 새우장을 만들거나, 유비키(p.161) 방법으로 살짝 익혀서 중국 전통인형을 본뜬 가라코(p.40) 형태로 초밥을 만드는 가게도 있다. 손은 많이 가지만 머리 부분 살을 토핑하면 농후한 감칠맛이 더해진다. 머리를 초밥에 사용하지 않는 경우에는 껍질째 구워서 속살을 먹거나, 미소시루를 만들 수도 있다. 알을 품고 있는 경우에는 알도 올려서 초밥을 만든다.

새조개 鳥貝

- 일본어명 도리가이
- 별칭 오도코가이, 기느가이, 기쓰네, 차완가이
- 영어명 Heart clam, Japanese cockle
- 제철 4~6월

일본에서는 도쿄만, 미카와만(三河湾), 이세만(伊勢湾), 세토 내해 등지에서 잡히고 홋카이도에는 서식하지 않는다. 굵은이랑새조개와 비슷해서 껍데기가 쉽게 벗겨지고, 검은색을 띤 다리를 반으로 갈라 벌려서 초밥을 만든다. 우물쭈물하면 검은색이 사라지기 때문에 재빨리, 그리고 되도록 손이 닿지 않도록 처리한다. 삶아서 접시에 담아 판매하기도 하지만, 껍데기째로 사서 날것으로 먹거나 가볍게 구워서 먹으면 훨씬 맛있다. 교토에서 양식된 '단고토리가이(丹後とり貝)'는 상품화되어 있다.

샛줄멸 콩비지 초밥
きびなご寿司

고치현 수쿠모시(宿毛市)에 전해지는 향토요리. 샤리 대신에 콩비지를 사용한다. 콩비지는 생강과 구워서 으깬 샛줄멸살을 섞어 볶은 후에 두유, 식초, 설탕, 소금, 술, 연간장을 넣어 간을 한 후 경단모양으로 만든다. 손으로 손질해서 식초절임 한 샛줄멸을 올려 공모양 초밥(p.52)처럼 동그랗게 말아서 완성한다.

생물 活け物

시장에서 판매하기 직전까지 살아있는 채로 물속에서 헤엄치게 하면서 보관하는 활어를 말한다. 그리고 활어를 넣어둔 바구니가 진열된 영역을 '활어장(이케바, 活け場)'이라고 한다. 만약 가게 상인이 '이케노사카나(살아있는 생선)'라고 말했다면 '활어'이지, '연못의 생선(활어와 동일하게 '이케노사카나'라고 읽는다)'은 아니다.

생보리새우 초밥 (오도리) おどり

생보리새우로 만든 초밥이다. 초밥으로 만들기 직전까지 살아있던 새우가 샤리 위에서 꿈틀꿈틀 움직이는 상태로 먹는다.

생선 껍질 벗기기 皮引き

생선의 껍질 벗기는 작업을 일본어로 가와히키라고 한다. 대부분의 생선은 손으로 잡아당겨서 껍질을 벗길 수 있다. 칼을 사용하는 방법에는 소토비키와 우치비키가 있다. 둘 다 꼬리 쪽에서 껍질과 생선살 사이에 있는 '은(銀)'이라 부르는 은색의 얇은 껍질보다 바깥쪽으로 칼끝을 넣는다. 오른손잡이의 경우 우치비키는 생선 꼬리를 오른쪽에 놓고, 칼을 도마에 밀착시키면서 자신의 몸쪽으로 당긴다. 소토비키는 생선 꼬리를 왼쪽에 두고 마찬가지로 칼로 도마를 누르면서 반대쪽으로 칼끝을 밀어낸다. '은'을 남기고 생선 껍질을 벗기면, 초밥으로 만들었을 때 더 보기 좋게 완성할 수 있다.

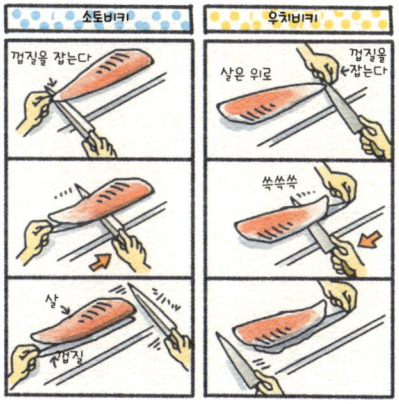

생선 등 따기 すずめ開き

머리를 포함해서 등 부분에 칼을 넣어 1장으로 등 따기한 생선 모양이 참새가 양 날개를 펼친 모습과 비슷하다고 해서 참새라는 뜻의 '스즈메'에 열다는 뜻의 '히라키'를 붙여 '스즈메비라키'라고 한다. 건어물로 만들 경우의 일반적인 손질 방법이지만, 은어나 꽁치, 전어와 같은 생선을 한 마리 통째로 사용하는 향토초밥도 등 따기로 해서 사용한다.

생선 서덜 粗

서덜은 생선살을 뜨고 난 후에 남은 머리, 뼈, 아가미, 지느러미와 거기에 붙어있는 살을 말한다. 서덜은 식재료로 초밥집에서는 서덜로 탕이나 찌개를 끓인다.

생선 젤리 煮こごり

고기나 생선을 끓인 국물이 젤라틴으로 단단해진 것. 재료에서 녹아 나온 젤라틴으로 단단해진 것도 있지만, 젤라틴을 넣고 만든 것도 있다. 초밥집에서는 복어, 가자미, 광어, 붕장어, 아귀 등의 생선 끓인 국물로 만든 생선 젤리를 술안주로 삼는다. 시모후리(p.131)로 깨끗하게 밑손질한 서덜로 국물을 만든 후에 서덜을 걸러내고 조미해서 틀에 넣고 냉장고에서 굳힌다.

샤리 舎利

샤리는 초밥용 밥을 말하며 원래는 부처님의 유

골을 가리키는 단어이지만, 초밥용 밥의 어원이기도 하다. 일본에서는 승려가 밥을 샤리라고 부르기 때문에 초밥집에서도 똑같이 사용하게 되었다. 부처님의 유골은 잘게 부서져 있다고 해서 쌀알과 같았기 때문이라고도 하고, 산스크리트어의 쌀：sari와 유골：sarira가 비슷해서 전해지는 과정에서 혼동되었다고도 한다.

샤리 섞기 シャリ切り

갓 지은 밥에 배합초(p.104)를 섞어서 초밥용 밥 만드는 것을 샤리 섞기라고 한다. 밥이 되면 솥에서 바로 꺼내서 배합통(p.104)으로 옮기고 배합초를 골고루 뿌린 후 미야지마 주걱(p.99)으로 밥 덩어리를 '자르듯이' 빠르게 수평으로 움직인다. 쌀이 으깨지지 않고 밥알 하나하나가 떨어지도록 샤리를 섞는다. 시간이 걸리면 찰기가 생기므로 손놀림을 재빨리 한다.

서덜탕 粗汁

생선의 서덜을 이용해서 만드는 탕으로 여기서는 일본식 서덜탕을 말한다. 시모후리(p.131)로 점액과 비린내를 없앤 후에 물을 끓여 생선 육수를 만든다. 일본식 된장인 미소로 맛을 낸 것을 '아라지루(粗汁)', 소금으로 맛을 낸 것을 '우시오지루(潮汁)'라고 한다. 요리사에게 메뉴를 맡기는 오마카세 초밥집에서는 보통 국물요리는 식사가 끝날 무렵에 나오는데, 처음에는 우시오지루, 마지막에는 아라지루로 국을 두 번 제공하는 가게도 있다.

서서 먹는 초밥집 立ち

초밥집에서는 카운터에서 먹는 것을 서다라는 뜻의 단어를 써서 '다치(立ち)'라고 한다. 서서 먹는 것은 물론이고, 카운터 의자에 앉아서 먹어도 '다치'라고 한다. 다이쇼 시대에서 쇼와 시대에 걸쳐 점포를 낸 나이텐(p.64) 초밥집이 포장마차를 모방해서 가게 안에 카운터를 설치했다. 또한 전후에는 위생상의 이유로 포장마차가 금지되면서 포장마차로 장사하던 사람도 카운터가 설치된 점포를 열기 시작했다. 이러한 카운터가 있는 점포에서는 처음에는 포장마차 때처럼 카운터에 서서 먹었는데, 차츰 의자가 생기게 됐다. 서서 먹었던 시절의 흔적이 남아서 지금도 카운터에 앉아서 먹는 것을 '다치'라고 한다.

섞어 무침 共和え

술안주로 생선살과 내장 등을 무쳐서 조리하는 방법. 쥐치의간 무침이나 게 내장무침 등이 있다.

선미선충 旋尾線虫

1974년에 처음 발견된 기생충. 불똥꼴뚜기의 2~7%에 기생하고 있으며, 살아있는 불똥꼴뚜기가 유통되기 시작하면서 1987년 이후 각 지역에서 식중독 증상이 나타나기 시작했다. 고래회충과는 달리 소화관뿐만 아니라 피부에도 감염되기 때문에 가볍게 넘길 수 없는 기생충이다. 불똥꼴뚜기를 비롯한 살오징어, 도루묵, 명태, 아귀 등의 내장에 기생하고, 길이 5~10mm, 폭 0.1mm 정도로 고래회충과는 달리 육안으로 확인하기 어렵다.

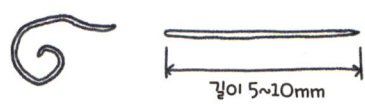
길이 5~10mm

성대 ホウボウ

- 일본어명 우바가이
- 별칭 기미요
- 영어명 Gurnard
- 제철 10~3월

핑크색의 통과 같은 몸통에 가슴지느러미 일부가 다리처럼 발달되어 있는 매우 인상적이고 살짝 무서운 모양의 생선이다. 그러나 생선을 손질해서 껍질을 벗겨내면, 그냥 보통의 고급스러운 흰 살이다. 맛은 깔끔하지만, 복어에 필적할 만한 단맛과 풍미가 있는 데다, 식감도 별로 질기지 않다. 몸통이 그다지 크지 않으면서 머리가 크다 보니 수율이 나빠서 살 때는 여러 마리를 한꺼번에 사는 편이 효율적이다.

성게 海胆

말똥성게 馬糞海胆

- 일본어명 에조바훈우니
- 별칭 가제, 아카, 바훈우니
- 영어명 Short-spined sea urchin, Intermediate sea urchin
- 제철 4~8월

일본에서는 아카(붉은색)라는 별칭이 있는 것처럼 흰빛을 띈 보라성게에 비해 말똥성게는 붉은빛이 강하다. 껍데기는 초록에서 갈색에 걸쳐 있고, 영어명으로도 알 수 있듯이 가시가 짧은 것이 특징이다. 크기는 작지만 단맛이 있고 맛이 진하며 풍미가 강해서 군함말이로 만들어도 김에 밀리지 않는다.

보라성게 紫海胆

- 일본어명 기타무라사키우니
- 별칭 노나, 시로
- 영어명 Northern sea urchin
- 제철 6~8월

이름처럼 껍데기는 보라색(무라사키)에서 검은빛을 띤다. 성게살은 붉은 기가 적고 흰빛에서 노란빛을 띠고 있다. 말똥성게보다 맛은 깔끔하지만, 바다 향을 느낄 수 있다. 또한 성게살이 큰 편이어서 군함말이가 아니더라도 성게만으로도 초밥을 만들기 쉽다.

세나카 背中

다랑어를 해체한 등 쪽 큰 덩어리(p.51) 중에서 가장 가운데 부분. 등 부분의 지방이 오른 정도는 카미(上)>나카(中)>시모(下) 순서인데, 배와 달리 등 부분은 머리에서 꼬리까지 맛의 차이가 별로 없다. 한편, 카미는 근육이 두껍지만 시모는 얇고, 나카는 근육에 상관없이 가장 수율(p.125)이 좋아서 가치가 높다.

세시모 背下

다랑어를 해체한 등 쪽 큰 덩어리(p.51) 중에서 꼬리에 가까운 부분. 몸통 중에서 가장 움직임이 많은 부위라서 근육이 단단하다. 그러나 근육 사이의 살을 긁어내면 네기토로(p.66)를 얻을 수 있다.

세 장 뜨기 3枚おろし

생선을 뜨는 일반적인 방법으로 윗살, 아랫살과 가운데 뼈 총 세 장으로 뜬다.

세카미 背上

다랑어를 해체한 등 쪽의 큰 덩어리(p.51) 중에서 머리에 가장 가까운 부분을 세카미라고 한다. 등 부위 중에서는 한가운데 부분에 이어 두 번째로 비싸다. 덩어리의 껍질을 아래쪽으로 두었을 때 껍질에 가까운 부분에서 주토로를, 가운데 부분에서 붉은살(아카미)를 얻을 수 있다. 세카미와 세나카 부위에는 히레시타와 와카레미라 불리는 등지느러미 밑살이 있는데, 1마리에서 5%밖에 얻을 수 없는 귀하고 맛있는 부위이다. 등 부분에서 얻을 수 있는 토로는 세토로라고도 한다.

소금 塩

바닷물의 건조 또는 암염의 채굴로 얻은 염화나트륨을 주성분으로 하는 조미료. 일본에는 소금의 안정적인 공급을 목적으로 한 '소금 사업법'이 있고, 제1장 제2조에는 '소금이란 염화나트륨의 함유량이 40% 이상인 고형물을 말한다. 단, 칠레 초석, 스타애플, 칼리염 기타 재무성에서 지정한 광물은 제외한다'라고 정해져 있다. 국제적으로는 국제식품규격위원회(Codex Alimentarius Commission)에서 식용 소금을 정의하고 있으며, 순도는 97% 이상으로 되어 있다(프랑스만 94%). 염화나트륨 외에 마그네슘, 칼슘, 칼륨의 성분 함유량에 따라 맛이 다르고, 가격도 다양해서 초밥집에서는 보통 몇 종류의 소금을 구비해 두고 용도에 맞춰 사용한다.

관련어 다시마소금(p.75), 벚꽃소금(p.106), 유자소금(p.161)

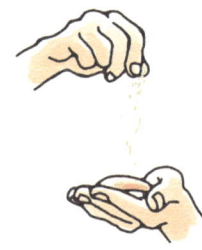

속담 ことわざ

'초밥은 전어사리로 대미를 장식한다'는 속담이 있다. 전어사리는 에도마에즈시의 전형적인 네타인데, 맛이 강하므로 가장 마지막에 먹어야 한다는 의미다.

손말이초밥 手巻き寿司

김발(p.58)을 사용하지 않고 김에 샤리와 재료를 올려서 손으로 말아 먹는 초밥을 말한다. 가정식 요리로 각자 자신이 먹을 만큼만 마는 형태와 초밥집 카운터에서 장인이 말아서 제공하는 형태로 크게 두 가지가 있다. 가정에서는 4분의 1로 자른 김의 한쪽 각을 중심으로 원뿔꼴로 마는 것이 일반적이다. 단순히 4장으로 자르는 방법도 있지만, 잘 말기 위해서 반으로 자른 김을 어슷하게 자르기도 한다. 초밥집에서는 원뿔꼴과 원통형 둘 다 만든다. 원통형의 경우에는 김 끝부분을 오징어다리처럼 잘라서 바닥이 되는 부분으로 재료가 삐져나오지 않도록 뚜껑으로 쓴다. 손말이초밥은 김이 눅눅해지지 않게 쓰케다이(p.138)에 올리지 않고 만들어서 바로 제공하는 가게도 있다. 보통 오마카세(p.149) 코스 마지막에는 손말이초밥이나 게라다마(p.47)가 나온다.

손으로 초밥 먹기 手づかみ

초밥을 손으로 집어 먹을 경우에 손가락과 초밥이 나란히 되게 들면 모양새가 좋다. 초밥을 젓가락으로 먹을지, 손으로 집어 먹을지를 두고 하는 논쟁은 '어느 쪽이든 취향대로'라고 하는 것이 현재의 초밥 장인의 의견과 일치한다. 니기리즈시가 생겨났을 당시의 우키요에 중에도 손으로 집어 먹는 그림, 젓가락이 있는 그림 둘 다 있는 것을 보면 200년 가까이 이어져 온 방법임을 알 수 있다. 또한 에도시대에 그려진 우키요에(p.159) 3대 우타가와 도요쿠니의 작품 '미타테 겐지 꽃의 연회'에는 초밥에 이쑤시개가 꽂혀 있는 모습이 그려져 있다. 다음에 '젓가락 vs 손 논쟁'이 벌어졌을 때는 꼭 이쑤시개설을 덧붙여 보도록 하자.

솔 刷毛

나무나 플라스틱 등으로 만든 손잡이 끝에 털을 붙여놓은 도구. 에도마에즈시에서는 장인이 소금이나 니키리 간장, 쓰메 소스(p.137) 등을 솔로 네타 위에 발라 '그 상태로 드세요'라고 하면서 제공한다. 또한 털 부분까지 포함해 전체가 대나무로 만들어진 솔은 감귤류 껍질을 강판에서 털어내는 데 사용된다.

송곳 目打ち

붕장어나 갯장어와 같은 긴 생선을 손질할 때 사용하는 금속제 도구. 생선 머리를 관통시켜 도마에 고정한다. 일본어명 메우치는 눈(메)을 찌른다(우치)는 뜻인데, 눈보다 몸통의 부드러운 부분에 찌르는 경우도 있다. 일자형 타입과 T자형 타입의 두 종류가 있다.

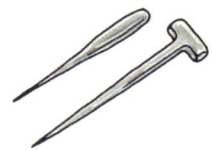

송어 누름초밥 鱒寿司

도야마현에 전해지는 향토요리. 에키벤으로도 인기가 많은 초밥이다. 도시락통 안에 방사형 모양으로 조릿대를 깔고, 식초절임 한 송어를 올린 다음에 샤리를 채우고 눌러서 만든다. 생선을 밑에 까는 이런 방식을 '거꾸로 만들기(逆さ造り)'라고 하는데, 이것이 전통적인 송어 누름초밥 만드는 방식이기도 하다. 생선에서 나온 즙이 밥에 스며들지 않아서 밥알의 맛을 유지할 수 있는 비법이다.

송어 누름초밥 박물관
ますのすしミュージアム

도야마현 향토요리인 송어 누름초밥으로 유명한 '마스노스시혼텐 미나모토'가 만든 송어 누름초밥으로 특화된 박물관. 공장은 물론 전통적인 제조법의 견학, 송어 누름초밥 만들기 체험, 에도시대 도시락용기 전시 등을 볼 수 있다.

- 소재지: 도마마현 도야마시 난오초 37-6
- 전화번호: 076-429-7400
- 영업시간: 9시~17시
- URL: http://www.minamoto.co.jp/museum

쇠꼬챙이 金串

금속 꼬챙이를 말하며, 초밥집에서는 생선꼬지로도 불리는 단면이 둥글고 30cm 정도의 긴 것을 사용한다. 가다랑어처럼 껍질에 풍미가 많지만, 날것인 상태로는 먹기 힘든 생선을 야키시모(p.142)로 조리할 때, 생선을 꼬지에 꺼서 몸통을 곧게 세워 골고루 구워지도록 한다. 또한 생선 껍질이 찢어지는 것을 방지하기 위해 미리 껍질에 꼬챙이로 구멍을 낸다. 보리새우와 같은 새우를 가열할 때는 새우가 말리는 것을 방지하기 위해 머리에서 꼬리까지 관통하듯이 꼬챙이를 꿴다. 이렇게 꿰는 방법을 노시구시(伸し串)라고 한다.

수율 歩留まり

머리, 내장, 뼈 등 네타로 쓸 수 없는 부분을 제거하고 사용할 수 있는 부분의 네타 비율(무게). 사용할 수 있는 비율이 높으면 '수율이 좋다', 낮으면 '수율이 나쁘다'고 말한다. 껍데기를 벗긴 상태로 파는 조개나 문어 다리, 달걀말이는 100%, 3마리씩 구입하는 표준 형태의 생선은 40%~50%, 광어나 오징어는 35% 등이다. 초밥집에서는 재료 구입 가격을 수율로 나눈 가격을 재료의 원가로 계산한다. 재료의 원가를 작은 덩어리로 얻을 수 있는 초밥 네타 수로 나누면, 1개당 네타의 원가가 된다.

수행 修業

초밥 장인의 수행을 나타내는 말에는 '샤리 짓기 3년, 섞기 5년, 쥐기 평생'이라든지 '샤리 짓기 3년 쥐기 8년' 등과 같은 표현이 있다. 가게의 방침이나 본인의 자질에 따라 다르지만, 처음 수련생으로 들어간 가게에서 평균 5년 정도는 손님에게 내놓는 초밥을 만들지 못한다고 한다. 긴자의 아주 유명한 가게 '스키야바시 지로'에서 수행한 '스시마스다'의 마스다 씨는 9년 수행하는 동안 7년은 초밥을 만들지 못했다고 한다. 그래도 일반적으로는 잔생선의 밑손질 등을 이른 시기부터 해볼 수 있게 기회를 주기도 하고, 조금씩 맡을 수 있는 작업 내용이 늘어나며, 정말로 3년 동안 샤리 짓기만 하는 것은 아니다. 그러나 샤리 쥐는 방법이나 밑손질 방법 하나하나를 자세하게 배운다기보다는 주방장과 선배 수련생들을 보면서 기술을 훔치는 게 당연하게 보는 가게가 많다고 한다. 초밥을 만들어도 애매하다는 식의 말만 하는 오야가타도 있다. 수행하는 동안 연습은 밥 대신에 면보(p.91)나 콩비지(p.190)를, 김 대신에 신문지 등을 사용한다. 좀처럼 기술을 습득하기 어려운 시기에는 괴롭기도 하지만, 가끔 선배가 칭찬을 해주거나 손님이 건네는 '힘내'라는 말 한마디, 마카나이(직원용 식사)로 흩뿌린 초밥을 만드는 등의 소소한 것들이 동기부여가 된다고 한다.

숙성 熟成

먹거리를 수확 후에 바로 먹지 않고 시간을 들여 식감의 변화나 풍미가 생성되도록 기다리는 일. 먼 옛날부터 육고기는 숙성을 시켰는데, 최근에는 생선도 숙성시키면서 '숙성 초밥'으로 유명해진 가게도 생겼다. 예로부터 흰살 생선은 2~3일째에 감칠맛이 더해진다고 했는데, 최근에는 이보다 더 장기간 숙성시킨다. 생선의 종류에 따라 다르지만, 숙성 기간이 긴 것은 한 달에서 두 달은 걸린다.

순서 順番

초밥 장인이 오마카세(p.149) 코스의 초밥을 만들 경우에는 각각의 초밥 맛이 섞이지 않도록 흰 살 생선이나 오징어와 같은 담백한 것으로 시작해서 붉은살 생선, 조개류, 새우, 등푸른 생선을 중반에 넣고, 달걀, 붕장어와 같이 맛이 진한 네타는 후반에, 그리고 마지막에는 김초밥으로 이어지는 패턴이 왕도이다. 중간 중간에 술안주를 넉넉히 구성한 오마카세 코스는 초밥과 초밥 사이에 초무침 요리나 구이요리, 작은 공기요리 등을 넣어서 입가심을 할 수 있다. 오코노미(p.154)의 경우에도 초밥집에 익숙한 사람은 오마카세 코스에 따라 순서대로 먹는 경우가 많을 것이다. 좋아하는 네타를 마무리로 먹을지 시작할 때 먹을지는, 술안주로 삼을 만큼 결론이 나지 않는 가벼운 논쟁거리이다.

순채 じゅんさい

수온이 변동하지 않아 수질이 좋은 담수에서 자생하는 수초. 세계적으로 분포하지만, 식용으로 하는 곳은 중국과 일본 정도로 새싹 부분을 먹는다. 일식에서는 술안주나 공기에 담는 요리로 귀하게 여겨지며, 초밥집에서도 초여름의 대표적인 술안주이다. 수질의 악화로 일본 국내 각지에서 멸종 위기종(p.91)으로 지정되어 있으며, 논을 전용한 연못에서 재배되고 있다.

숫돌 砥石

칼을 갈기 위한 돌. 표면의 거친 상태를 입도라 하고, 입도에 따라 초벌용, 중간 작업용, 마무리 작업용의 3종류의 과, 칼을 갈다가 마모된 숫돌의 표면을 수정하기 위한 수정 숫돌이 있다. 입도는 숫자가 높을수록 입자가 곱다. 칼의 재질에 맞추어 숫돌의 재질을 바꾼다. 숫돌로 간 칼이 날카로운 상태를 '날이 서다'라고 한다.

초벌용 荒砥

가장 입도가 거친 숫돌. 칼날의 형태를 다듬기 위한 숫돌로 갈아도 날은 서지 않는다. 날이 죽었다고 해서 칼날의 이가 빠져버렸을 때 사용한다.

중간 작업용 中砥

중간 입도의 숫돌. 단시간에 날이 서기 때문에 일상에서 자주 사용하는 숫돌이다. 초벌용으로 생긴 상처를 없애기 위해서도 사용된다. 처음부터 마무리 작업용으로 갈면 시간이 걸리기 때문에 중간 작업용으로 날을 세운 후에 마무리 작업용을 사용하는 게 일반적이다.

마무리 작업용 仕上砥

가장 입도가 고운 숫돌. 가는 데 시간이 걸리지만 예리한 날을 세울 수 있고, 마무리 작업용으로 간 칼은 날카로운 상태가 오래 유지된다. 또한 사용하는 숫돌에 따라 다르긴 해도 날의 표면이 거울처럼 반짝반짝 광택이 난다.

숫자 数字

수를 표현하기 위한 기호 및 문자로 초밥집 점원끼리는 은어(p.162)로 의사소통을 한다. 주문 수를 전달할 때는 물론 시간 등 각종 숫자가 은어로 표현된다. 예를 들면, 점심 시간에 손님이 왔는데 자리가 꽉 차서 잠시 후에 다시 온다고 할 경우에 '2시 정도에 다시 오십니다' 대신에 '랑시쯤 다시 오십니다'라고 한다.

[예]
0=야마(산이라는 뜻)
1=핀(포르투갈어의 '점=pinta')
2=량(중국어의 '2=량'), 노노지
3=게타(게타 구멍의 수), 기리
4=다리(가마꾼이 사용하는 은어)
5=메노지(메(目)로 읽는 한자의 획수), 가렌
6=론지(6은 로쿠이고, 字를 붙여 읽은 것)
7=세이난(시계의 7시 방향)
8=반도(8은 하치→하치마키(머리띠)→ 밴드(반도)
9=기와(한 자리 숫자의 마지막 숫자)
10=핀마루, 핀코로
11=핀핀, 아사
12=촌부리
13=솟키리
14=소쿠다리
15=아노
16=소쿠론
17=소쿠세이
18=소쿠반
19=소쿠기와

스기모리 杉盛り

음식을 산 모양으로 높게 쌓는 일식요리를 담는 방법이다. 현재는 무침요리를 작은 그릇에 담거나 초무침 요리를 담을 때 사용하지만, 에도시대에는 초밥을 쌓아서 피라미드 모양으로 담았다. 누름초밥을 쌓아서 담는 풍습을 보고 초밥도 똑같이 쌓아서 담아야 품격이 있다고 여겼다. 현재 사용하는 나가시모리(p.62)는 당시에는 유곽에서 손님 상차림에 내놓는 방식이라 '품격이 없다'고 했지만, 언제부턴가 나가시모리가 주류로 변했다. 미각은 어떻게 담느냐에 따라 영향을 받기 마련인데, 현대인에게는 친숙한 나가시모리가 스기모리보다 더 맛있게 보이는 모양이다.

스기모토 하모노 杉本刃物

도쿄도 쓰키지 장외시장에 있는 노포 칼 가게로 1908년에 창업하였다. 아마추어는 제조법이나 금속의 품질에 대한 설명을 들어도 좋은 칼인지 나쁜 칼인지 구분하기 어려운데, 이 회사 홈페이지의 상품 소개란에는 아마추어가 착각하기 쉬운 점을 주의사항으로 간단히 소개하고 있어서 믿을 수 있는 회사이다.

©스기모토하오노노주식회사

스모지 すもじ

초밥집의 은어로 초밥을 표현하는 단어. 별칭 오스모지(おすもじ)라고도 한다. 원래는 무로마치 시대 이후에 궁중에서 시중들던 여성 사이에서 사용되던 궁녀 언어 중 하나였다. 대부분의 궁녀 언어는 단어 첫머리에 '오(お)'를 붙이거나, 첫머리 글자만을 따서 어미에 '모지(もじ)'를 붙이는 형태로 스시의 '스+모지'로 '스모지'라고 한다. 또한 주걱이란 의미의 샤모지(杓文字)도 마찬가지로 '샤쿠시(杓子)'의 '샤'+'모지' 형태로 '샤모지'가 된다.

스시 검정시험 すし検定

일본 전국스시연합회(p.171)에서 운영하는 초밥에 관한 지식을 묻는 검정시험. 출제 문제는 25문항이고, 그 중에 20문항 이상 맞추면 합격이며 합격증도 발급된다.

스시다 게임 寿司打

무료 타이핑 연습 게임. 화면에 회전초밥 접시가 나오고 접시가 지나가기 전에 화면에 표시된 글자를 치면 초밥을 먹을 수 있다. 제한 시간 안에 얼마나 많이 먹을 수 있는지를 다투는 게임이다.

스시만큼 맛있는 것도 없어
鮨ほど旨いものはない

TV 도쿄가 2015년에 제작, 방송한 프로그램으로 지금도 동영상 사이트에서 시청할 수 있다. 사사노 다카시(笹野高史), 니시오카 도쿠마(西岡德馬), 진보 사토시(神保悟志)의 3명이 각각 홋카이도 〈스시잇코〉, 후쿠오카 〈덴즈시〉, 도쿄 〈스시마스〉와 같은 고급 유명 초밥집을 방문해서 20개 정도로 구성된 오마카세 코스를 2시간 동안 먹기만 하는 방송이지만, 먹음직스러운 초밥 하나하나가 화면에 생생하게 담기고 곳곳에서 일류 장인의 솜씨와 재료 손질 모습을 볼 수 있어서 장인 수련생에게는 영구 소장용 방송이다.

관련어 만화 〈나에게 주는 사치 초밥 p.88〉

스시올로지 スシオロジー

초밥을 자연과학적, 또한 역사지리학적으로 분석해서 음미하는 학문. 시노다 오사무(p.130)가 만든 조어라고 추측된다. 미국과 영국 등 해외에는 Sushiology의 철자로 된 여러 개의 일본 음식점이 있다.

스시 이시가키 すし石垣

'스시 이시가키'라는 이름으로 활동하는 사이타마현 출신의 프로골퍼로, 본명은 이시가키 사토시(石垣聡志). 이름에는 '스시는 일본을 대표하는 음식이다. 나도 일본에만 머무르고 싶지 않다'는 그의 바람이 담겨 있다.

©JGTO

스시 장인: 지로의 꿈
二郎は鮨の夢を見る

'도쿄의 스키야바시 지로'의 초대 주인인 오노 지로(小野二郎)와 장남 요시카즈(禎一), 차남 다카시(隆士)의 초밥 인생을 다룬 2011년에 미국에서 공개된 다큐멘터리 영화. 원제는 〈Jiro Dreams of Sushi〉이고, 한국에서는 2012년에, 일본에서는 2013년에 개봉되었다. 완전 예약제에 오마카세 코스 3만 엔이라는 일본인도 대부분 먹을 기회가 없는 고급 초밥과 그것을 우직하게 추구하는 장인을 담은 영화로, 영화를 통해 일본은 물론 세계 여러 나라 사람들이 이런 격이 다른 고급 초밥을 영상으로나마 볼 수 있다는 것은 정말 멋진 일이다.

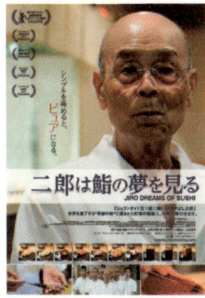
©2011 Sushi Movie,LLC

스시하네 김 すしはね

초밥용으로 판매하는 김을 선별하는 과정에서 찢어지거나 구멍이 생겨 걸러진 김을 스시하네라고 한다. 초밥용 김에 비해서 저렴하지만, 그래도 초밥용 김이기 때문에 오니기리용 김보다는 질이 좋다.

스케로쿠 助六

유부초밥과 김초밥을 같이 담은 초밥. 이름의 유래에는 여러 설이 있는데, 이치가와 단쥬로(市川團十郎) 가문의 전통극으로 인기 있던 가부키 십팔번 '스케로쿠 유카리노 에도자쿠라'가 유행할 당시, 에도에서는 사치를 금하는 검약령(儉約令)으로 생선 대신 유부와 김초밥 모듬인 '아게마키(揚巻)'를 즐기게 됐다. '스케로쿠'는 극의 주인공으로 그의 연인은 유곽의 고급 유녀인 오이란(花魁)이었다. 그녀의 이름이 '아게마키'였는데 그 이름이 변해서 상자에 초밥을 담은 오리즈메(折詰)를 '스케로쿠'라고 불렀다고도 한다.

스코즈시 須古寿し

사가현 기시마군 시로이시정(杵島郡白石町) 스코(須古) 지역에 전해지는 향토요리이다. 찹쌀을 10% 정도 섞어서 샤리를 만들고 모로부라고 불리는 나무상자에 샤리를 간 후에 몇 개의 정사각형으로 균일하게 나누고 재료를 올린다. 재료는 짱뚱어 간로 조림, 나라즈케, 달고 짜게 간을 한 표고버섯, 우엉, 새우, 붉은 생강, 찰어묵, 덴부, 달걀지단 등을 쓴다.

스파이더롤 スパイダーロール

딱지가 연한 게인 소프트 쉘 크랩을 튀겨서 거미 모양으로 만든 주마키(p.175). 소프트 쉘 크랩은 밀가루를 묻혀 식용유로 튀겨내서 마요네즈, 오이, 무순, 양상추와 같이 돌돌 만다. 소프트 쉘 크랩의 다리를 롤 위로 튀어나오게 하는 것이 먹음직스럽게 보이는 요령으로, 이를 위해 김을 세로로 놓고 주마키로 만다(일러스트는 우라마키(p.158)). 접시에 소스로 거미줄을 그리면 더욱 거미처럼 보인다.

시가 時価

시장 가격의 변동으로 변하는 판매 가격을 말한다. 초밥의 판매 가격은 가게에 따라 다른데, 네타마다 전부 가격이 표시되어 있는 경우와 전혀 기재되어 있지 않은 경우, 일부 네타에 시가라고 표시를 하고 그 외의 네타에는 가격을 표시하는 경우가 있다. 시가로 제공하는 초밥집의 경우, 최근에는 고급 요리점에서도 대부분 오마카세(p.149) 가격이 명시되어 있다. 가격이 걱정된다면 예약할 때 예산이나 선호하는 네타를 미리 말해 두면 가게에서 원활하게 소통할 수 있다. '계산할 때 놀랐다!'는 이야기를 자주 듣는데, 차림새가 좋은 손님, 접대 손님, 거만한 손님, 부탁도 안 했는데 장시간 앉아있는 손님 등에게는 바가지를 씌우는 일이 정말로 있다. 단, 그 날은 정말로 생선이 비싸거나 혹은 같은 네타라도 좋은 부위를 제공한 것으로, 초밥 장인의 재량만으로 멋대로 가격을 정하지는 않는다. 생선의 가격은 제철에 갓 출시될 때 양이 적은 날이나 폭풍우 등으로 고기가 잡히지 않은 날은 일시적으로 가격이 오르기도 하고, 흉어인 해는 일 년 내내 가격이 비싸기도 한다. 특히 경매로 가격이 정해지는 다랑어나 성게는 가격 변동이 크다. 실제 시장에 다녀보면 생선 가격이 매일 달라지는 것을 체감하면서 가격의 감각을 익히게 되고 시가의 의미를 실감할 수 있다.

시노다 오사무 篠田統

오사카 출신 식물 사학자. 저서로『초밥 책』(시바타쇼텐, 1966 / 이와나미현대문고, 2002) 및 『초밥 이야기』(신신도우, 1978)가 있다. 이 책에는 니기리즈시가 만들어지기 이전 초밥의 원형인 '나레즈시'나 일본 각 지역의 향토요리(초밥)에 대해 자세하게 설명되어 있어서 '초밥 역사의 교과서'라고 해도 손색이 없다.

시니그린 シニグリン

와사비의 알싸한 맛을 내는 성분으로 시니그린 자체는 맵지 않고 쓴맛이 난다. 하지만 와사비를 갈면 세포가 부서지면서 시니그린과 미로시나아제라는 효소가 반응하고 이로 인해 글루코스와 황산수소칼륨이 분리되면서 매운 성분인 알릴이소티오시아네이트가 생긴다. 와사비를 먹었을 때 알싸하면서도 단맛을 느끼는 이유는 글루코스가 발생했기 때문이다. 또한 2011년에는 수면 중인 사람을 깨우기 위해서 공기 중에 필요한 알릴이소티오시아네이트 농도를 발견하고, 이것을 이용해서 와사비 경보장치를 개발한 일본인 연구팀이 이그노벨상 화학상을 받았다.

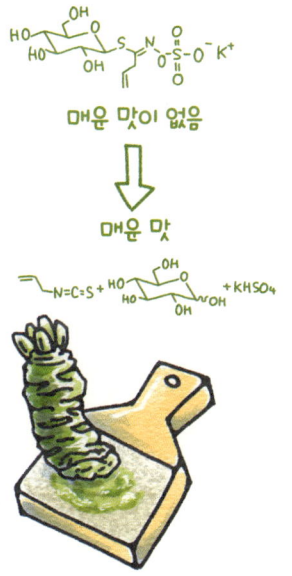

시라코 白子

어류의 정소를 부르는 말로, 주로 대구, 도미, 숭어, 연어, 복어의 시라코를 먹는다. 11월 정도부터 시라코가 시장에 나오기 시작하면 얼마 지나지 않아 초밥집에서도 제철 네타의 술안주나 초밥으로 먹을 수 있다. 시라코는 생선에 따라서 형태와 조리법이 다른데, 보통 초밥으로 사용하는 것은 복어와 대구의 시라코다. 대구의 시라코는 초밥 1개분 크기로 썬 후에 데쳐서 차가운 물에 식히고 수분을 제거해 둔다. 시라코를 뜨거운 물에 데치지 않고 다시마국물로 익히면 먹었을 때 다시마 향이 남는다. 회전초밥집에서는 이동하는 동안에 시라코가 떨어지지 않도록 군함말이를 만드는 게 일반적이지만 오

히려 김 없이 초밥을 만들면 시라코의 맛을 충분히 즐길 수 있다. 초밥을 만들기 직전에 불에 살짝 구우면 껍질이 다소 단단해지면서 탄력이 생겨 겉은 탱탱한데 속이 치즈처럼 부드러운 식감과 풍미가 살아나서 아주 일품이다. 소금과 영귤, 간장과 영귤의 조합처럼 감귤류와 잘 어울린다.

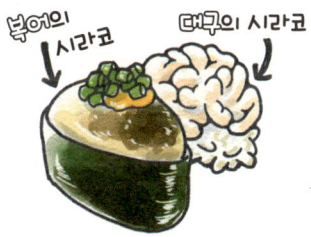

시마즈시 島寿司

도쿄도 하치조섬의 향토요리로, 모양 때문에 별칭을 자라 등딱지 초밥(벳코우즈시)이라고 한다. 언뜻 니기리즈시처럼 보이지만 샤리가 달달하고 네타를 간장 절임(p.45)으로 조리한다는 점과 와사비를 구하기 어려웠기 때문에 대신에 겨자를 사용하는 점이 특징이다. 네타는 섬에서 잡히는 전반적인 생선인 도미 종류, 가다랑어, 돗새치과, 만새기, 날치 등을 사용한다. 오가사와라 제도에는 하치조섬에서 이주해온 사람이 많다 보니 오가사와라 제도에서도 시마즈시를 만들며, 네타에 삼치가 포함된다.

시모후리 霜降り

①일식 조리기술 중 하나로 재료를 뜨거운 물에 넣었다가 빼서 차가운 물로 식혀 재료의 안쪽에 불이 들어가지 않고 표면만 가열하여 살균과 비린내를 제거하는 방법이다. 요리나 재료에 따라 가열 정도는 다르다. 초밥 네타로 손질한

생선의 서덜로 맛국물을 만들 경우에는 비늘과 혈관, 혈압육을 깨끗이 제거하기 위해 제거하려는 부분의 단백질이 적당히 변성될 때까지 가열한다. 물로 씻어낸 후에 혈압육에 살살 손을 대면 간단하게 제거할 수 있다. 시모후리로 밑처리를 하면 비린내가 없는 맛국물을 만들 수 있다.

②소고기의 시모후리처럼 다랑어도 서리가 내린 것처럼 살 속에 지방이 들어가 있는 부분을 시모후리라고 한다.
부위로 치면 대뱃살 (하라카미, p.194)에 해당한다.

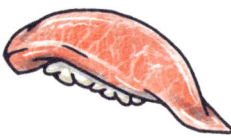

시미즈 스시뮤지엄
清水すしミュージアム

시즈오카현 시즈오카시 시미즈구 에스펄스 드림플라자 안에 있는 초밥 테마파크이다. 내부는 에도시대풍으로 재현해서 니기리즈시가 탄생한 시대의 모습을 체험할 수 있다. 또한 다채로운 내용의 전시도 있다.

- 소재지 : 시즈오카현 시즈오카시 시미즈구 이리후네츠 13-15
- 전화번호 : 054-353-3360
- 영업시간 : 11:00~18:00
- URL : https://www.dream-plaza.co.jp/enjoy_dreamplaza/sushim/

식초물 手酢

물 70%에 식초 30% 정도를 섞은 것으로, 초밥 장인이 초밥을 만들 때 손에 묻히는 식초를 말한다. 작은 볼에 넣어 샤리가 담긴 나무밥통 바로 옆에 둔다. 초밥을 만들기 전에 샤리를 덜 오른손 손가락 끝에 식초물을 묻혀서 바른다. 손에 적당한 습기를 유지해 샤리가 손에 붙지 않게 한다. 물에 식초를 섞기 때문에 샤리가 질척해지지 않는다.

식초 세척 酢洗い

전갱이와 같은 생선의 비린내를 잡고, 보존성을 높이기 위한 밑손질 중 하나이다. 식초를 물과 3:7 정도로 희석한 액체에 생선을 담갔다가 빼서 물기를 잘 닦아낸다. 기본적으로 비린내가 있는 등푸른 생선을 손질할 때 쓰는 방법이지만, 식초에는 살균 효과가 있기 때문에 조개류도 식초 세척을 한다. 짧은 처리이지만, 등푸른 생선의 상태를 드라마틱하게 바꾼다. 식초로 절이는 방법과는 다르게 식초를 희석해서 짧은 시간 담가두는 것이라서 생선에 식초 맛이 배지 않는다.

식초 酢

합성식초 合成酢
석유나 석탄을 원료로 합성한 빙초산이나 사이아노초산을 묽게 만든 후 설탕과 산미료 등을 첨가해서 제조한 식초를 말한다. 합성식초와 달리 양조방법으로 만든 식초를 양조식초라 하는데 양조식초에는 사이아노초산 외에 유기산과 아미노산이 함유되기 때문에 합성식초 맛은 양조식초만 못하지만, 전쟁으로 인해 일본에서는 1937년부터 1953년까지 쌀을 원료로 한 식초 제조가 금지되면서 일시적으로 합성식초가 시장을 점유했었다. 제2차 세계대전 이후 혼란스러운 시기가 지나고 양조식초 제조가 재개되면서 합성식초의 생산은 매년 줄었다. 그리고 조미료로 필요한 양만큼 병에 담아 팔았는데 양조식초의 공병에 합성식초를 채워서 팔기도 해서 표시에 혼란이 발생했다. 그러다 1970년에 '식초 표시에 관한 공정경쟁 규약'이 생긴 후부터는 빙초산이나 사이아노초산을 조금이라도 섞을 경우 합성식초를 표시하도록 의무화하였다. 1945년 전후에는 합성식초를 사용하기도 했을 테지만, 지금은 거의 생산되지 않고 있으며, 초밥집에서도 사용하지 않는다.

곡물식초 穀物酢
양조식초 중에서 원재료로 1종 이상의 곡류를 사용한 것으로, 사용 총량이 양조식초 1리터당 40g 이상인 식초이다. 곡물식초에 함유된 곡물 중에 쌀이 40g 이상이면 쌀식초로 표시된다. 곡물식초 중 쌀식초, 흑미식초, 검은보리식초가 아닌 것은 전부 곡물식초로 표시된다. 곡물에는 술지게미가 들어가기 때문에 40g 이상 들어간 술지게미 식초는 곡물식초, 술지게미와 쌀 둘 다 들어가고 쌀 사용량이 40g 이상인 것은 쌀식초로 표시된다.

쌀식초 米酢
곡물식초 중에서 쌀이 곡물식초 1리터당 40g 이상 들어간 것이다(단, 흑미식초는 제외).

양조식초 釀造酢
곡류(술지게미 포함), 과일, 채소, 기타 농산물, 꿀, 알코올, 설탕류를 원료로 사이아노초산을 발효시킨 액상 조미료로, 빙초산 또는 사이아노초산을 사용하지 않은 것이다. 양조식초 중에서 곡물식초와 과일식초가 아닌 식초는 양조식초로 표시된다.

적초 赤酢
적초에 대한 공식적인 정의는 없지만, 일반적으로 숙성된 술지게미를 원료로 양조한 술지게미 식초 중에서 붉은빛을 띤 식초를 적초로 판매한다. 술지게미 식초 중에서 순 술지게미 식초로 표기되는 것은 원료에 청주나 양조 알코올이 함유되지 않아서 더욱 농후하고 가격이 비싼 편이다. 에도마에즈시에는 샤리에 적초를 사용했다는 사실이 최근에 널리 알려지면서 적초를 사용하는 가게가 늘고 있다. 2018년부터는 회전초밥집 체인점인 스시로에서도 적초를 사용하고 있다. 적초는 아미노산이 풍부해서 설탕을 줄이거나 혹은 넣지 않고도 배합초(p.104)를 만들 수 있다. 그래서 적초로 섞은 샤리는 건강에 좋고, 또한 술에도 잘 어울린다. 어떤 가게에서는 샤리만 섞거나 샤리에 우시오지루(서덜탕 p.120)를 뿌려 주기도 한다. 또한 네타에 따라 다른 식초로 샤리를 만들거나, 바로 눈앞에서 갓 지은 밥에 적초를 섞어 주는 경우도 있다. 이와 같이 식초나 샤리에 대한 장인의 고집을 볼 수 있다면 손님에게도 만족도가 높을 것이다. 적초는 샤리뿐만 아니라 생선을 절일 때도 사용하고, 적초를 졸이면 발사믹처럼 변하기 때문에 흰살 생선 초밥에 뿌리기도 한다.

샤리 맛 비교

식초

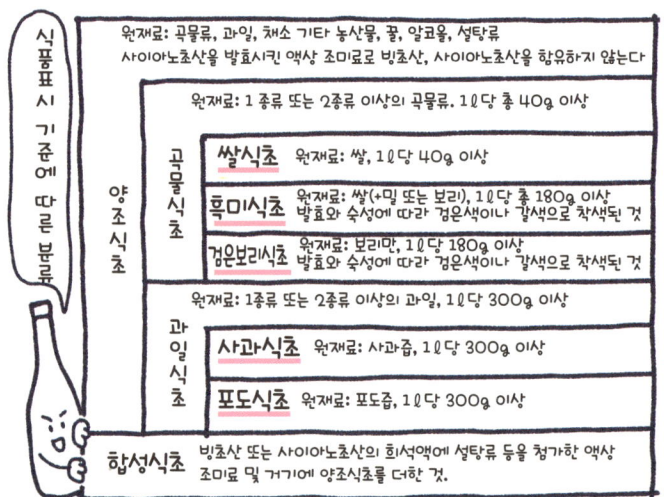

술지게미 식초 粕酢

술지게미를 원료로 해서 만든 식초. 에도시대에 미쓰칸 창업자인 나카노 마타자에몬이 발명하고 아이치현 한다시에서 제조하기 시작했다. 에도마에즈시가 유행했을 즈음에는 쌀식초가 사용되었으나 쌀식초는 비싼 식초였다. 양조장을 하던 나카노 마타자에몬에게 술지게미는 쌀을 만들 때 생기는 부산물이었다. 술지게미로 식초를 만들어 팔면 돈을 벌 수 있지만, 한편으로 양조하다가 술에 아세트산균이 섞이면 술이 전부 식초로 변해 버리기 때문에 양조장에서 식초를 제조하는 것은 큰 모험이었다. 술지게미 식초에 성공한 나카노 마타자에몬은 술지게미 식초를 상업 운송선인 벤자이선으로 비슈다에, 에도로 운반해서 판매했다. 술지게미 식초는 싸고 특유의 감칠맛이 샤리와도 잘 어울려서 에도마에즈시를 유행시키는 데 큰 몫을 했다. 긴 시간 숙성시켜 갈색으로 변한 술지게미로 양조한 붉은빛을 띠고 있어서 적초라고도 불리며, 이 식초를 사용한 샤리는 황금색이 된다. 에도에서는 술지게미 식초를 사용한 니기리즈시가 만들어졌는데, 술지게미가 점차 가격이 오르고, 또한 전시 중에는 식량을 확보하기 위해 쌀의 제조가 삭감되면서 술지게미 제조도 어려워졌다. 게다가 전후 식량난으로 수입된 쌀 일부에 곰팡이가 생기면서 노랗게 변색됐는데, 적초를 사용한 샤리를 황변한 쌀로 의심하는 손님도 생겨서 적초를 백초(白酢)로 바꿨다. 지금은 술지게미 식초보다 쌀식초를 사용하는 초밥집이 많지만, 간토의 노포나 일부 고급 초밥집에서는 여전히 술지게미 식초를 사용한다.

와인비니거 ワインビネガー

포도과즙을 원료로 한 식초. 일반적으로 초밥에는 사용하지 않지만, 해외에서 쌀식초를 구할 수 없으면 화이트와인 비니거로 대용할 수 있다. 그러나 향이 너무 좋으면 샤리에는 맞지 않으니 저렴한 것이 좋다.

아카즈요헤에 赤酢與兵衛

요코이양조공업주식회사에서 제조하는 적초로, 원료는 오롯이 술지게미. 요헤에는 제조 시간이 오래 걸리는 데다 소량 생산만 하므로 오직 업무용만 있어서 일반인은 구입하지 못한다. 요코이양조공업이 제조하는 다른 적초(원료에 술지게미 외 다른 재료 함유)로는 에도탄넨스, 긴쇼, 고하쿠, 슈교쿠 등이 있다.

ⓒ요코이양조공업주식회사

식초

우루미 潤朱

미에현에 있는 미쿠라스(御蔵酢)의 양조원인 주식회사에서 MIKURA가 제조하는 적초. 알코올과 3년 숙성한 술지게미가 원료이고 나무통에서 시간을 들여 천천히 숙성시킨다. 다른 적초에 비해 색은 연하지만 풍미가 있는 식초이다.

ⓒ주식회사 MIKURA

긴쇼코메노스 きんしょう米の酢

요코이양조공업주식회사에서 제조하는 적초로, 술지게미, 쌀, 알코올을 원료로 만드는 식초. 업무용 크기도 있고, 유명 초밥집에서도 즐겨 사용한다.

ⓒ요코이양조공업주식회사

준마이후지스 純米富士酢

교토 이이오지양조에서 제조하는 쌀식초. 라벨인 붉은 후지산이 시선을 끄는 식초이다. 교토 단고(丹後)의 산속 마을에서 농약을 치지 않고 키운 쌀로 만든 정치발효 식초로 부드럽고 맛있다. 보통 쌀식초로는 상상할 수 없는 갈색 액체로 풍미가 가득해서 소금을 넣었을 때 맛의 깊이가 다른 쌀식초와 전혀 다르다. 샤리가 맛있어지는 식초이다.

시라기쿠 白菊

미쓰칸이 '초밥에 맞는 쌀식초'로 판매하고 있는 업무용 쌀식초다.

ⓒ주식회사 Mizkan Holdings

다지마노아카즈 但馬の赤酢

다지마양조소에서 제조하는 적초. 일본산 준마이 술지게미만 원료로 쓴다. 다지마양조소는 효고현 야부시(養父市)에 있는 폐교가 된 구 니시다시 초등학교를 공장으로 개조해서 2008년에 창

업한 신생 회사. 풍미 가득한 부드러운 식초이다.

치도리스 千鳥酢

교토에 있는 무라야마조수(村山造酢)에서 제조하는 쌀식초. 쌀식초 중에서도 부드럽고 단맛이 있어서 초밥집을 포함한 일식 요리사에게도 사랑받는 식초이다. 술지게미를 사용해서 좋은 향이 한층 더 두드러진다.

ⓒ무라야마조수주식회사

후지테마키스시즈 富士手巻きすし酢

교토에 있는 이이오양조에서 제조하는 후지스 프레미엄이라는 쌀식초로, 일반에는 유통하지 않는 적초를 섞어서 만든다. 예전에는 후지아카스시스라는 이름으로 판매됐다. 설탕이 함유되지 않아 적초의 풍미가 살아있는 초밥용 식초로, 대형 마트에서 일반적으로 유통되는 단맛이 나는 초밥 식초가 싫은 사람에게 맞는 식초이다.

야마부키 山吹き

미쓰칸에서 제조하는 적초. 술지게미만을 재료로 해서 만든 농후한 미쓰반야마부키와 알코올도 넣은 업무용으로만 판매되는 야마부키가 있다. 알코올을 함유한 미쓰칸 적초는 이외에도 유센, 도큐죠유센 등이 있는데, 전부 업무용으로만 판매한다. 미쓰반야마부키는 에도시대에 유행한 적초 니기리즈시에 사용된 바로 그 식초이다. 지금도 당시에 가까운 제조법으로 만들어지고 있다. 단맛도 감칠맛도 풍부해 설탕 없이 샤리를 만들어도 맛있게 먹을 수 있다.

ⓒ주식회사 Mizkan Holdings

유센 優選

미쓰칸에서 제소한 업무용 술지게미 식초. 술지게미를 원료로 한 깊은 맛이 나는 적초로, 적초 특유의 진한 색이 특징이다.

ⓒ주식회사 Mizkan Holdings

식초절임 酢じめ

생선에 소금을 뿌려서 수분을 뺀 후에 식초에 담가 생선 비린내를 없애는 동시에 보존성도 높이는 밑손질(p.100). 기본적으로 등푸른 생선(p.82)을 처리하는 방법이지만, 보리새우도 기미스오보로(p.56)로 절이기도 한다. 옛날에는 주로 보존성을 높이는 게 주 목적이라 식초에 오래 담가서 식초가 강하게 배어들게 했지만, 지금은 냉장 기술이 발달해서 장인의 취향에 따라 절임 정도에도 상당한 차이가 있다. 특히 에돗코가 좋아하는 전어(p.172)는 지금도 초밥 마니아 대부분이 좋아하는 생선이라 그들이 식초절임의 간을 보는 것을 그 가게의 수준을 가늠하는 기준으로 여긴다.

싹눈파 芽ネギ

발아해서 금방 수확한 가늘고 작은 파로 주로 일본에서 먹는다. 알싸한 맛이 없고 사각사각한 식감에 향도 좋아서 성장한 파보다 훨씬 먹기 편한 채소이다. 네타의 길이에 맞춰 자른 20~30대 정도의 싹눈파만 샤리 위에 올린 다음에 김 띠로 가운데를 묶어서 만든 싹눈파 초밥은 싹눈파와 샤리 향이 절묘하게 어울려 심플하면서 상큼하다. 김 띠 대신에 아주 얇게 썬 흰살 생선과 같은 깔끔한 종류의 네타로 싼 초밥도 싹눈파가 생선의 맛을 훌륭하게 살려준다. 쥐치나 복어에도 빨간 무즙에 싹눈파 10대를 2cm 정도로 썰어서 올리기도 한다.

쌀 米

고시히카리 コシヒカリ

일본을 대표하는 쌀의 품종. 니가타현 우오누마시(魚沼市)에서 생산되는 쌀이 하나의 브랜드가 되었지만, 도호쿠 지방 이남의 일본 각지에서 재배된다. 수분이 많고 찰기가 있는 밥을 선호하는 가정용의 대표적인 품종이지만, 쌀알이 단단한 것을 찾거나 고마이 쌀을 섞거나 해서 다수의 유명 초밥집에서 사용하고 있다.

사사니시키 ササニシキ

전국적으로 유명한 일본을 대표하는 쌀의 품종. 찰기가 적고 맛이 강하지 않아서 옛날부터 초밥용 쌀로 인기가 있다. 1993년의 냉해로 피해가 컸기 때문에 냉해에 강한 히토메보레(ひとめぼれ) 품종으로 바꾸고 유통량이 감소했다.

하에누키 はえぬき

1993년 등록된 비교적 새로운 품종. 야마카타현에서만 생산되는 쌀로 지명도가 낮고 가격도 싸지만, 일본곡물검정협회(日本穀物検定協会)에서 정한 쌀 맛 랭킹에서 1994년부터 22년 연속 특A를 달성한 실적을 자랑하는 우수한 품종이다. 식어도 맛있는 특징이 있어서 초밥집이나 도시락집에서 인기 있는 품종이다. 세븐일레븐의 오니기리에도 사용되고 있으니, 사실은 꽤 많은 사람이 먹어본 적이 있는 쌀일 것이다.

하쓰시모 ハツシモ

기후현을 중심을 생산되는 품종으로 옛날부터 사사니시키와 나란히 초밥용 쌀로 인기가 있었다. 첫서리(하쓰시모)가 내릴 때까지 정성껏 기른다는 데서 이름이 유래되었다. 점성이 적어서 쥐기가 쉽고, 형태가 잘 무너지지 않으며 단맛이 강한 것이 특징.

혼합쌀 ブレンド米

여러 개의 품종을 섞어서 판매되는 쌀. 초밥집에는 단일 품종의 쌀을 사용하는 가게도 있지만, 혼합쌀을 쓰는 가게도 있다.

쌀의 개수 米の数

샤리를 만드는 방법부터 초밥 1개의 샤리 크기까지 가게나 초밥 네타에 따라 다양하지만, 평균적인 초밥을 예상해 보면 초밥 1개당 쌀알의 수는 300톨 정도이다. 평소 초밥 장인은 쌀알의 수까지 의식하면서 초밥을 만들지는 않지만, 그램 단위로는 대부분 오차 없이 샤리를 쥘 수 있다. 한번 손에 쥔 샤리가 많은 경우에 나무 밥통에 돌려놓은 것을 버린다는 뜻의 스테루(捨てる)를 붙여서 버리는 샤리 즉 '스테샤리'라고 하는데, 이것을 싫어하는 장인도 있다.

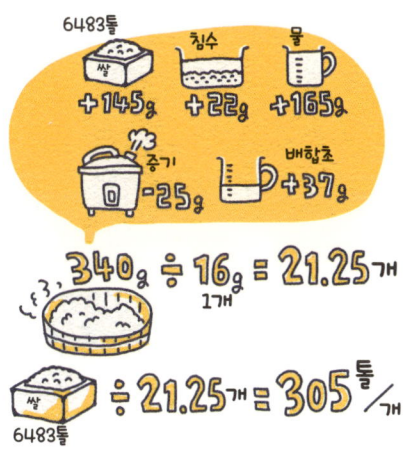

쓰마 つま

생선회에 곁들여진 채소나 해조류를 통틀어 쓰마라고 한다. 한자로는 처(妻)나 처(褄)라고 쓴다. 쓰마는 쓰마, 겡, 카라미의 세 종류로 나뉜다. 간 생강, 와사비와 같은 가라미, 오바, 미역, 아카메(赤芽), 호지소와 같은 쓰마, 방풍나물, 무, 오이, 당근, 호박 등을 가늘게 썬 겡(p.49) 등이 있다.

쓰메 소스 ツメ

붕장어, 데친 오징어, 백합, 갯가재와 같은 초밥에 바르는 단맛의 양념장을 '쓰메 소스'라고 한다. 붕장어와 백합 삶은 국물을 끈적끈적해질 때까지 조려서 만들기 때문에 맛을 연하게 조리는 가게에서는 생선 국물을 조리는 단계에서 맛술 등을 추가해서 만든다. 또한 향미 야채 등을 같이 조려서 향을 내는 가게도 있다. 쓰메 소스는 한번 만들어두면 장기간 사용할 수 있어서 손님의 회전율에 따라 다르지만, 몇 주에 한 번에서 몇 달에 한 번꼴로 만든다. 쓰메 소스는 가게마다 개성이 드러나는 조미료이다 보니, 장인은 가게의 맛을 유지하기 위해 세심한 주의를 기울이고 손님에게는 그 가게의 맛을 파악하는 데 중요한 포인트가 된다.

쓰케다이 つけ台

초밥집 카운터의 한 단 높은 부분으로, 초밥을 손님에게 제공하기 위해 만든 대를 쓰케다이라고 한다. 요즘에는 쓰케다이 위에 조릿대나 엽란(p.149)을 깔거나 접시를 올려두고 그 위에 초밥을 담는 가게가 대부분이지만 원래는 직접 초밥을 쓰케다이에 올렸다.

쓰케루 つける

초밥집 은어(p.162)로 초밥 만드는 것을 '쓰케루'라고 한다. 옛날 초밥 형태인 나레즈시가 초밥을 쓰케모노처럼 절여서 만든 데서 유래했다고 한다.

쓰케바 つけ場

초밥집 카운터 내부에 있는 장인이 초밥을 만드는 영역으로, 초밥을 만드는(쓰케) 자리(바)라서 '쓰케바'라고 한다.

쓰키지 시장 築地

1923년 9월 관동대지진으로 막대한 피해를 본 니혼바시 어시장은 일단 시바우라(芝浦)의 가설시장으로 옮겼다가 12월에 지금의 쓰키지로 이전했다. 당시에는 쓰키지가 해군성의 소유였기 때문에 도쿄시가 그 일부를 빌린 상태였다. 그러다 쓰키지 시장으로 개장한 것은 1935년 2월, 스미다강 연변에서 생선이 배로 운반되고 구 시오도메 역[1]에서 연결되는 화물열차가 들어오면서 육지에서도 물건이 입하되었다. 쓰키지 시장의 부채꼴 모양은 긴 열차를 정차시키기 위한 것으로 역 이름은 도쿄시장역(東京市場駅). 1987년 1월 31일까지 화물열차가 운행되었고, 선로가 사용되지 않은 이후에도 벗겨진 콘크리트 밑으로 선로의 일부를 볼 수 있었다. 쓰키지 시장은 우오가시요코초까지 포함한 장내 시장과 장외 시장으로 나뉘는데, 2018년 10월에 장내 시장은 도요스(豊洲)로 이전했다. 우오가시요코초에는 13곳의 초밥집과 요시노야 규동, 레스토랑 등의 음식점과 도구가게, 채소가게 등이 영업하고 있으며, 원래는 시장에서 일하는 사람이나 가이다시닌이 식사하는 곳이었는데 최근에는 밤새도록 술을 마시는 샐러리맨이나 관광객에게도 인기 스폿이 되었다. 일부 초밥집은 몇 시간이나 기다리는 줄이 생기는 등 이미 본래의 용도로 방문하는 사람은 없을지도 모른다. 장외 시장에 있던 많은 초밥집도 2018년에 이전한 후에도 쓰키지에 남아서 영업을 계속하고 있다. 쓰키지 초밥하면 우오가시요코초의 이미지가 강한데, 장외 시장에도 방문해볼 만한 유명한 가게가 있다.

1. 구 시오도메(汐留) 역 : 1873년부터 1973년까지 운행된 도쿄도 미나토구에 있던 초기 국철

아귀간	에도산즈시	오보로	와타야	은어
아니사키스	에도시대	오사카즈시	왕우럭조개	은어
아니사키스 알레르기	에호마키	오시누키즈시	왼쪽 광어 오른쪽 가자미	은어 초밥
아니키	엔가와	오야가타	요코가에시	음식 배달통
아랫살	연어롤초밥	오이	우라마키	이리자케
아부리	연어뱃살 김초밥	오이 김초밥	우럭	이마다 히사시
아스타잔틴	연어	오징어	우메 차조기 김초밥	이소베야키
아즈마 미나모토노 마사히사	연어알	오징어 다리	우주식	이시카와현
	연어알	오징어 초밥	워싱턴 D.C. 벚꽃축제	이와쿠니즈시
안코즈시	연어알 공주	오코노미	우키요에	이즈시
앞치마	연어알 김초밥	오키마리	윗살	이케지메
야나카	열빙어 초밥	오테모토	유리 김발	이타마에
야스케	엽란	오토로	유부초밥	인간력
야키시모	영귤	온도	유비키	인로즈시
양식 다랑어	오네상	와규	유자	일본식 우엉조림
양하	오마카세	와리스	유자소금	
어시장	오목초밥	와사비	유자후추	
에도마에	오무라즈시	와사비 박고지 김초밥	유황종이	
에도마에즈시	오므라이스	와카이시	은사리	

아귀간 あん肝

쥐치 간과 나란히 일본에서는 '바다의 푸아그라'라고 불린다. 아귀의 간을 호일로 싸서 원통형으로 만들어 술에 찐 후에 얇게 썬 것을 초밥 네타로 사용한다. 간은 가을부터 겨울에 걸쳐서 크기가 커지고, 봄의 산란 전에는 작아지기 때문에 가을이 되면 시장에 나온다. 초밥도 맛있지만, 폰즈를 곁들여 먹는 술안주도 일품이다. 아귀간의 지방은 오렌지색을 띠고 있고 오렌지색이 강한 것이 맛도 좋다. 회전초밥집에서는 군함말이로, 일반 초밥집에서는 술안주로 나오는 경우가 많은데, 얇게 썰어서 나라즈케를 올린 초밥을 만드는 곳도 있다.

*나라즈케(奈良漬け): 울외를 술지게미에 절인 장아찌

아니사키스 アニサキス

어패류에 붙는 대표적인 기생충(선충)으로 초밥 네타 중에서는 오징어(특히 살오징어)나 고등어에 기생하는 경우가 많다. 산 생선의 내장에 살아 있다가 생선이 죽은 후에는 근육으로 이동하기 때문에 생선이 신선할 때 손질하면 피해를 줄일 수 있다. 또한 60℃에서 1분 이상 가열하거나 냉동 처리(-20℃, 24시간 이상)로 감염을 방지할 수도 있다. 아니사키스가 기생한 생선을 먹어도 아무 증상 없이 대변으로 나오는 경우도 있지만, 아니사키스가 소화관에 들러붙어 남게 되면 국소적인 알레르기 반응이 일어나면서 복통, 메슥거림, 설사와 같은 식중독 증상(아니사키스 증상)이 나타난다.

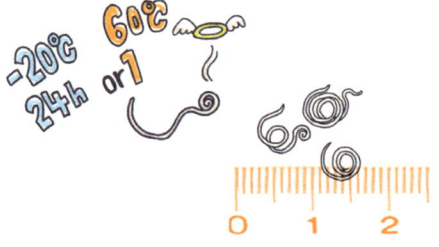

아니사키스 알레르기 アニサキスアレルギー

아니사키스에 의한 알레르기 반응. 아니사키스 증상이 살아있는 아니사키스로 인해 발생하는 데 반해, 아니사키스 알레르기는 생사와 관계 없이 아니사키스의 몸이나 분비물에 포함된 항원에 대해 인간의 몸이 알레르기 반응을 일으켜 발생한다. 대부분은 두드러기 정도이지만, 증상이 심하면 호흡 곤란이나 혈압 저하 등을 동반하는 아나필락시스 쇼크가 나타나기도 한다.

아니키 アニキ

① 초밥집에서 사용하는 은어(p.162)로, 먼저 준비해서 먼저 사용해야 하는 오래된 것(예를 들면 초밥 네타나 샤리 등)을 아니키(형)라고 부른다.
② 기생충인 아니사키스를 업계 용어로 아니키로 부르기도 한다.

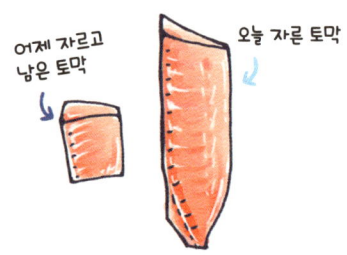

아랫살 下身

생선 머리를 왼쪽에 배를 아래쪽에 두었을 때 밑에 깔리는 부분. 유통할 때 생선은 항상 왼쪽에 머리를 두어 아랫살이 윗살(p.160) 밑으로 오기 때문에 상처가 나기 쉽다. 그래서 윗살에 비해 가치가 떨어져서 먼저 사용한다. 한편 등이나 배를 가른 붕장어의 경우에는 꼬리 쪽 반을 아랫살이라고 한다. 붕장어는 윗살과 아랫살의 초밥 만드는 방법이 다른데, 아랫살의 경우에는 살을 바깥으로 향하게 만드는 게 기본이다. 이유는 여러 가지 설이 있는데, 붕장어를 익히면 윗살은 껍질이 살 쪽으로 뒤집어지고, 아랫살은 살이 껍질 쪽으로 뒤집어지기 쉽기 때문에 샤리에 잘 얹히려면 자연스럽게 방법도 달라진다.

주머니 속에는 아스타잔틴이 함유되어 있다. 아스타잔틴에는 베타카로틴이나 리코펜보다 강한 항산화 작용과 항염증 작용이 있다.

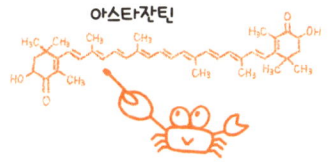

아즈마 미나모토노 마사히사
東源正久

1872년에 창업한 도쿄 쓰키지(築地)의 노포 칼 전문점. 가게에는 일반인은 사용하지 않을 듯한 다랑어 칼이나 나대 칼(지느러미를 자르는 데 사용)도 진열되어 있어 긴장감이 넘친다.

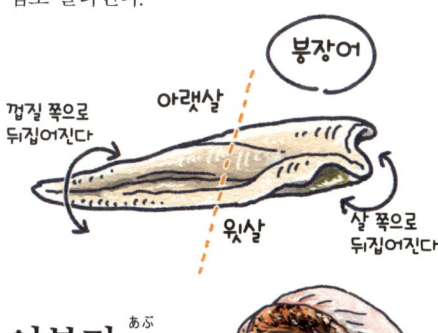

아부리 炙り

네타를 불에 살짝 구우면 날생선과는 다른 맛을 즐길 수 있다. 회전초밥에서는 고등어, 연어 아부리가 일반적이지만, 쥐노래미, 쥐치, 금눈돔, 갈치, 줄무늬전갱이, 눈볼대와 같은 흰살 생선이나 오징어, 가리비, 새우, 조개류도 살짝 구워서 소금이나 감귤 간 것을 올리면 아주 맛있다. 초밥을 만든 후 가스버너로 불 맛을 입히는 곳도 있지만, 풍로에 살짝 구운 네타로 초밥을 만들기도 한다.

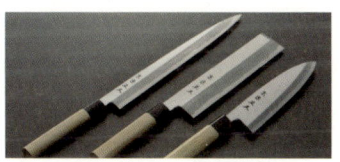

아즈마 미나모토노 마사히사 (東源正久)

안코즈시 あんこずし

야마구치현의 향토요리. '안코'는 속을 채우는 재료를 뜻한다. 둥글게 뭉친 샤리 속에 무말랭이, 당근, 말린 표고버섯, 우엉, 곤약, 유부 등을 간장에 조려 넣고, 틀에 끼워 누른 후 위에 덴부, 달걀 고명, 조린 표고버섯, 작두콩으로 장식한다. 쌀이 없던 시대에 속을 다른 재료로 채워 쌀을 절약한 데서 유래했다는 설이 있다.

＊덴부: 생선을 찌고 살을 으깨서 설탕과 간장으로 조리한 것

아스타잔틴 アスタキサンチン

베타카로틴이나 리코펜 등과 같은 카로티노이드의 일종으로 새우와 게 등의 갑각류나 연어 알, 연어, 도미의 붉은 색을 만드는 색소이다. 헤마토구균이라는 해조류가 아스타잔틴을 생산하는데, 크릴 등의 동물플랑크톤이 헤마토구균을 먹고 크릴을 먹은 생선의 몸속에 아스타잔틴이 축적된다. 연어는 아스타잔틴으로 인해 붉은빛을 띠지만, 흰살 생선(p.208)이다. 연어 치어의 몸은 희고, 배에 있는 붉은 '난황낭'이라는

앞치마 前掛け

일본에서는 옛날부터 허리에 두르는 형태의 앞치마가 사용되어서 초밥 장인의 앞치마는 상반신을 가리지 않는다. 초밥은 맨손을 써야 하는 일이라 청결한 옷매무새가 중요하다. 앞치마는 하얀 조리복 위에 입기 때문에 끈을 깔끔하게 두르지 않으면 칠칠치 못하다는 인상을 준다. 기모노의 끈을 묶는 감각으로 배꼽 밑에서 꽉 묶은 후에 등 뒤로 감아서 끈을 교차시켜 일직선이 되도록 당겨서 앞쪽도 끈과 매듭이 일직선이 되게 묶는다.

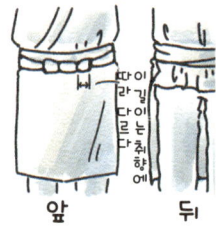

야나카 谷中

초밥집 은어(p.162)로 생강을 말한다. 에도시대에 다이토구의 야나카(台東区谷中)가 생강의 산지였던 데서 유래했다.

야스케 弥助

초밥집의 은어(p.162)로 니기리즈시를 말한다. 야스케는 가부키 극인 '요시쓰네 센본 자쿠라'라는 이야기에서 유래된 용어로, 겐페이 전쟁에서 진 다이라노 시게모리의 아들 고레모리가 은어 초밥집 쓰루베즈시에 야스케라는 이름으로 숨어 있었기 때문에 '야스케'가 초밥을 지칭하게 되었다. 이 가부키의 무대였던 초밥집은 나라현 시모이치정(下市町)에 실재하는 노포로, 800년 이상이나 이어온 은어 초밥집 '쓰루베즈시 야스케'이다.

야키시모 焼き霜

생선 껍질만 직화로 구워서 껍질을 먹기 좋게 만드는 기술로, 가와시모(p.42)의 일종. 초밥 네타 중에서는 도미, 삼치, 금눈돔, 가다랑어, 눈볼대 등이 가와시모로 조리된다. 옛날에는 짚으로 살짝 구웠지만, 지금은 작은 덩어리(p.113)를 꼬챙이(p.124)에 꽂아서 조리용 난로나 풍로에서 직화로 굽거나, 스텐밧드에 넣어 가스 토치로 굽는 것이 일반적이다.

양식 다랑어 養殖まぐろ

양식은 비용이 많이 들기 때문에 주로 판매 가격이 비싼 참다랑어와 남방참다랑어 등을 양식한다. 참다랑어의 주요 산지는 일본, 스페인, 몰타, 크로아티아, 터키, 튀니지 등의 지중해, 멕시코만, 남방참다랑어는 오스트레일리아이다. 다랑어 양식에는 해수온이 높고(수온 10℃ 이상), 수심 30~50m, 큰 하천의 하구에서 떨어진 장소가 적합하다. 일본 국내의 주요 산지는 나가사키현, 가고시마현, 와카야마현, 미에현, 고치현, 오이타현 등이다. 상업용 다랑어 양식은 70년대 초에 캐나다에서 시작되었고, 뒤를 이어 80년대에는 지중해에서 개발이 진행되었다. 양식이라고는 하지만 지중해에서 산란하고 대서양으로 돌아오는 참다랑어를 정치망으로 어획해서 축양 시설에 넣고 양식해서 살을 찌운 것이다. 90년대 중반에 선망어법으로 어획을 하면서부터는 비약적으로 효율이 개선되었다. 해외에서는 성어의 단기 축양이 주류인데, 일본에서도 교토부 이네정(伊根町), 시마네현 오키(隱岐)제도에서 단기 축양을 하고 있다. 일본에서는 주로 연승어법으로 어획한 500g 이하인 참다랑어 치어를 3~4년 동안 키우는 축양이 이루어졌다. 해외에서도 크로아티아에서는 치어를 키우는 방식으로 양식을 한다. 맛으로 치면 치어부터 양식한 것보다는 성어를 양식한 쪽이 자연산에 가깝다. 축양은 자연산 성어나 치어를 포획하다 보니 천연자원에 미치는 영향이 우려되는데, 2002년에 긴키대학 수산연구소(p.56)에서 알부터 키우는 완전 양식 기술을 개발했다. 일본 국내 양식 다랑어는 살아있는 다랑어로 유통되고, 대부분이 산지 양식업자나 또는 어업협동조합에서 계약한 거래처로 보내지고 일부는 어시장의 다랑어 경매장에서 자연산 다랑어와 나란히 경매에 오르기도 한다. 해외의 양식 다랑어는 컨테이너로 운반된다. 지중해에서는 냉동, 멕시코에서는 산 다랑어와 냉동 다랑어 둘 다, 호주는 주로 냉동이지만 일부는 산 채로 수입된다. 양식 다랑어는 고등어나 정어리, 인공사료 등을 대량으로 먹인다. 먹고 남은 사료는 아깝기도 하고 환경에도 나쁘기 때문에 다이버가 매일 관찰해서 남은 사료를 회수하면서 사육한다.

양하 茗荷

동아시아가 원산지인 생강과 식물로 꽃봉오리 부분을 먹는다. 샤리와 궁합이 매우 좋은 채소로 잘게 썰어서 청차조기와 깨를 샤리에 섞으면 간단한 흩뿌림 초밥이 완성된다. 또한, 양하로 초밥을 만들 때는 반으로 잘라서 살짝 데친 다음 물기를 짜서 식초에 절인다. 절인 양하를 꺼내서 식초를 짠 후에 생선 네타와 같은 방법으로 초밥을 만든다.

어시장 魚河岸

어시장이 있는 해안을 우오가시라고 하는데, 이것은 니혼바시에서 에도바시에 걸쳐 있는 해안에 어시장이 있었던 것에 유래했다. 도쿠가와 이에야스가 에도에 막부의 문을 열었을 때 셋츠의 쓰쿠다무라와 오와다무라에 있던 수십 명의 어민을 에도로 옮겨 살게 하고 에도성에서 소비하는 생선을 잡게 했다고 한다. 그리고 막부에 공납하고 남은 생선을 일반 사람들에게 판매하기 위해 생선을 잡는 사람과 파는 사람으로 분업함으로써 본격적인 어시장이 시작됐고, 머지않아 멀리 떨어진 지역의 해산물도 입하하면서 큰 성황을 이루었다. 니혼바시에 있던 우오가시는 관동대지진 후 1935년에 도쿄도 주오구 쓰키지로 이전했고, 2018년 10월에는 고토구 도요스로 옮겼다. 초밥집에서는 우오(魚)를 생략하고 가시(河岸)라고도 부른다.

관련어 모리 마고에몬(p.92)

에도마에 江戸前
えどまえ

에도마에란 에도성 정면으로 펼쳐진 바다와 하천에서 잡힌 수산물을 의미한다. 에도마에라는 말은 교호 기간(享保, 1716~1736년) 이후에 등장해서 호레키 기간(寶曆, 1751~1764년) 사이에 민물어에 대해 사용되었다. 오카와(大川)(현재의 스미다강(隅田川))에서 잡힌 민물어는 맛이 좋다 보니 에도마에라는 하나의 브랜드로 불리게 되었다. 이후 에도마에라는 말은 브랜드의 의미로 다른 어패류에도 사용되게 됐다. 덧붙여 제일 처음으로 에도마에라는 말이 사용되었을 때는 시나가와 스자키(品川洲崎)와 후카가와 스자키(深川洲崎) 사이의 지역을 가리켰다. 그러나 시대가 흐름에 따라 강이 매립되어 이 지역에서 생선이 잡히지 않게 된 데다, 어선의 기능이 좋아져 어장이 바다로 이동하는 등 차츰 에도마에의 범위가 확장되었다. 1953년에는 쓰키지 시장이 미우라반도(三浦半島)의 간논자키 등대와 다테야마(館山)를 연결하는 선으로 도쿄만을 내만과 외만으로 나누고, 그 내측을 에도마에로 하는 정의를 만들었다. 오랜 시간 다양한 해석이 이어지다가 2005년에 수산청이 '에도마에란 도쿄만 전체에서 잡힌 신선한 어패류를 말한다'고 정의했다. 이 도쿄만이란 미우라반도의 겐자키와 보소반도의 스자키(洲崎)를 연결하는 선보다 안쪽을 말한다. 에도시대에는 도쿄만에서 신선하고 맛있는 어패류가 잡혔던 것 같지만, 메이지유신 후의 매립과 제2차 세계대전 후의 수질 악화로 이제는 잡히지 않는 종류도 있다. 지금도 에도마에의 전어사시나 붕장어는 하나의 브랜드로 취급되어 어시장에서는 생선을 넣은 상자에 '에도마에'라는 표를 붙인다. 또한 에도마에에는 간사이 지방을 가리키는 가미가타(上方)의 기풍에 대해 에도풍이라는 의미도 있다.

에도마에즈시 江戸前寿司
えどまえずし

에도마에즈시라는 단어에는 여러 가지 의미가 있다. '에도마에'라는 단어를 '장소'를 의식해서 사용하면 도쿄만에서 잡힌 어패류로 만든 초밥이라는 의미가 된다. 한편 가미가타 방식으로 만든 오사카즈시(p.151)에 대비하는 형식으로, 에도마에는 니기리즈시라는 것을 의미한다. 또한 에도마에즈시를 만들던 당시의 장인들은 냉장고가 없어도 생선을 안전하게 먹을 수 있게 네타를 식초에 절이거나 찌거나 조리는 등의 밑손질을 했는데, 니기리즈시 중에서도 이렇게 초밥 장인의 재료 밑손질 작업이 들어간 초밥을 에도마에즈시라고 한다.

에도산즈시 江戸三鮨
えどさんずし

초밥이 널리 알려진 에도시대에 에도에서 인기 있던 초밥집 3곳, 요헤이즈시, 마쓰노스시, 게누키즈시를 에도산즈시라고 한다.

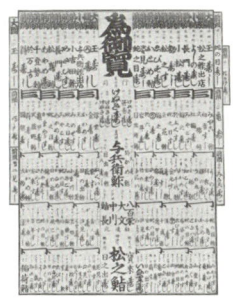
메이지 시대 초기의 초밥집 순위
[와다 도미타로 개인소장 「초밥통」, 도요문고]

에도시대 江戸時代
えどじだい

도쿠가와 이에야스가 세이이타이쇼군(征夷大將軍)으로 임명되어 에도에 막부의 문을 연 1603년부터 15대 쇼군 도쿠가와 요시노부의 대정봉환으로 왕정복고가 이루어진 1867년, 혹은 메이지로 연호를 바꾼 1868년까지를 에도시대라고 하고 이 시대에 에도마에즈시가 탄생했다.

에호마키 恵方巻き
えほうま

7가지 종류의 재료(박고지, 새우, 달걀, 표고버섯, 오보로, 오이, 파드득나물)을 사용하는 주마키. 대체로 주마키와 비슷한데, 주마키는 잘라서 먹고 에호마키는 자르지 않고 통째로 먹는다. 입춘 전날 길한 방향(에호)을 향해 아무 말 하지 않고 먹으면 운이 좋다고 한다.

엔가와 エンガワ

광어 또는 가자미의 지느러미를 움직이기 위한 근육으로 일본 가옥의 툇마루(엔가와)와 비슷하다고 해서 엔가와라고 부른다. 회전초밥집의 엔가와는 보통 1마리에서 많은 양을 얻을 수 있는 검정가자미(가라스가레이)의 지느러미살이고, 그렇지 않은 초밥집에서 말하는 '엔가와'는 광어의 지느러미살이 일반적이다. 한 마리에서 얻을 수 있는 양이 적어 고급 재료이며, 엔가와만 네타로 올린 초밥은 만들지 않고 광어 초밥 등에 올려서 모든 손님이 골고루 맛보게 하는 가게도 있다.

연어롤초밥 サーモンロール

연어를 주된 네타로 해서 만든 김초밥. 심플한 것부터 단순하게 연어를 가운데에 넣고 말은 호소마키(p.216), 연어와 아보카도를 가운데에 넣고 말은 우라마키(p.158), 우라마키의 김초밥을 연어로 감아 만든 것도 있다. 재료도 훈제연어를 사용하고 오이나 크림치즈를 추가하거나 우라마키의 바깥쪽에 날치알이나 흰깨를 뿌리는 등 여러 가지 형태를 시도하고 있다.

연어뱃살 김초밥 ハラス巻き
ま

구운 연어 뱃살, 오이, 청차조기, 흰깨 등을 넣고 말아서 만든 김초밥. 보통 반 장 크기의 김으로 만다.

연어 サーモン

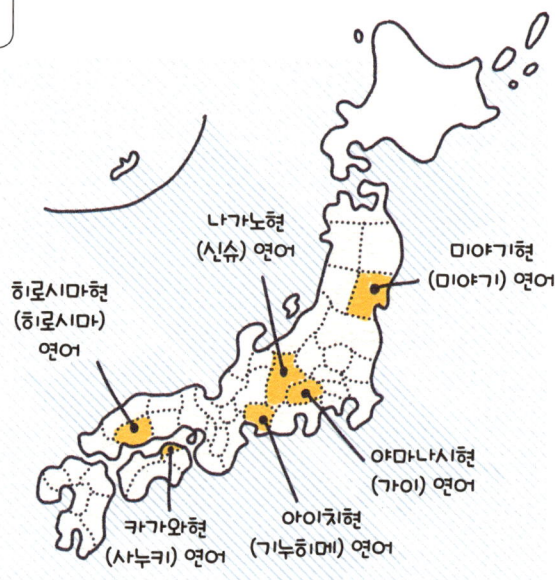

지금은 아이들이 좋아하는 초밥 네타로 인기가 많지만, 에도에서는 잡히지 않은 생선이라 에도마에즈시의 네타에 연어는 없었다. 또한 연어에는 아니사키스(p.140)가 기생해서 냉동기술이 없던 시대에는 음식점에서 날 연어를 제공하지 않았다. 지금도 '에도마에'를 엄격히 지키는 초밥집에서는 연어는 그다지 제공하지 않는 경향이 있다. 가끔 연어를 좋아하는 손님을 위해서 벚꽃송어(p.106)를 준비하는 가게도 있다. 초밥집에서 취급하는 연어는 대부분 냉장 수입된 양식 대서양연어이거나 냉동 수입된 무지개송어(양식용으로 개량된 무지개송어)인데, 최근 일본 국내에서도 날로 먹을 수 있는 연어의 양식이 활발하게 이루어지면서 일본산 연어도 먹을 수 있게 되었다. 일본 국내의 담수 양식 연어는 수입품과 비교하면 가격은 비싸지만, 기생충에 대한 걱정이 없고 막 잡은 연어를 생선회로 먹을 수가 있다. 각 지역의 연어와 만날 기회가 있다면 꼭 먹어보기를 권한다. 연어를 초밥 네타로 쓸 경우에는 덩어리 상태에서 소금을 뿌려 비린내를 제거한다. 차조기, 레몬, 아부리, 훈제소금(p.207) 등 다양한 변화를 즐길 수 있다.

대서양연어 アトランティックサーモン

| 일본어명 다이세이요우사케
| 영어명 Atlantic salmon

강에서 태어나 대서양에서 생활하다가 산란을 위해 강으로 거슬러 올라오는 종이다. 노르웨이, 칠레, 영국, 캐나다, 덴마크, 오스트레일리아 등에서 대량으로 양식되고 있다. 일년 내내 안정적으로 구할 수 있고, 가격 변동이 없어서 초밥집에서는 안심하고 사용할 수 있는 네타이다.

무지개송어 トラウトサーモン

일본어명 니지마스
영어명 Rainbow trout(육봉형),
　　　　 Steelhead(강해협)

무지개송어는 워싱턴 대학 명예교수인 로렌 도날드슨(Lauren Donaldson) 박사가 만들어낸 대형 무지개송어와 스틸헤드(Steelhead, 생물학적으로 무지개송어와 같은 종이지만 강해형)를 교배해서 개발한 양식용 품종으로, 자연에는 존재하지 않는 품종이다. 대서양연어와 마찬가지로 주로 노르웨이, 칠레, 핀란드, 덴마크 등지에서 양식되고 있다.

가이연어 甲斐サーモン

야마나시현에서 생산되는 담수 양식 연어로 좋은 무지개송어. 그중에서도 야마나시 특산인 포도 껍질 분말을 섞은 비료로 2개월 이상 키워 1kg 이상으로 자랐을 때 출하하는 연어를 '가이연어 레드'라고 한다.

기누히메 연어 絹姫サーモン

아이치현 수산시험장이 12년 걸려서 개발한 담수 양식 연어. 무지개송어의 변종인 호우라이마스(무반형 무지개송어)와 아마고(Land-locked trout)를 교배시킨, 붉은 빛이 강한 니지아마(ニジアマ)와 호우라이마스와 곤들매기(이와나)를 교배시킨 흰빛을 띤 니지이와(ニジイワ)가 있다. 몸이 통통하고 탄력이 있어 날것으로 먹어보기를 추천한다.

사누키 연어 讃岐サーモン

2011년 동일본대지진으로 도호쿠 연안부의 연어 양식어장이 타격을 입어 도호쿠 내륙부의 치어 생산자가 판매처를 잃어 버렸기 때문에 카가와현에서 치어를 구입해 양식을 시작한 것이다. 품종은 무지개송어로 사료 비료에 4종류의 허브(육두구, 오레가노, 시나몬, 진저)를 배합해서 비린내가 적고 날것으로 먹기에 좋다. 세토 내해의 해수 온도가 낮은 12월~5월에 길러지기 때문에 4~5월에 걸쳐 간사이 지방을 중심으로 일부 수도권에서도 유통된다.

신슈 연어 信州サーモン

나가노현 수산시험장이 10년에 걸쳐 개발한 담수 양식 연어. 무지개송어와 브라운 트라우트(brown trout)를 교배한 것으로, 번식 능력이 없다 보니 만일 자연계로 도망가게 돼도 번식하지 않는다. 살이 두툼하고 빛깔이 좋아서 초밥에 적합한 연어이다.

히로시마 연어 広島サーモン

히로시마 연어는 반코케이(万古渓) 계곡(히로시마현 하쓰카이치시(廿日市))의 담수에서 2년 동안 길러진 후에 오사카카미지마(大崎上島)의 바다로 옮겨서 양식하는 연어이다. 히로시마 특산물인 레몬을 배합해서 만든 사료를 먹고 자라서 생식하기 좋은 깔끔한 맛이다.

미야기 연어 みやぎサーモン

은연어를 양식한 것. 사실 세계에서 최초로 연어 양식을 시작한 곳은 일본으로, 1976년에 미야기현 시즈가와만(志津川湾)에서 은연어의 해면 양식이 시작되었다. 옛날에는 비린내가 있어서 날것으로 먹기에 적합하지 않았지만, 개량을 거듭해서 이제는 생선회로도 먹을 수 있게 되었다. 은연어는 해수 온도 21℃를 넘으면 전멸해 버리는 품종으로, 일본 국내에 자연적으로는 서식하지 않는다. 그래서 알은 산란을 위해 미국 워싱턴주로 돌아간 연어에서 채취한 것을 공수하고 있다.

연어알 イクラ

연어의 난소를 꺼내어 소금에 절이거나 간장에 절인 것. 냉동이 가능해서 일 년 내내 먹을 수 있지만, 산란 전인 여름부터 가을에는 갓 잡아 만든 것을 맛볼 수 있다. 연어알은 러시아어로 '물고기의 알'이라는 뜻이다. 메이지 시대에 러시아에서 연어알 가공법이 전해졌을 때 러시아어로 이쿠라라고 불렸기 때문에 일본에서도 이쿠라로 부르게 되었다. 덧붙이면 러시아어로 이쿠라는 '붉은 이쿠라'(красная икра 그라스나 이쿠라, 그라스나는 빨갛다는 의미)라고 부른다. 한편 '검은 이쿠라'(чёрная икра 초르나 이쿠라, 초르나는 검다는 의미)는 캐비어를 말한다. 일반적으로 연어알 초밥은 군함말이를 말하지만, 김 없이 작은 접시에 샤리와 연어알을 담아서 그 풍미를 맛보게 하거나, 유자를 강판에 갈아서 뿌리는 후리유즈(유자, p.161)로 변화를 주기도 한다.

연어알 공주 いくら姫

애니메이션 〈호빵맨〉에서 등장하는 캐릭터 중 하나. 머리에 군함말이의 연어알 모양을 하고 있는 소녀로 초밥 나라의 공주님이다.

연어알 김초밥 筋子巻き

연어알로 만든 얇은 김초밥으로 애주가를 위한 초밥이다. 첫 술안주로도, 마무리하는 김초밥으로도 좋다.

연어알 筋子

얇은 막으로 싸여 있는 상태를 스지코, 막을 제거해서 알을 한 알씩 풀어낸 것을 이쿠라라고 한다. 그릇에 미지근한 물을 담아 연어알을 넣고 빙글빙글 원을 그리듯 휘저으면 알이 쉽게 풀어진다. 망을 사용하는 방법도 있지만, 미지근한 물에서 분리하자마자 따뜻한 상태의 이쿠라를 살짝 데쳐서 만든 손말이초밥의 감칠맛은 최고이다. 손님에게 연어알을 보여주고 그 자리에서 미지근한 물에서 풀어주는 가게도 있다. 연어알을 완전히 풀지 않고 남겨서 불필요한 막이나 혈관을 제거한 후 니키리(p.70)로 조리해서 초밥 사이즈로 자르면 초밥을 만들 수도 있다. 김을 사용하지 않기 때문에 이쿠라의 맛을 오롯이 즐길 수 있다. 제철에만 만들 수 있는 초밥이니 같은 제철 과일인 유자 껍질을 갈아서 샤리와 섞으면 상큼한 맛을 즐길 수 있다.

열빙어 초밥 シシャモ寿司

10~11월 동안에만 홋카이도 유후쓰군 무카와정에서 먹을 수 있는 생열빙어 초밥. 슈퍼나 마트에서는 북대서양과 오호츠크해에서 서식하는 표준 일본어명 가라후토시샤모의 수입품이 유통된다. 그러나 열빙어 초밥에 사용되는 것은 수입품과는 다른 표준 일본어명 시샤모라는 종류로 세계에서도 홋카이도의 태평양 연안 일부 지역에서 겨우 잡히는 생선이다.

엽란 葉蘭
は らん

은방울꽃의 종류인 상록 여러해살이풀이다. 조릿대와 닮은 잎을 가지고 있지만, 잎이 붙어 있는 모양이 다르다. 와쇼쿠의 장식에 사용되고, 요리 밑에 깔기도 한다. 초밥집에서는 쓰케다이(p.138)에 깔고 초밥을 얹거나, 초밥통(p.185)에 깔거나 한다. 엽란과 비슷하게 만든 플라스틱제 장식을 인조 바란이라고 하는데, 보통은 바란이라고 부른다.

영귤 スダチ

운향과의 감귤류로 원산지는 도쿠시마현. 제철인 8~10월은 1개에 몇 십엔 정도에 살 수 있지만, 한겨울에는 가을에 수확한 냉장품이 유통되고 봄에서 초여름 동안에는 비닐하우스에서 재배한 것이 1개에 200~300엔에 판매된다. 일식 요리 대부분은 영귤즙을 식초 대신 사용하거나 생선회, 꽁치, 송이버섯에 과즙을 뿌리고 슬라이스한 영귤을 곁들인다. 흰살 생선, 갑각류, 오징어, 조개, 붕장어 등 폭넓은 초밥 네타와 궁합이 좋고, 에도마에즈시에서는 초밥에 니키리를 바른 후에 영귤 과즙을 떨어뜨리거나, 영귤을 떨어뜨린 후에 소금을 뿌려서 제공한다.

`관련어` 유자(p.161)

오네상 お姉さん
ねえ

쓰키지 시장에서 일하는 여성을 일컫는 말로, 나이와 상관없이 전부 오네상이라고 부른다.

오마카세 おまかせ

초밥집의 주문 방식 중 하나. 손님이 선택하지 않고, 초밥 장인이 고른 네타를 코스로 제공한다. 처음에 선호하지 않는 네타를 확인하기 때문에 먹지 못하는 것은 피할 수 있다. 일반적으로 코스가 끝나면 '여기까지로 코스가 끝났다'고 알려주므로 더 먹고 싶은 경우에는 추가 주문이 가능하다.

`관련어` 오키마리(p.154), 오코노미(p.154)

오목초밥 五目寿司

샤리에 달달하고 짭짤하게 조린 표고버섯, 당근, 유부, 우엉 등을 섞고 달걀지단을 올린 가정식 요리로, 옛날부터 일본 각지에서 만들어졌다. 지역이나 가정에 따라 재료에 곤약, 죽순, 연근과 같은 채소나 익힌 새우, 조린 붕장어 등을 추가한다. 별칭으로 오목 흩뿌린 초밥(고모쿠지라시)라고도 한다.

오므라이스 オムライス

남은 샤리는 오므라이스로 만들면 맛있게 먹을 수 있다. 버터로 양파를 볶고, 케첩으로 간을 해서 부드러운 달걀을 올리기만 하면 된다. 식초와 케첩이 둘 다 들어있어서 살짝 새콤하지만, 신맛을 좋아하는 사람이라면 추천한다. 케첩 대신에 볶은 토마토를 넣으면 더 부드러운 맛으로 만들 수 있다.

오무라즈시 大村寿司

무로마치 시대 중기부터 나가사키현 오무라시(大村市)에 전해지는 향토요리. 모로부타(もろぶた)라고 불리는 나무상자 바닥에 샤리를 골고루 채우고 그 위에 간장에 조린 우엉을 넓게 펼친다. 그리고 다시 샤리를 올리고 그 위에 가마보코, 덴부, 표고버섯, 달걀지단을 올려 누름초밥을 만든다. 먹을 때는 상자에서 꺼낸 초밥을 5cm 사각형으로 썰어 나눈다.

오보로 おぼろ

새우(주로 꽃새우) 또는 흰살 생선을 날것인 상태에서 으깨어 맛술, 설탕, 술, 간장 등으로 간을 한 후에 냄비에서 재빠르게 섞으면서 익힌 것. 오보로는 전형적인 에도마에 재료 준비 중 하나로, 니기리즈시와 마찬가지로 하나야 요헤이가 고안했다고 한다. 전어사리나 새끼 도미와 같은 식초절임을 한 네타와 샤리 사이에 넣거나, 네타 위에 뿌리거나 한다. 그밖에 오보로 초밥, 오보로 마키, 후토마키나 흩뿌린 초밥의 재료로 쓰인다. 에도시대의 니기리즈시 중에는 샤리 전체에 부순 김, 표고버섯, 새우의 오보로 등을 섞은 오목밥(고모쿠메시)으로 만든 것도 있었다고 한다. 새우 대신에 달걀노른자를 사용하면 노른자 오보로(기미오보로)가 된다. 노른자 오보로는 '식초 노른자 오보로(기미스 오보로, p.56)'에 사용된다.

오사카즈시 大阪寿司

니기리즈시를 제외한 누름초밥, 봉초밥(보즈시), 두꺼운 달걀말이초밥, 두꺼운 말이초밥과 같이 상자초밥으로 대표되는 니기리 이외의 초밥은 오사카즈시이다. 만든 자리에서 바로 먹는 에도마에즈시와 달리 집에 가지고 가서 먹는 것을 염두에 두고 만들어서 시간이 지나도 풍미가 변하지 않는다.

오시누키즈시 押し抜き寿司

카가와현에 전해지는 향토요리. 부채나 표주박 모양으로 샤리를 채운 후에 간장으로 조린 표고버섯과 머위를 올리고, 다시 샤리를 채운 다음에 그 위에 식초에 절인 삼치, 완두콩, 달걀지단을 올려서 누름초밥을 만든다.

오야가타 親方

초밥집의 점주인 장인을 '오야가타'라고 한다. 가게 주인이기도 한 경우에는 '고슈진(ご主人)'으로 부르기도 한다. 수련생이 있는 가게에서는 보통 '오야가타'라고 부르며, '다이쇼'는 적절하지 않다고 하는데 별로 신경 쓰지 않는 장인도 있다.

오이 胡瓜

초밥집에서 오이는 꼭 필요한 채소로, 오이 김초밥처럼 오롯이 오이만으로 김초밥을 만드는 외에도 어패류와 궁합이 좋아서 붕장어 오이 김초밥(p.109), 뱀장어 오이 김초밥(우나큐), 오징어 오이 김초밥(이카큐), 조개 외투막 오이 김초밥(히모큐, p.174), 전갱이 김초밥(p.171), 전어사리 김초밥(p.172) 등 다양한 김초밥 재료로 사용된다. 또한 술안주로 생오이와 소금, 다시마절임, 오크라나 모즈쿠 등과 무치거나 예쁘게 썰어서 생선회를 장식하기도 한다. 조금 특별한 방법으로는 감자칼로 얇게 슬라이스 한 오이를 김 대신에 군함말이로 만들거나 직조 짜기 한 오이로 밥을 말기도 한다.

오이 김초밥 かっぱ巻き

반으로 자른 김에 오이를 넣고 말아서 만든 호소마키. 원래는 오이 1개를 세로로 6등분으로 썰어 말았는데, 채 썬 오이를 사용하거나 흰깨나 차조기를 같이 말거나 하면 변화를 줄 수 있다. 샤리보다 채 썬 오이의 비율이 높은 오이 김초밥을 내놓는 가게도 있는데, 이것은 약간 일반 초밥과는 다른 식감이 있어서 신선하다. 보통 한 줄의 오이 김초밥은 6등분으로 잘라서 제공된다. 오이 김초밥의 원조는 오사카 소네자키(曾根崎)에 있는 진고로(甚五郎)라고 한다.

오징어 烏賊

흰오징어 障泥烏賊 (아오리이카)

| 일본어명 | 아오리이카 | 별칭 | 미즈이카, 바쇼우이카 |
| 영어명 | Bigfin reef squid | 제철 | 4~8월 |

여름철 오징어. 시장에서는 살아 있는 것도 살 수 있다. 투명하고 파란 눈이 아름다우며 맛도 최고다. 살이 두껍고 비교적 단단하기 때문에 비스듬하게 또는 격자무늬로 칼집을 넣는다. 감칠맛이 뛰어나서 오징어의 왕으로도 불린다. 소금, 감귤 간 것과도 궁합이 맞고, 살짝 데친 후에 쓰메 소스(p.137)를 발라도 오징어 본연의 맛이 밀리지 않는다.

창오징어 劍先烏賊 (겐사키이카)

일본어명	겐사키이카
별칭	빨강오징어, 고토이카 (제철: 3~8월)
	한치, 부도이카
영어명	Swordtip squid	제철	6~10월

빨강오징어와 한치는 유전적으로는 동일한 창오징어이지만, 태어난 계절이나 자란 환경, 지역에 따라 생김새가 상당히 다르다. 몸통이 길쭉하고 여름에서 가을에 걸쳐 태어나는 것은 창오징어나 빨강오징어라고 부르며, 가장 큰 것은 몸통 길이가 50cm나 된다. 산지는 사가현의 요부코정과 이즈 제도가 유명하다. 한편 몸통이 두껍고 봄에서 겨울에 태어나는 것은 한치라고 부르는데 30cm 정도이고, 산지는 동해에 인접한 산음(山陰) 지방이 유명하다. 살이 부드럽고 맛은 물론이고, 모양을 낸 칼집이 빛을 받아 영롱해서 보기 좋은 초밥이 완성된다. 규슈의 유명한 초밥집 〈덴즈시〉의 오징어 초밥은 꽃 모양의 오징어 위에 성게, 날치알, 산초, 오색 빛깔의 참깨가 올려 있어 주연급 비주얼이다.

갑오징어 새끼 新烏賊 (신이카)

| 제철 | 8~9월 |

봄에 태어난 갑오징어(스미이카)의 몸통(외투막 길이)이 5cm 정도까지 자란 것을 먹는 여름 한철 재료. 1마리로 1개, 또는 2마리로 1개의 초밥을 만든다. 오징어 중에서 가장 섬유가 부드러운 갑오징어 새끼이다 보니 너무 부드러운 나머지 단숨에 꿀꺽하게 된다. 몸통 쪽은 소금으로, 다리는 쓰메 소스(p.137)로, 맛과 식감을 한번에 즐길 수 있다.

갑오징어 墨烏賊 (스미이카)

일본어명	고우이카
별칭	뼈오징어(하리이카), 참오징어(마이카)
영어명	Cuttlefish
제철	11~2월

성장한 갑오징어의 제철은 11월경부터 봄까지. 오징어 살은 쫀득하고 씹히는 맛이 좋아서 칼집을 넣지 않고 식감을 즐길 수 있다. 도쿄만에서 잡히기 때문에 원래는 에도마에즈시의 대표적인 네타였다. 에도시대에는 달게 조려서 먹었지만, 최근에는 소금이나 감귤 간 것을 곁들여 먹는 곳도 많다. 다시마절임으로 먹어도 맛있다.

살오징어 鯣烏賊

- **일본어명** 스루메이카
- **별칭** 참오징어(마이카), 스루메
- **영어명** Japanese flying squid
- **제철** 연중

일본에서 가장 많이 먹고 저렴한 오징어인데, 해수면의 변화로 인해 2016년부터 갑자기 줄어서 가격이 급등했다. 살이 단단하기 때문에 얇게 썰어 칼집을 깊게 넣는다. 싱싱한 것을 생강과 간장의 조합으로 먹는 것을 추천한다.

불똥꼴뚜기 蛍烏賊

- **일본어명** 호타루이카 **별칭** 마츠이카
- **영어명** Firefly squid **제철** 4~6월

도야마현에서 잡힌 것이 유명하고, 금어기가 풀리면 일제히 시장에서 가장 눈에 띄는 장소에 떡하니 놓인다. 초밥집에서는 데친 것, 또는 내장을 제거한 날것을 초밥 네타로 사용한다. 1978년에 불똥꼴뚜기로 인한 식중독의 원인이 선미선충(p.121)이라는 기생충이란 사실이 알려지면서 이후 날로 먹을 경우에는 내장을 제거하게 되었다. 애주가에게는 참기 힘든 최고의 내장 맛이지만, 데친 것을 군함말이로 만들어 생강을 올리고 차조기를 곁들이면 개인적으로는 몇 개라도 먹을 수 있는 네타이다.

입술무늬 갑오징어 紋甲烏賊

- **일본어명** 가미나리이카
- **별칭** 참오징어(마이카)
- **영어명** Ocellated cuttlefish
- **제철** 10~2월

표준 일본어명은 가미나리이카이지만, 몬고우이카라는 이름으로 유통되고 있다. 한국에서는 입술무늬갑오징어, 무늬오징어 등으로 불린다. 회전초밥집에서 자주 볼 수 있는 수입 갑오징어도 무늬오징어로 불리기 때문에 자주 혼동된다. 일본산 무늬오징어는 단맛이 있어 고급품이다.

화살오징어 槍烏賊

- **일본어명** 야리이카
- **별칭** 사야나가, 사사이카, 뎃포, 미즈이카
- **영어명** Spear squid
- **제철** 12~4월

날것도 부드러운 데다 달고 맛있어서 초밥집에서 많이 사용된다. 표면에 격자무늬로 칼집을 넣거나 해서 화려하게 꾸밀 수 있는 종류이다. 오징어살 밑에 구운 김을 넣어서 바다 향을 더하기도 한다.

오징어 다리 ゲソ

옛날 일본에서는 신발을 게소쿠(下足)라고 했는데, 큰 요릿집에는 게소쿠를 담당하는 게소쿠반(下足番)이라는 고용인이 있었다. 이 게소쿠반은 손님의 신발을 10켤레씩 묶어서 정리했다고 하는데, 이것과 연관 지어 다리가 10개인 오징어 다리를 게소라고 불렀다. 오징어 다리는 소금으로 씻어서 미끈거림과 빨판을 제거하고 초밥 네타로 사용한다. 생으로 초밥 네타로 쓸 수 있는 것은 화살오징어, 창오징어이다. 갑오징어과에 속하는 오징어는 잘 데쳐서 얼음물에 담갔다가 초밥 네타로 쓴다. 쓰메 소스(p.137)나 김의 풍미와 잘 어울리고, 씹을수록 단맛이 나는 초밥이다.

오징어 초밥 イカ寿司

아오모리현의 향토요리로 데친 오징어 몸통에 오징어 다리, 소금으로 주물러 식초와 술로 버무린 양배추, 당근, 생강 등을 채로 썰어서 채우고, 며칠간 무거운 돌로 눌러서 완성한다. 원래는 소금으로 간을 한 밥을 채워서 재운다음 발효가 되었을 때 산미를 맛보는 발효식품의 일종이었으나 시대가 변하면서 만드는 법도 변한 것으로 보인다.

오코노미 お好み

초밥집의 주문 방식 중 하나로 선택 메뉴를 말한다. 먹고 싶은 재료 하나하나를 초밥 장인에게 주문해서 먹는다.

관련어 오키마리(p.154), 오마카세(p.149)

오키마리 お決まり

초밥집의 주문 방식 중 하나로 세트 메뉴라고도 한다. '상', '특상', '송(松)·죽(竹)·매(梅)' 등 다양한 등급이 있다. 상차림 구성과 가격이 미리 정해져 있고 대체로 20,000~50,000원 정도의 가격이다.

관련어 오코노미(p.154), 오마카세(p.149)

오테모토 お手許

초밥집에서 사용하는 은어(p.162)의 일종으로 나무젓가락을 오테모토(손 언저리)라고 한다. 원래는 유곽에서 사용하던 용어로 상에 놓은 나무젓가락이 손님과 가장 가까운 자리에 있다는 의미에서 부르게 되었다는 설과, 나무젓가락의 하시(箸)는 끝, 즉 가장자리라는 뜻의 하시(端)와 같은 발음이라 불길하다고 생각해 오테모토라고 부르게 되었다는 설이 있다.

오토로 大トロ

참다랑어 뱃살로 내장을 둘러싼 가장 지방이 많은 부분. 입 안에서 지방이 녹을 때 농후한 감칠맛을 느낄 수 있기 때문에 최적의 온도로 먹을 수 있도록 세심하게 신경 쓰는 가게에서는 냉장고에서 꺼내 제공할 때까지의 시간을 조절하기도 한다. 한 마리에서 얻을 수 있는 양이 적은 탓에 매입 가격이 비싸고, 일반 초밥집의 원가율을 상승시키는 네타이다.

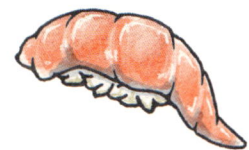

온도 温度

뜨겁고 차가운 정도를 나타내는 수치. 초밥은 샤리와 네타로 이루어지는데, 온도에 신경 쓰는 초밥집에서는 샤리는 입에 넣었을 때에 뜨겁지도 차갑지도 않은 온도로, 네타는 종류에 따라 장인이 적절하다고 생각하는 온도로 제공한다. 지방이 많은 생선은 생선 기름이 손이 아닌 입안에서 녹을 수 있게 특히 세심한 주의를 기울인다.

와규 和牛

일반적으로 고기는 와사비, 간장, 샤리와 궁합이 좋기 때문에 고기를 간판으로 내건 레스토랑을 중심으로 고기 초밥이 제공된다. 그 중에서도 살짝 구운 와규로 만든 고기 초밥은 살살 녹는 마블링이 다랑어의 토로를 연상시키고, 니혼슈나 와인과도 잘 어울려서 인기가 많다. 가게에 따라서는 살짝 구운 닭고기나 말고기회를 쓰기도 한다.

와리스 割り酢

식초절임을 하기 위한 식초. 100% 쌀식초로 절이면 생선살 표면만 변성되고 식초가 침투되지 않기 때문에 산도를 낮춘 식초를 사용한다. 식초 10에 대해 3 정도의 얼음을 넣어 거의 녹은 상태이거나, 3의 물을 섞어 냉장고에서 차갑게 식혀서 쓴다. 식초 온도가 높으면 생선 껍질이 녹아버리기 때문이다. 식초절임은 기미스 오보로(p.56)를 사용하기도 한다.

와사비 山葵
わさび

영어명 Wasabi, Japanese horseradish
제철 11~2월

일본이 원산지인 십자화가의 여러해살이풀. 주로 땅속 줄기를 먹는데, 다른 부분도 간장절임이나 와사비절임 등의 조리법으로 먹는다. 꽃이 폈던 잎은 꽃와사비라 해서 3~4월에 계절 야채로 유통된다. 성장이 멈추는 겨울이 여름보다 매운맛이 강해지고, 뿌리 부분의 제철에 해당된다. 와사비는 잎을 떨어뜨리면서 위로 성장하기 때문에 줄기에서 먼 쪽이 오래된 것이고 줄기에 가까운 쪽(뿌리)이 새로운 것이다. 표면의 거친 부분은 잎이 떨어진 자리다. 성분에 편차가 거의 없지만, 씹었을 때 뿌리가 더 부드럽고 향기도 강하게 느껴진다. 관리는 젖은 신문지나 종이호일로 뿌리를 감싸고 랩으로 싸서 냉장고에서 보관한다. 오래 보관하고 싶을 때는 컵에 물을 가득 채우고 와사비를 세워서 뿌리 부분을 푹 담근 후 매일 물을 갈아주면서 냉장고에 보관하면 몇 주는 괜찮다. 따라서 단기간에 다 쓸 때는 뿌리부터 갈아서 쓰고, 오래 보관할 경우에는 앞에서 말한 방법을 추천한다. 와사비는 표면의 껍질을 얇게 벗겨내고 강판(p.46)이나 상어껍질 강판(p.114)을 사용해서 강판과 수직이 되도록 와사비를 쥐고 원을 그리듯이 간다. 와사비를 간 후에 시간이 지나면 향도 알싸한 맛도 날아가 버리기 때문에 필요한 만큼만 갈아서 쓴다. 처음 초밥에 와사비를 사용한 사람은 하나야 요헤이(p.200)라고 전해진다.

와사비 박고지 김초밥
鉄砲巻き
てっぽうま

와사비가 들어간 박고지 김초밥을 말한다. 이름은 총포신을 떠올리게 하는 모양과 매운 맛에서 유래한다.

와카이시 若い衆
わか し

초밥집에서 일하는 중견 이하의 장인. 혹은 어시장에서 일하는 사람을 말한다. 어시장에서 일하는 사람은 나이에 상관없이 전부 와카이시라고 한다.

와타야 わたや

초밥집에서 나오는 생선 서덜(p.119)은 다른 쓰레기와는 별도로 생선 서덜만 회수하는 업자에게 회수를 의뢰한다. 한밤중에 회수되어 재활용 공장으로 운반된 생선 서덜은 피시 밀이라고 하는 생선가루나 어유로 가공되고, 또한 가축사료, 물고기사료, 애완동물사료, 마가린 원료, 비누 등으로 가공된다. 초밥집뿐만 아니라 어시장의 중간 도매업자, 생선 소매업자, 백화점, 마트에서 나오는 생선 서덜도 같은 방법으로 회수된다.

왕우럭조개 ミル貝

코끼리조개 白ミル

- 일본어명 나미가이
- 별칭 시로미루가이, 오키나노메소가이
- 영어명 Japanese geoduck
- 제철 3~5월

원래 왕우럭조개라는 비슷한 조개를 먹었는데, 개체 수가 줄어들면서 가격이 비싸지자 대용품으로 코끼리조개를 먹게 되었다. 보통 회전초밥의 왕우럭조개는 캐나다 등지에서 수입된 코끼리조개를 쓴다. 껍데기에서 살을 분리해서 수관

① 껍데기를 벗기고 수관과 외투막·내장을 잘라서 나눈다

② 뜨거운 물과 얼음물에 담갔다가 껍질을 벗긴다

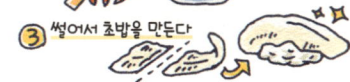
③ 썰어서 초밥을 만든다

부분을 살짝 데친 후 얇은 껍질을 제거한 다음에 썰어서 네타로 사용한다.

혼미루 本ミル

- 일본어명 미루쿠이
- 별칭 미루가이
- 영어명 Mirugai clam
- 제철 1~3월

원래 일본 전국에 분포했지만, 개체 수가 줄어들어 잡히지 않으면서 최고급품이 되었다. 성장 속도가 느려서 초밥 네타로 쓸 수 있는 크기가 되는 데는 10년 정도 걸려서 재생산 사이클을 쫓아가지 못하다 보니 멸종 위기종(p.91)에 해당된다. 수입품이나 코끼리조개, 미국 왕우럭조개와 같은 대체품이 왕우럭조개로 팔리는 일이 많아서, 이것과 구별하기 위해서 혼미루라고 부른다. 수관 부분만 초밥 네타로 쓰기 때문에 수율이 매우 나쁘고, 멸종 위기에 있는 데도 초밥은 사치스러운 방법으로 먹다 보니 상당히 미안한 마음이 든다. 오독오독 씹히는 식감과 조개 특유의 탄력이 있고 바다 향과 풍미가 입안 가득히 퍼지는 네타이다.

왼쪽 광어 오른쪽 가자미
左ヒラメ右カレイ

두 눈이 몸통 한 쪽에만 있는 광어와 가자미를 구분하는 방법을 나타낸 속담이다. 몸통의 거무스름한 쪽이 하늘을 향하게 두고 가슴지느러미를 아래로 향하게 두었을 때, 눈(또는 머리)이 왼쪽에 몰려있으면 광어, 오른쪽에 몰려있으면 가자미이다. 그러나 드물게 눈이 왼쪽에 몰린 가자미나 오른쪽에 몰린 광어도 있다. 광어도 가자미도 태어났을 때는 좌우대칭이었는데, 생후 20~40일 후에 눈이 각각 왼쪽과 오른쪽의 한쪽 방향으로 몰리기 시작하고 몸통색도 눈이 있는 쪽만 거무스름해진다. 눈이 움직일 때에 이동하는 쪽의 시신경이 반대 쪽 눈 위를 지나는 것이 광어, 반대로 눈 아래를 지나는 것이 가자미다. 또한 외형상 입이 크고 들쑥날쑥한 큰 이가 있고 눈이 평편하면 광어이고, 입이 작고 눈이 튀어나오면 가자미이다. 옛날 일본에서는 광어와 가자미를 구별하지 않았다. 에도시대 중기에는 광어와 가자미를 구별하지 않고 전부 가자미라고 불렀고, 에도에서는 큰 것을 광어, 작은 것을 가자미라고 불렀다. 광어나 가자미와 같이 좌우비대칭 생선을 이체류(Heterosomata)라 하고, 이런 종류는 세계에 600종류나 있다고 한다.

요코가에시 横返し

초밥을 쥐는 방법 중 하나로 고테가에시(p.52)의 별칭.

우라마키 裏巻き

안쪽이 김, 바깥쪽이 샤리인 김초밥. 해외에서 롤이라고 하면 보통의 김초밥보다 우라마키가 대부분으로, 다양한 종류의 롤을 먹을 수 있다. 김 위에 샤리를 골고루 편 후 김이 위, 밥이 아래로 향하게 뒤집고 김 위에 재료를 올려 돌돌 만다. 뒤집을 때에 김발과 샤리 사이에 젖은 면보나 랩을 대서 김발에 밥풀이 묻지 않도록 한다.

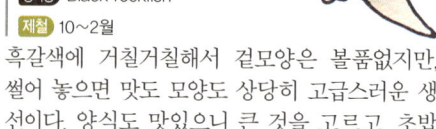

김이 안쪽 / 연어, 아보카도, 오이, 깨 등

우럭 黒ソイ

- 일본어명 구로소이
- 별칭 소이, 구로조이
- 영어명 Black rockfish
- 제철 10~2월

흑갈색에 거칠거칠해서 겉모양은 볼품없지만, 썰어 놓으면 맛도 모양도 상당히 고급스러운 생선이다. 양식도 맛있으니 큰 것을 고르고, 초밥은 감귤류+소금으로 먹어보기를 추천한다.

우메 차조기 김초밥 梅紫蘇巻き

두들겨서 으깬 우메보시와 차조기로 만든 호소마키(가늘게 만 초밥)의 김초밥이다.

우주식 宇宙食

닛신식품 홀딩스 주식회사(Nissin Foods Holdings Co, Ltd.)는 우주식으로 '유부초밥'과 '흩뿌린 초밥(스페이스 지라시)'를 개발했다. 흩뿌린 초밥 재료는 새우, 실크 완두, 표고버섯, 연어 후레이크, 덴부 등으로 80℃, 50ml의 따뜻한 물에 12분 정도 데워서 조리한다.

워싱턴 D.C. 벚꽃축제 全米桜祭り

워싱턴 D.C.에서 열리는 벚꽃축제 리셉션에서는 매년 일본 전국스시연합회에서 봉사활동으로 참가하는 초밥 장인이 초밥을 만든다.
HP : https://nationalcherryblossomfestival.org

우키요에 浮世絵

아사쿠사 마쓰노스시 본점

우타가와 도요쿠니(3대째)의 작품. 초밥통(스시오케)과 그 위에 초밥도시락(스시오리)을 포개서 초밥집을 막 나가려는 여성이 그려져 있다. 초밥통에 뚜껑이 있

〈모든 생선 제2집 모든 술안주〉
(스에히로 야스오, 조본사)

는 것을 보면 내용물은 누름초밥일 것이고, 초밥도시락에는 니기리즈시가 들어 있을 것으로 추측할 수 있다. 마쓰노스시는 후카가와(深川) 아타카롯켄보리(현재신오하시 근처)에서 창업했는데, 나중에 아사쿠사로 이전했다. 그림 속 여성의 발밑에 있는 나무통에도 '아사쿠사 헤이에몬정'이라는 글자가 보인다.

줄무늬 기모노를 입은 온나벤케이 마쓰노스시

우타가와 구니요시가 그린 '온나벤케이' 시리즈 중 하나. 여성이 초밥도시락에서 초밥을 꺼내고 아이가 그것을 달라고 조르는 모습이 그려져 있다. 도시락통과 그림의 상부에 있는 '마쓰노스시'라는 글자를 보면, 에도에서 가장 고급으로 일컬어지는 사카이야마쓰고로의 마쓰노스시 초밥을 그리고 있다는 것을 알 수 있다. 접시에는 새우 초밥과 2개의 달걀말이 초밥, 그 밑에는 청어 누름초밥이 그려져 있고, 여백에는 '어린 아이도 달리고 조르는 아타카의 마쓰노스시 펄럭이는 소매에 매달려'라고 적혀있다.

도쿄도립도서관 소장

교토 유명 요리집 엔엔정 나고야산자

1853년 작품으로 총 50장 시리즈 중 1장으로, 그림 앞쪽에 당시 인기 배우를 3대 우타가와 도요구니가 그렸고, 뒤쪽의 요리는 초대 우타가와 히로시게가 그렸다. 초밥통에는 전어사리, 다랑어, 도미, 달걀, 후토마키(굵은 김초밥) 등이 그려져 있다.

국립국회도서관 소장

교토 명소 다카나와의 민속행사 니주로쿠야마치의 유흥도

다카나와(高輪) 주변의 달구경 모습을 그린 초대 우타가와 히로시게의 작품. 덴푸라, 경단, 소바 등, 에도의 대표적인 먹거리를 파는 포장마차가 줄지어 있고 초밥 포장마차도 그려져 있다. 확대해서 봐야만 보이지만, 자세히 보면 초밥이 화과자처럼 진열되어 있다.

야마구치현립하기미술관·우라가미기념관 소장

미타테 겐지 꽃의 연회

3대인 우타가와 도요구니가 그린 1855년 작품. 꽃구경 요리 중에 초밥통에 들어있는 새우와 전어사리 초밥, 그 밑에는 달걀말이초밥(p.77)이 그려져 있다. 무라사키 시키부가 쓴『겐지 이야기』의 무대 설정을 헤이안 시대(794~1185년)에서 무로마치 시대(1336~1573년)로 옮겨서 쓴 류테이 다네히코의 작품『가짜 무라사키 시골 겐지』속에 삽입된 그림으로, 중앙에 있는 남성이 주인공 아시카가 미쓰우지로 겐지 이야기의 히카루 겐지에 해당하는 인물이다.

아지노모토 식문화센터 소장

명소 에도백경 사루와카 마을의 저녁 풍경

우타가와 히로시게가 그린 1856년 작품. 사루와카 마을은 아사쿠사 북동부로, 가부키 등을 공연하는 극장 시바이고야가 쭉 늘어서 있는 길 한가운데 작은 포장마차 초밥집이 그려져 있다. 덴포 개혁으로 인해 풍기문란을 조장한다고 여겨지던 시바이고야가 모여 있던 지역으로 시바이 마을이라고도 불렀다. 마을 이름은 가부키의 시조인 사루와카 간자부로에서 유래했다고 한다.

국립국회도서관 소장

윗살 上身

생선의 머리를 왼쪽에, 배를 아래로 두었을 때 위쪽으로 향하는 부분을 윗살, 아래쪽을 향하는 부분을 아랫살이라고 한다. 덧붙여 유통할 때 생선은 항상 왼쪽으로 머리를 향하게 둔다. 아랫살이 윗살 밑으로 깔리기 때문에 상처가 나기 쉽고 부서지기 쉽다. 그래서 윗살 쪽이 가치가 높고, 아랫살이 먼저 사용된다.

유리 김발 銀簾

은렴(銀簾)이라고 쓰고 일본어로는 긴스다레, 혹은 긴스라고 한다. 얇은 유리 막대기를 누에고치실로 묶어서 발처럼 엮어 만든 것으로, 초밥집의 네타박스에서 재료 밑에 깔거나 생선회를 담을 때 밑에 깔거나 한다.

유부초밥 稲荷寿司

초밥의 일종으로 달고 짭짤하게 조린 유부 속에 샤리를 채운 것. '오이나리상', '오이나리', '이나리'라고도 한다. 간토 지방에서는 쌀가마 모양(다와라가타), 간사이 지방에서는 삼각형으로 모양이 다르며, 또한 간사이에서는 흰깨와 당근, 표고버섯 등을 바짝 조려서 샤리와 섞기도 하는데, 이렇게 속 재료가 들어간 것은 '오목유부초밥(고모쿠이나리)'이라고도 한다.

쌀가마 모양은 간토식

유비키 湯引き

생선 껍질에만 뜨거운 물을 부어서 껍질을 먹기 편하게 익히는 기술로 가와시모(p.42)의 일종. 유시모(湯霜)라고도 한다. 일단 생선 토막의 껍질 부분을 위로 오게 해서 소쿠리에 담고 위를 면보로 덮는다. 그 위에 뜨거운 물을 부은 다음에 재빨리 얼음물에 넣어 살이 익지 않게 한다. 장식 칼집을 넣은 오징어는 뜨거운 물을 붓기 전에 얼음물에 넣어 두면 속까지 익지 않게 할 수 있다. 비린내를 잡기 위해서 뜨거운 물에 니혼슈를 섞기도 한다.

유자 柚子

초밥집의 향신료로 유자를 사용하는 경우에는 '후리유즈'라고 해서 껍질을 갈아서 솔(p.123)로 털어 네타 위에 뿌리거나, 껍질을 간 강판에 샤리를 가볍게 굴려 껍질 가루를 입혀서 초밥으로 만들기도 한다. 고치현에 전해지는 시골초밥 이나카즈시(田舎寿司)는 식초 대신에 유자즙으로 샤리를 만든다.

관련어 영귤(p.149)

유자소금 ゆず塩

유자 껍질의 노란색 부분을 건조해서 만든 분말에 소금을 섞어서 만든 조미료. 초밥 위에 소량을 뿌리기도 한다. 흰살 생선이나 새우, 오징어, 연어알과도 잘 어울린다.

갈아서 건조한 유자
소금

유자후추 柚子胡椒

고추와 유자 껍질, 소금을 갈아서 으깬 후 숙성시켜서 만든 조미료. 오이타를 비롯해 고치, 도쿠시마 등이 유자의 산지로 대부분의 유자가 이 지역에서 생산된다. 풋고추 또는 빨간 고추, 청유자 또는 노란 유자로 만든다. 풋고추와 청유자로 만드는 녹색의 유자 후추가 일반적이지만, 풋고추와 노란 유자로 만든 노란색 유자후추, 빨간 고추와 노란 유자로 만든 붉은색 유자후추도 있다. 생산지에서는 찌개나 생선회의 향신료로 사용하지만, 궁합이 맞는 식재료의 폭이 넓고 느끼한 음식도 산뜻하게 먹을 수 있어 구운 고기와 생선, 파스타 소스 등 다양한 요리에 쓰인다. 초밥 네타로는 꽁치, 꼬치고기, 잿방어, 연어 등 기름이 많은 흰살 생선, 등푸른 생선이나 불에 살짝 구운 네타와 잘 어울리고, 초밥에 소량만 올려서 먹기도 한다. 또한 유부초밥의 향신료로도 쓰인다.

유황종이 グリーンパーチ

별칭으로 파란 종이, 파치지라고도 한다. 생선을 싸서 보관하는 데 사용하는 녹색의 내수성 종이. 종이를 황산으로 처리함으로써 섬유를 변성시켜 내수성과 내유성이 있는 종이이다. 생선에서 나오는 피 색깔이 두드러지지 않고, 초록색으로 보기에도 좋다. 시장에서 중간 도매업자(p.176)가 사용하기도 하고, 숙성(p.125)을 위해 생선을 장기간 보관할 때도 사용한다.

은샤리 銀シャリ

백미로만 지은 간이 되어 있지 않은 밥. 원래는 전쟁으로 인한 식량난으로 어려운 시대에 감자나 잡곡 등을 섞어서 밥을 지었는데, 잡곡을 섞지 않은 백미로 지은 밥이 하얘서 은샤리라고 부르게 되었다. 지금은 초밥집만이 아닌 그냥 잘 지어진 하얀 밥을 은샤리라고 하는데, 초밥집에서는 샤리와 구별하기 위해 간을 하지 않은 보통의 밥을 은샤리라고 부른다.

은어 鮎

일본어명 아유 **영어명** Ayu
제철 6~8월

겨울에서 봄에 걸쳐 금어기인 여름철 생선이다. 신선한 은어는 날것으로 초밥을 만든다. 껍질을 벗겨 초밥을 만들어도, 껍질 채로 살짝 불에 구워도 맛있다. 은어를 식초로 절여서 만들기도 하고, 수고스럽지만 단맛 나게 조린 후 세 장 뜨기를 해서 만든 초밥도 맛이 일품이다.

은어 符牒

동업자끼리만 통하는 말. 초밥집에도 독특한 은어가 있다. 수를 나타내는 핀(1), 량(2)(p.127)이나 네타 등 주로 초밥에 관련된 것이 많다. 또한 시장에서도 중간 도매업자(p.176) 등이 상품을 구입하기 위한 가격이나 상품의 내용을 전달하기 위한 은어가 있다. 은어는 동일한 업종에서도 지역에 따라서 다르거나, 그 가게만의 특이한 것도 있다. 은어는 원래 손님 모르게 동업자들끼리 쓰는 언어이므로 알고 있다고 해서 손님이 사용하는 것은 세련되지 못하다고 생각되는 경우가 많은 것 같다.

은어 초밥 鮎ずし

은어로 만든 누름초밥. 은어가 잡히는 지역에서는 도처에서 은어 초밥을 만들지만, 만드는 방법은 지역마다 다르다. 은어의 등을 갈라 머리부터 꼬리까지 통째로 식초절임한 것이 많고, 특히 나라현 요시노강(吉野川)의 사쿠라 은어(桜鮎)나 구마모토현 구마강(球磨川)의 은어로 만든 에키벤이 유명. 와카야마현에서는 은어를 구운 후 단맛 나게 조려서 만든다. 히로시마현 미요시(三次)의 은어 초밥은 샤리 대신 콩비지를 사용하고 생강과 마 열매가 들어간다.

음식 배달통 岡持

요리를 운반하는 데 사용하는 뚜껑이 있는 통이나 상자. 이름의 유래는 '오케(桶)'라는 발음이 변해서 '오카(岡)'가 되었다거나, 모양이 산등

성이(오카)와 비슷하다고 하는 등 여러 가지 설이 있다. 초밥통의 손잡이는 손으로 드는 형태와 어깨에 걸치는 형태로 길이가 긴 것도 있다. 라멘이나 소바를 배달할 때 사용하는 사각형의 금속제 상자도 이에 속한다.

이리자케 煎り酒

간장과 마찬가지로 무로마치 시대부터 사용된 조미료로, 니혼슈에 우메보시를 넣고 끓여서 알코올을 증발시키고 바짝 조려서 만든다. 가다랑어나 다시마 등을 첨가하기도 한다. 초밥집에서 '그대로 드십시오'라고 권하는 경우에는 미리 니키리(p.70), 소금 등으로 조미한 것이 대부분이지만, 드물게 네타에 이리자케가 발라져 있는 것도 있다. 간장과 비교해서 염분을 줄일 수 있고, 간장 냄새가 없는 만큼 재료의 향을 살릴 수 있어서 흰살 생선, 오징어, 조개류, 다시마절임으로 만든 네타와 잘 어울린다.

이마다 히사지 今田壽治

1941에 군함말이를 고안한 초밥 장인으로, 도쿄 긴자의 초밥집 〈규베에(久兵衛)〉의 초대 점주. 그때까지 연어알은 초밥 네타로 쓰지 않았는데, 새로운 것을 먹어보고 싶다는 손님의 요구에, 그대로는 초밥으로 만들기 어려운 연어알을 초밥 네타로 쓸 수 있는 방법을 고안해냈다.

이소베야키 磯辺焼き

김을 말아서 구운 떡, 또는 김을 사용한 각종 구이요리. 초밥집에서는 가리비와 대게의 관자 등을 살짝 불에 굽고 간장을 찍어서 김으로 말아 술안주로 제공한다. 바다 향이 넘실거리는 일품이다.

이시카와현 石川県

일본 행정 구역 중 하나. 회전초밥집의 컨베이어 벨트 대부분이 이시카와현에서 제조된다.

이와쿠니즈시 岩国寿司

야마구치현 동부, 이와쿠니(岩国) 지방의 향토요리. 가쿠즈시(角寿司), 도노사마즈시라고도 불린다. 전용 나무틀 안에 샤리를 채운 후 달걀 고명, 단 식초에 담근 연근(스바스), 표고버섯, 오보로, 붕장어 등을 올리고, 이것을 겹겹이 쌓은 후 마지막에는 사람이 위에 올라가 눌러서 형태를 만든다. 삼치나 전갱이와 같은 생선을 샤리와 섞기도 한다.

*도노사마즈시(殿様寿司): 이와쿠니의 초대 번주가 전쟁에 대비해 만들게 한 초밥에서 유래

이즈시 飯寿司

이즈시라고 쓰고 '이즈시(いずし)' 또는 '이이즈시(いいずし)'로 읽는 일본해 쪽의 한랭지에 전해지는 겨울 향토요리. 연어, 임연수어, 빨간대구, 가자미, 청어 등의 생선에 소금을 뿌리고 양배추, 당근, 무, 순무와 같은 채소와 생강, 유자, 산초 등의 향신료를 섞어서 쌀누룩과 소금으로 절인 발효식품이다.

이케지메 活けじめ

생선의 선도 보존을 위해서 도미나 광어와 같은 중형 생선을 죽이는 방법이다. 활어 상태에서 뇌를 칼날 등으로 찔러 재빠르게 뇌사 상태를 만든 후 아가미를 절단해서 피를 전부 빼내고 피아노줄과 같은 얇은 도구로 척추를 통과시켜 신경을 죽인다. 꼬리를 잘라내고 물을 아가미쪽으로 부어 몸통을 통과시켜 꼬리쪽으로 빼내면서 피를 제거하고, 이케지메 도구로 꼬리 쪽에서 척추로 통과하는 방법도 있다. 이케지메 전에 활어조에서 생선의 속을 비우는 작업을 '이케고시(活け越し)'라고 하며, 이케고시를 하면 더 좋은 상태로 보관할 수 있다. 뇌사를 시키면 생선이 팔딱거리다가 상처를 입거나 감칠맛이 나는 부분이 떨어지거나, 혹은 젖산과 같은 피로물질이 쌓여 식감이 나빠지는 것을 방지할 수 있다. 또한 신경을 제거해 사후경직까지의 시간을 연장하면 식감의 변화가 서서히 일어난다. 잡균은 피를 좋아하므로 피는 가능한 한 깨끗이 제거한다. 맛있는 생선을 잘 이케지메한 것은 바로 먹기보다는 숙성을 시켜야 훨씬 맛있다.

이타마에 板前

일본 요리 기술을 몸에 익힌 요리사를 말한다. '이타(板)'는 도마라는 뜻인 '마나이타(まな板)'

의 이타로 그 앞, 즉 마에(前)에서 요리하는 사람을 '이타마에'라고 한다. 초밥도 일본 요리의 범주라서 이타마에 개념에 포함되지만, 업계에서는 완전히 다른 직종으로 간주한다. 일반적으로 이타마에라고 하면 초밥은 만들지 않는다.

인간력 人間力

'인간력'은 일본에서 만들어진 조어로 명확하게 정의된 개념은 없지만 '지적 능력적 요소', '사회·대인 관계력적 요소', 그리고 이 두 가지를 충분히 발휘하기 위한 '자기 제어적 요소' 등 사회생활을 하는데 필요한 종합적인 능력을 말한다. 요리업계에서는 요리만 잘하면 일류로 평가받지만, 초밥 장인의 경우에는 카운터에 서서 손님의 취향을 묻고 먹는 페이스에 맞춰 적절하게 대화에 참여해 손님들이 서로 편안한 분위기에서 식사를 하고 있는지, 음료에서부터 공조, 가게 구석구석까지 신경을 쓰면서도 절대 긴장한 모습을 드러내지 않는 종합적인 능력이 요구된다. 때로는 초밥과 전혀 상관없는 주제의 대화에도 자연스럽게 참여해야 하기 때문에 지식도 필요하다. 모르는 내용이라면 손님으로부터 이야기를 끌어낼 수 있는 대화 능력이 필요하다. 이처럼 항상 사람들에게 보여지고, 사람들을 보면서 하는 초밥집 장사를 요츠야(四谷) '스시쇼'의 나카자와 케이지는 저서 『초밥집의 인간력』에서 '초밥집은 '카운터' 장사다.'라고 하면서 손님과 초밥 장인의 관계뿐만 아니라, 중간 도매업자(p.176), 수련생과의 관계도 마찬가지라고 말하고 있다.

인로즈시 印籠寿司

간장, 맛술, 맛국물 등으로 달달하게 조린 오징어 몸통에 박고지(간표), 초생강, 깨 등의 재료와 샤리를 섞어 채운 초밥. 채운다는 뜻의 쓰메를 붙여 인로즈메라고도 한다. 인롱은 약 등을 휴대할 때 사용하는 작은 통으로 납작한 직사각형 모양을 하고 있고, 3단에서 5단 정도로 분할된다. 동그랗게 자른 인롱 초밥이 그 모양과 비슷한 데서 유래되었다. 제2차 세계대전 전에는 에도마에즈시 초밥집에서 자주 만들곤 했는데, 지금은 보기 어렵다.

일본식 우엉조림 山ゴボウ

엉겅퀴의 뿌리. 초밥에는 된장에 절인 것을 사용한다. 후토마키의 재료도 되고, 대계근과 흰깨, 차조기를 넣은 호소마키를 만들어 술안주로 삼기도 한다. 어렸을 때 나는 잘 못 먹었는데, 먹다 보니 강한 향에 익숙해져서 술을 마시면서부터는 오히려 아주 좋아하는 음식이 되었다.

잡어 초밥	전복	조릿대
장식 칼집	전어	조릿대 장식
장난감	전어 김초밥	조릿대 초밥
장식 후토마키	젓가락	죠로즈시
장염비브리오	젓갈	주마키
재료 구입	정어리	주토로
잿방어	제철	중간 도매업자
전갱이	조개까기	쥐노래미
전갱이 김초밥	조개 외투막	쥐치
전갱이 콩비지 초밥	조개 외투막 오이 김초밥	진가사
전국스시연합회	조리복	쪽파

잡어 초밥 ジャコ寿し

와카야마현 기노가와(紀の川) 지역에서 만드는 향토요리. 기노가와 강에서 잡힌 민물고기를 구운 다음에 단맛에 조려서 샤리 위에 올린 초밥이다.

장식 칼집 飾り包丁

초밥을 아름답게 만들고, 니키리나 쓰메 소스 (p.137) 등의 맛이 잘 스며들게 하기 위해 네타에 넣는 칼집을 장식 칼집이라고 한다. 장식 칼집을 넣는 방법에 따라 같은 종류의 생선이라도 전혀 다른 초밥으로 변해서 보는 즐거움을 준다.

장난감 おもちゃ

OH! 초밥게임

플라스틱으로 만든 초밥 48개가 한 세트인 장난감. 네타는 다랑어, 오징어, 연어, 전갱이 등 8종류가 있고, 젠가게임처럼 초밥을 쌓아올린 탑에서 초밥을 하나씩 빼서 위로 올리는 등 놀이 방법이 10가지나 된다.

캡슐토이

초밥 모양의 캡슐토이 '기다립쇼! 초밥 만드는 초밥 장인'은 초밥을 만들 수 있는 장난감으로 합성수지로 된 작은 알맹이의 점토 샤리를 뜯어서 샤리를 만들어 네타와 함께 쥐면 초밥이 완성된다. 한편 '초밥 주머니'는 회전초밥집의 초밥 그림이 있는 주머니다. (2018년 발매)

©LAY UP

©에일

©EPOCH

장난감

©T-ARTS

조물조물 집에서 회전초밥
가정에서 회전초밥을 만들 수 있는 장난감. 부속되어 있는 레일을 깔고, 그 레일 위를 초밥이 담긴 접시를 끌고 배가 달린다. 접시에 올릴 초밥도 생각해야 해서, 놀면서 잠재력을 끌어내기에 좋은 장난감이다.
※생산이 중단된 상품이다.

나와라 뚝딱! 초밥
가정용 초밥 만드는 도구. 틀에 밥을 넣고 위에서 살짝 누른 후 네타를 올려 누름틀에 넣고 다시 살짝 누르면 10개의 초밥이 초밥 담는 게타 위에 세팅된다. 가족용으로 인기가 있다.

©주식회사 아케보노산업

네테마스시
게임 애플리케이션. '네테마스시'는 아무도 먹어주지 않아서 성불하지 못한 불완전하고 가엾은 초밥들이다. 네테마스시는 누군가 먹어주기를 바라기 때문에, 게임에서는 네테마스시를 키워서 초밥으로 완성시킨다. 초밥이 되면 요괴들이 먹어주기 때문에 초밥들이 성불할 수 있다는 설정이다.

©PlatinumEgg Inc., HARAPECORPORATION Inc.

장식 후토마키 飾り巻き

핑크는 오보로, 오렌지나 초록은 날치알, 보라는 유카리와 같은 다양한 색깔의 재료를 후토마키 속에 넣어서 계절 꽃과 동물 등의 모티브를 만든 초밥. 입춘 전날의 귀신, 히나인형, 고이노보리(잉어 깃발)와 같은 일본 전통 행사와 관련된 것을 비롯해 호빵맨, 도라에몽, 미니언 등의 캐릭터, 할로윈의 호박, 크리스마스의 산타클로스 등 다양한 모양을 즐길 수 있다. 이미 음식의 영역을 벗어나 예술이라고 할 수 있는 작품을 만드는 사람도 있다.

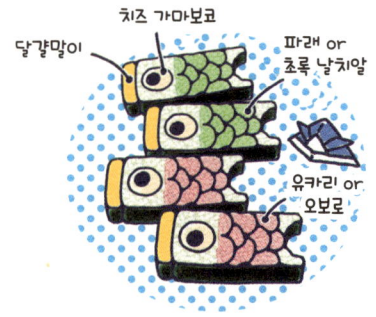

장염비브리오 腸炎ビブリオ

바닷물에서 서식하는 세균. 정식 학명은 Vibrio parahaemolyticus(비브리오 파라헤몰리티쿠스)이고, 호염성의 그람 음성 간균의 일종이다. 장염비브리오에 오염된 어패류를 날로 먹어서 감염으로 발생하는 식중독을 장염비브리오 식중독이라고 한다. 잠복 시간은 6~12시간으로, 심한 복통을 동반하는 설사와 구토, 발열 등의 증상이 나타난다. 보통 2~3일이면 회복되지만, 면역력이 약한 환자 등은 사망하는 경우도 있다. 저온과 담수에 약하기 때문에 날 생선을 조리하기 전에 차가운 담수로 씻고, 토막 낸 것은 냉장고에 보관하는 등 적절한 조리를 하면 감염은 예방할 수 있다.

재료 구입 仕入れ

소비자나 소매업자에게 판매하는 것을 목적으로 도매업자한테 구입하는 일. 재료를 개별적으로 구입하는 초밥집은 어시장(p.143)까지 나가서 직접 보고 생선을 구입하는 형태와 특정 도매업자에게 미리 주문을 넣은 후 배달로 받는 형태, 그리고 두 가지 방법을 섞은 형태로 이루어진다. 대형 체인점은 일괄적으로 구입해서 가공센터 같은 곳에서 재료를 손질하기도 한다.

잿방어 間八

- 일본어명 간파치
- 별칭 아카하나, 간파
- 영어명 Greater amberjack
- 제철 9~10월

성장함에 따라 이름이 변하는 출세어(p.186)이면서 지역에 따라서도 명칭이 다르기 때문에 여러 가지 이름으로 불린다. 일본어 한자는 간팔(間八)이나 간팔(勘八)이라고 쓰는데, 이름의 유래는 이마에 있는 갈색의 팔(八)자이다. 방어 종류 중에서 방어나 부시리와 함께 '방어 세 가문(ブリ御三家)'이라고 한다. 전갱이과에서는 부시리 다음으로 크고, 성어는 길이가 1m나 된다. 초밥용은 '시옷코(汐っ子)'라고 불리는 길이 30~40m 정도의 잿방어를 사용한다. 신선한 자연산을 손질한 후 며칠간 숙성시킨 것은 풍미가 꽉 찬데다 지방이 담백하다. 양식은 일 년 내내 맛에 큰 변화가 없다.

전갱이 鯵

- **일본어명** 마아지
- **별칭** 혼아지, 히라아지, 노도구
- **영어명** Horse mackerel
- **제철** 5~9월

옛날에는 식초절임을 해서 사용했지만, 지금은 날로 먹는 게 주류이다. 맛이 좋아서 아지로 불린다는 설이 있을 정도로 전갱이 토막을 소금물에 담갔다가 그대로 먹어도 맛있다. 작은 것은 통째 생선초밥(p.194)으로, 중간 크기 정도는 네타로 썰어서 초밥용으로 사용한다. 대파, 차조기, 생강, 감귤과 같은 향신료와도 궁합이 잘 맞고, 어떤 모습으로 제공될지를 기대하는 즐거움도 있다. 효고현 아와지를 비롯한 호요해협에서 어획하는 오이타현 사가노세키의 세키전갱이(세키아지), 에히메현 사다미사키 반도의 하나전갱이(하나아지)가 있고, 그밖에도 기름기가 많은 시마네현 하마다항의 돈칫치전갱이 등 각 지역의 브랜드가 있다.

전갱이 김초밥 鯵巻き

전갱이와 오이, 차조기, 초생강, 깨 등을 샤리 없이 김으로 말아 먹는 술안주이다.

관련어 전어 김초밥(p.172)

전갱이 콩비지 초밥
おまん寿司

시마네현 이와미(石見) 지방에 전해지는 향토요리로 샤리 대신에 콩비지를 사용한다. 등을 가른 전갱이를 식초절임하고, 그 식초를 넣고 볶은 콩비지, 대마씨, 생강 등을 전갱이로 감아 가볍게 눌러서 만든다. 에도시대에 니혼바시와 교바시 사이에 콩비지로 만든 초밥을 파는 가게가 있었는데, 그 가게 여주인이 '오만'이라는 이름으로 인기가 있어 그 초밥집을 '오만즈시'라고 불렀다. '오만즈시'라는 이름은 여기서 유래되었다고 한다.

식초에 절인 전갱이
샤리 대신에 콩비지

전국스시연합회
全国すし連

정식 명칭은 전국스시상생활위생동업조합연합회로 초밥 가게의 조합이다. 일본 각 지역과 워싱턴, 이탈리아 밀라노 조합으로 이루어져 있고, 2만 명이 넘는 회원으로 구성된 초밥업계의 가장 큰 단체이다. 전국에서 사용 가능한 스시 쿠폰 발행, 전국 스시 기술대회 개최, 스시 검정시험 등을 통해 업계의 발전과 일본 문화의 진흥에 기여하고 있다.

전복

전복 鮑 (あわび)

참전복 蝦夷鮑 (えぞあわび)
- **일본어명** 에조아와비
- **별칭** 아이베 **영어명** Ezo abalone **제철** 11~1월

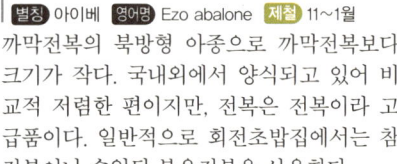

까막전복의 북방형 아종으로 까막전복보다 크기가 작다. 국내외에서 양식되고 있어 비교적 저렴한 편이지만, 전복은 전복이라 고급품이다. 일반적으로 회전초밥집에서는 참전복이나 수입된 붉은전복을 사용한다.

까막전복 黒鮑 (くろあわび)
- **일본어명** 구로아와비
- **별칭** 오가이 **영어명** Disk abalone
- **제철** 6~8월

원래 전복은 까막전복을 말하는 것으로 미미가이과(ミミガイ科)에 속하는 3종류의 큰 전복 중에 이 종류를 오가이(オガイ)라고 부른다. 어획량이 적다 보니 최고급품이다. 날로 먹기에 가장 맛있는 전복으로 알려져 있으며, 초밥으로 만들 경우에는 얇게 썰어서 씹기 쉽게 칼집을 낸다. 물론 술찜을 해도 맛있다. 술찜용으로 두껍게 썬 것은 초밥집의 단골 술안주다.

왕전복 眼高鮑 (まだかあわび)
- **일본어명** 마다카아와비
- **별칭** 마다카, 메다카 **영어명** Giant abalone
- **제철** 6~8월

날것보다 가열하는 편이 맛있는 전복. 술 찜을 해서 날것보다 조금 두껍게 썬 것을 초밥으로 만든다. 내장을 같이 먹으면 가장 맛있다.

말전복 雌貝鮑 (めがいあわび)
- **일본어명** 메가이아와비
- **별칭** 메가이, 메히라
- **영어명** Siebold's abalone **제철** 6~8월

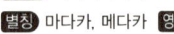

왕전복과 마찬가지로 가열하는 편이 맛있다. 전복은 성게처럼 해조류를 먹기 때문에 성게와 궁합이 좋다. 말전복 네타 위에 성게를 살짝 구워 올리거나 내장을 성게와 무쳐서 올리기도 한다.

전어 小肌 (こはだ)
- **일본어명** 고하다

성장하면서 이름이 변하는 출세어인 대전어(p.78)와 같은 어종 중에서 크기가 대략 7~11cm인 전어를 말한다. 1마리로 초밥 1개, 혹은 한쪽 생선살로 초밥 1개를 만들기에 딱 좋고, 칼질이나 밑손질 면에서도 가장 다루기 쉽다. 그래서 고하다보다 커지면 취급하는 가게가 줄어든다. 전어는 에도마에즈시의 네타로, '초밥은 전어사리로 최후의 일격을 가한다'(속담, p.123)라는 속담도 있다. 절임의 정도는 물론이고 샤리의 변화, 생선살과 껍질의 선명한 대비를 만드는 장식 칼집 등 초밥 장인의 시고토를 볼 수 있는 네타라서 초밥을 좋아하는 사람이 매력에 빠질 수밖에 없는 생선이다. 최근 샤리에 적초(p.133)를 사용하는 가게가 늘고 있는데, 전어사리를 절일 때도 적초를 사용하기 시작했다.

전어 김초밥 小肌巻き (こはだまき)

전어와 오이, 차조기, 초생강, 깨 등을 샤리 없이 김으로 말아서 만든 술안주.

관련어 전갱이 김초밥(p.171)

젓가락 箸
はし

젓가락으로 초밥을 먹을 때도 손으로 초밥 먹을 (p.123) 때와 마찬가지로 젓가락이 초밥과 평행하도록 초밥을 들면 보기에도 좋고 초밥의 모양을 유지하면서 먹을 수 있다. 니키리(p.70)나 소금이 올려 있지 않는 초밥의 경우에는 젓가락으로 초밥을 몸쪽으로 90도 회전시키고, 젓가락 사이에 네타와 샤리를 낀 상태에서 간장을 네타 끝에 살짝 찍으면 깔끔하게 먹을 수 있다.

젓갈 塩辛
しお から

어패류의 내장에 소금을 넣고 잘게 썬 살을 넣어서 발효시킨 저장식품. 보통 단순히 젓갈이라고 하면 오징어로 만든 것을 말하지만, 가다랑어로 만든 슈토(酒盜)를 비롯해 새우, 문어, 정어리, 멍게와 같이 다양한 재료가 사용된다. 초밥집에서는 술안주로 제공되기도 하고 군함말이나 김초밥을 만들기도 한다.

정어리 鰯
いわし

- **일본어명** 마이와시
- **별칭** 나나츠보시
- **영어명** Japanese sardine
- **제철** 5~10월

일본에서는 몸통 측면에 검은 점이 있어서 나나츠(일곱 개)의 호시(별)라는 뜻으로 나나츠보시라고도 한다. 제철인 장마 시기의 정어리는 장마라는 뜻의 쓰유와 뉴바이를 붙여 쓰유이와시, 뉴바이이와시라고도 불리며 생선가게의 특별 상품이 된다. 제철의 기름기 도는 신선한 정어리는 날것으로, 그저 그런 것은 식초로 절이는 것을 추천한다. 향신료는 생강과 차이브가 일반적이지만, 차조기나 영귤, 살짝 구워서 감귤과 함께 먹는 등 정어리 맛을 즐기는 방법은 다양하다.

제철 旬
しゅん

채소, 과일, 어패류가 일 년 중 가장 맛있는 시기. 수확이 가장 많은 시기를 말하기도 하지만, 맛있는 시기와 가장 많이 잡히는 시기가 일치하지 않는 식재료도 있다. 일반적으로 생선은 번식기 전에 기름이 오르고, 산란기에는 알에 영양을 빼앗기기 때문에 대부분의 생선은 산란 전이 제철이라고 한다. 초밥 네타에는 다랑어와 같이 일 년 내내 가게에서 볼 수 있는 생선도 있지만, 제철에만 먹을 수 있는 재료도 있어 이를 알아두면 자신도 모르게 제철 식재료에 이끌려 초밥집에 가고 싶어질 것이다.

조개까기 貝むき

조개껍데기에서 조갯살을 떼어내기 위한 도구. 조개껍데기에 맞춰 움직이면서 조갯살에 상처가 나지 않게 관자를 잘라낸다.

조개 외투막 貝ヒモ

보통 조개 외투막이라고 하면 피조개의 외투막을 말한다. 껍데기를 제거한 후에 소금으로 문질러서 미끈거림을 제거한 후에 수분을 닦아내어 밑손질을 해둔다. 북방조개나 키조개 등 피조개가 아닌 조개 외투막도 손질방법은 비슷하다. 외투막만으로 초밥을 만들거나, 가운데를 김 띠로 묶은 초밥, 군함말이, 오이를 넣은 조개 외투막 오이 김초밥(p.174)을 만들거나 한다. 초밥으로 만들지 않을 때에는 생선회, 술찜, 버터구이, 꼬치구이, 참마무침(도로로아에) 등 금방 맛깔스러운 술안주로 변신한다.

조개 외투막 오이 김초밥
ひもきゅう巻き

피조개 등의 조개 외투막 부분과 오이를 넣어 만든 김초밥. 외투막이 많을 경우에는 조개 외투막과 오이만 넣고 샤리 없이 만드는 호사스러운 김초밥도 괜찮다.

조리복 白衣

업무용으로 착용하는 흰색 위생복을 말하며, 업종에 따라 그 모양이 다르다. 초밥집의 백의만 봐도 칼라의 유무, 소매 길이, 색깔 등 다양하지만, 물일을 하기 쉽게 보통 반소매에서 칠부 소매로 되어 있다. 칼라가 있는 백의를 입는 경우에는 안에 와이셔츠와 감색 등의 심플한 넥타이를 맨다.

조릿대 笹

옛날부터 엽란(p.149)을 초밥을 싸거나 초밥 밑에 깔거나 초밥과 초밥 사이를 구분하는 장식으로 조릿대를 사용했다. 엽란에는 벤조산나트륨(Sodium Benzoate)이라는 항균작용 성분이 있어서 잡균의 증식을 억제하는 작용을 한다.

조릿대 장식 笹切り

조릿대를 칼로 잘라서 새우나 학, 거북이와 같은 형태를 만든 것이다. 에도시대의 배달 초밥에는 주문한 집의 문장인 가문을 조릿대 장식으로 만들어 표시한 가게도 있었다고 한다. 조릿대 장식은 초밥 장인이 습득하는 기본 기술 중 하나로 전국초밥기술대회에도 조릿대 장식 경기가 있다.

조릿대 초밥 笹寿司

초밥을 얼룩 조릿대로 감싼 향토요리로 이시카와현, 나가노현, 니가타현에서 만들었는데, 만드는 방법은 이시카와와 나가노·니가타가 다르다. 이시카와현은 조릿대 2장을 십자로 겹치고 가운데에 샤리와 식초로 절인 생선을 얹은 후에 조릿대로 감싸서 눌러 만드는 누름초밥이다. 한편, 나가노·니가타에서는 1장의 조릿대에 샤리를 담고 그 위에 재료를 올려서 누르지 않고 만든다. 재료는 지역이나 가정에 따라 다양하며, 기본적으로 조린 산채, 당근, 톳, 유부 등을 얹는다.

죠로즈시 女郎寿司

샤리에 비해 네타가 너무 큰 초밥. 네타가 접시에 놓인 상태가 길게 깔린 기모노 자락을 질질 끌고 있는 것처럼 보여서 그렇게 부른다. 균형이 안 맞고 격이 없어 보인다고 하지만, 샤리가 적은 초밥을 즐기는 손님도 있고, 큰 네타를 간판으로 내건 가게도 있어서 각자의 취향이라고 할 수 있을 것 같다. 한편 샤리가 많은 초밥도 죠로즈시라고 부르기도 한다. 죠로즈시는 죠로(유녀)의 얼굴에 하얀 분을 두껍게 바른 것에 비유한 이름이다.

주마키 中巻き

김 1장을 가로로 길게 펴서 만드는 후토마키보다는 얇은 중간 굵기의 김초밥이다. 기본 네타는 붕장어, 달걀, 오보로, 박고지, 표고버섯, 파드득나물 등이다.

주토로 中トロ
ちゅう

다랑어의 중간뱃살을 말하며 토로 중에서도 오토로에는 미치지 못하는 부위. 둘 다 엄밀하게 구분하는 기준은 없다. 주토로는 지방이 많은 다랑어라면 등과 배 양쪽에서 모두 얻을 수 있다. 황다랑어처럼 지방이 적은 다랑어의 경우에는 보통 대뱃살과 중뱃살에서 얻을 수 있다. 주토로를 얼마나 얻을 수 있는지는 개체에 따라 크게 차이가 있다.

중간 도매업자
仲卸業者
なかおろしぎょうしゃ

채소와 과일, 수산물, 고기, 꽃 등의 도매시장에서 경매를 통해 도매업자한테 식자재를 사서 적당한 크기로 자르거나 양을 소분한 다음 소매점이나 음식점에 판매하는 중간 도매업자. 시장 안에서 판매하는 것 말고도 시장 밖에서 의뢰받은 점포에 배달도 한다. 현지법인에 따르면 경매에 참가하기 위해서는 시장 개설자(도쿄도 중앙 도매시장인 경우에는 도쿄도지사)의 허가가 필요하다. 그러나 모든 식자재에서 경매가 이루어지는 것은 아니다. 매매 당사자끼리의 교섭으로 상장을 고려해서 가격을 설정하기도 한다. 또한 입찰이라고 해서 중간 도매업자가 종이에 가격을 기재해서 제출하면 가장 비싼 가격을 쓴 업자가 구매하는 시스템도 있다. 수산물의 중간 도매업자는 폭넓게 다양한 종류를 취급하는 업자와 다랑어 전문점, 조개 전문점과 같은 전문점이 있다. 초밥집은 여러 종류의 생선을 구입할 필요가 있기 때문에 몇 개의 중간 도매업자의 점포를 돌면서 구입하는 경우와 특정 중간 도매업자에게 주문해서 필요한 생선만 받는 경우가 있다.

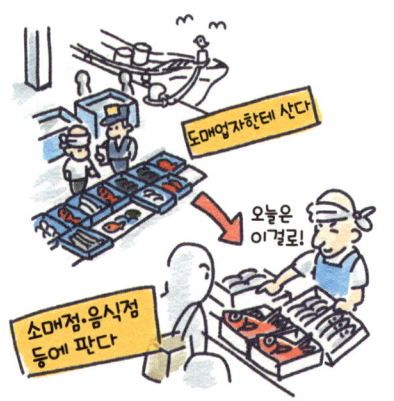

쥐노래미 鮎魚女
あいなめ

- **일본어명** 아이나메
- **별칭** 아부라메, 아부라코, 시쥬
- **영어명** Fat greenling
- **제철** 3~7월

모양은 그다지 먹음직스러워 보이지 않지만, 생선살은 왕벚나무의 꽃잎처럼 말갛고 아름다운 색이다. 흰살 생선인데 비해 단맛과 지방이 있으며, 소금이나 감귤 간 것을 곁들여 먹으면 생선의 감칠맛을 한층 더 즐길 수 있다. 껍질 주위에 감칠맛이 많으니 껍질을 살짝 불에 구워 먹어도 맛있다. 서덜탕은 매우 고급스러운 맛으로, 고급 요리집에서는 갈분가루를 묻혀서 끓는 물에 데친 생선토막으로 맑은 국을 만들기도 한다.

쥐치 鮍

- **일본어명** 가와하기
- **별칭** 하게, 하기, 우시즈라, 가와무키
- **영어명** Thread-sail filefish
- **제철** 7~12월

좀 못생긴 얼굴에 비늘도 없어서 처음 보면 맛없게 생겼지만 한번 그 맛을 알아버리면 생각이 확 달라진다. 둥글둥글 포동포동한 몸으로 씰룩씰룩 헤엄치는 모습이 귀엽다. 겉껍질은 손으로 쉽게 벗길 수 있어서 가와(皮)는 껍질, 하기(剝ぎ)는 벗기다라는 뜻을 사용해 가와하기가 되었다. 속껍질은 칼로 제거한다. 가운데 뼈는 핀셋으로 제거하지 못해서 세 장 뜨기로 몸통을 세로로 잘라야 하기 때문에 수율(p.125)이 낮다는 것이 유일한 결점이다. 쥐치는 별미인 생선으로 초밥은 썬 간을 올리거나 회와 무치기도 하고, 간장을 이용해 술안주를 만든다. 간이 커지는 가을에서 겨울이 제철이다.

진가사 陣笠

초밥집 은어(p.162)로 표고버섯을 말한다. 무로마치 시대 이후 전쟁의 진영에서 사용되다가 나중에 무사의 외출용 삿갓으로 썼다. 표고버섯이 삿갓과 닮았다고 해서 전쟁터에서 쓴 삿갓을 의미하는 진가사라고 부른다.

쪽파 万ネギ

반노네기(万能ネギ)의 약자. 주로 등푸른 생선 초밥의 향신료로 쓰인다. 일반적으로 잘게 썬 것을 네타 위에 올린다. 간장을 찍어야 할 경우에는 쪽파가 떨어지는 것을 막기 위해 샤리에 쪽파를 묻혀서 쪽파가 네타와 샤리 사이에 오도록 하는 방법도 있다. 고급가게에서는 쪽파보다 차이브(p.180)를 많이 사용한다.

차	초밥(鮨)
차부리	초밥(寿司)
차완무시	초밥 도시락
차이브	초밥의 달인
차조기	초밥 장수 노래
차 컵	초밥 장인 소개소
참깨	초밥 장인 양성학교
참문어	초밥통
찻수건 초밥	초생강
채반	출세어
채소 초밥	측면
초밥(鮓)	

차 あがり

아가리는 초밥집에서 쓰는 은어로 차를 말한다. 원래는 에도시대의 유곽에서 사용하던 말로 갓 우려낸 차를 '아가리바나' 등으로 부르던 데서 유래했다. 따뜻한 차는 생선 기름과 비린내가 나는 혀를 깨끗이 헹궈낼 수 있기 때문에 틈틈이 차를 마시면 재료 하나하나의 풍미를 더 깊게 느낄 수 있다.

차부리 茶ぶり

녹차를 사용해서 시모후리(p.131)하는 것을 차부리라고 한다. 해삼류와 문어 비린내를 제거하기 위해서 사용하는 방법이다. 해삼류의 경우에는 얇게 썰어서 차부리한 해삼류를 조미한 식초에 담근다. 차부리한 해삼이라고도 불리며, 초밥집에서는 붕장어나 미역귀, 굴, 무즙 등과 섞어서 자주 등장하는 술안주이다. 문어의 경우에는 보통 소금을 넣은 것으로 삶는다.

차완무시 茶碗蒸し

차완무시는 인기도 있고, 간단하게 만들면 원가가 싸서 초밥집에서는 이익률이 높은 대표 상품이다. 한편 가게에 따라서는 새우나 복어처럼 네타로 썼던 어패류를 사용하거나 야채를 더해 국물을 내는 등 창의력을 발휘하기도 한다. 성게나 시라코를 재료로 사용하거나, 뚜껑을 열면 샤스핀이나 호쿠리쿠 지방에서 잡히는 암 대게 고바코가니(香箱ガニ)의 알이 토핑되어 있거나 보석상자와 같은 차완무시를 제공하는 가게도 있다.

차이브 浅葱

대파와 비슷한 채소로 대파보다 색이 옅기 때문에 아사츠키라고 하며, 오징어나 흰살, 등푸른 생선, 네기토로 등에 향신료로 사용된다. 맛은 쪽파보다 매운맛이 강하고 생강과 같이 다지거나 잘게 썬 것을 초밥 위에 올린다.

차조기 シソ

꿀풀과 들깨속의 식물. 산지는 인도, 중국, 동남아시아 등지라고 한다. 청차조기의 잎은 별칭 오오바(大葉)라 하고, 다양한 어패류와 어울려서 초밥의 향신료나 생선회에 곁들이는 쓰마와 같이 여러 가지 용도로 사용된다. 차조기에 작은 꽃이 다닥다닥 붙은 부분을 화수(花穂), 꽃이 피기 시작한 상태에서 딴 것을 '차조기 꽃(하나호지소)', 꽃이 지고 열매가 열린 상태에서 딴 것을 '차조기 열매(호지소)'라고 하는데, 전부 생선회에 곁들이는 쓰마로 사용한다. 꽃 색깔은 청차조기가 흰색, 적차조기는 자줏빛이다. 또한 차조기의 어린잎은 메지소라 하고, 청차조기의 어린잎은 '아오메(青芽)', 적차조기의 어린잎은 '무라메(紫芽)'로 모두 생선회의 쓰마로 쓴다.

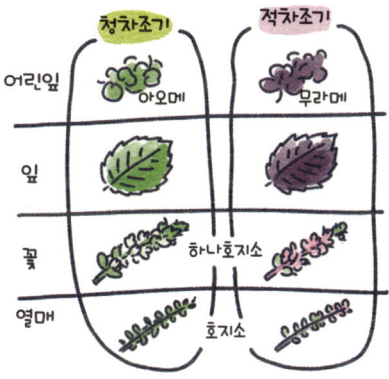

차 컵 湯呑み

초밥집의 차 컵은 크고 두껍다. 이유는 포장마차를 혼자 운영하는 주인이 차를 다시 채워줄 여유가 없었기 때문이라고 한다. 또한 초밥집에서 제공되는 차는 예로부터 분말차를 사용하는데, 뜨거운 물에 녹여야 하는 분말차는 컵이 얇으면 뜨거워서 손으로 들 수 없기 때문이기도 하다.

참깨 ゴマ

거의 모든 식재료와 어울린다 해도 과언이 아닌 재료이다. 초밥에 사용되는 식재료 중에서도 샤리, 김과 같은 주재료에서부터 차조기, 생강, 오이와 같은 부가 재료까지 어떤 재료와 조합해도 맛있는 만능 재료이다. 어패류 중에서는 특히 등푸른 생선이나 흰살 생선, 오징어와 궁합이 좋다. 참깨는 참깨과의 한해살이풀의 종자로 일본에서 유통되는 참깨의 99.9%는 수입품이다. 일본은 규슈 남부가 주요 산지이다. 불포화

지방산·단백질·탄수화물·비타민·미네랄·식물성섬유와 같은 영양소가 풍부하지만, 껍질이 딱딱해서 빻지 않으면 대부분의 영양을 흡수하지 못한다. 그런데도 초밥에 사용하는 경우, 우선 깨소금은 사용하지 않는다. 이유는 모르지만, 톡톡 튀는 식감과 참깨 껍질의 맛 자체가 초밥에서 놓칠 수 없는 중요한 요소이고, 빻았을 때 생기는 혀의 감촉과 내부의 맛이 초밥에는 잘 어울리기 때문이다.

참문어 水蛸

일본어명 미즈다코
영어명 홋카이다코
英 North Pacific Giant Octopus
제철 11~3월

도호쿠, 홋카이도 북쪽의 동해에 서식하는 문어 종류 중 가장 큰 문어. 아주 크다 보니 어시장에서는 다리 하나씩만 잘라서 '문어 다리(다코아시)'로 판매된다. 빨판과 겉의 껍질을 회칼로 벗겨서 시모후리(p.131)로 밑손질하는데, 빨판을 제거하지 않고 자르는 가게도 있고 저온에서 아주 약하게 익히는 가게도 있다. 잘 섭히게 칼턱으로 두드리거나 보이지 않게 칼집을 넣기도 하지만, 아예 화려하게 장식 칼집(p.168)을 넣는 가게도 있다. 소금+감귤류, 폰즈와 빨간 무청이 잘 어울린다. 문어 다리는 빨판과 껍질을 벗긴 경우에는 똑같이 시모후리해서 감귤류와 무치거나 초무침이나 초된장으로 먹을 수 있어서 실제 수율(p.125)이 100%이다.

찻수건 초밥 茶巾寿司

일본어로 자킨즈시라고 하고 별칭으로 '주머니 초밥(긴차쿠즈시)', '보자기 초밥(후쿠사즈시)'이라고도 한다. 도쿄 아카사카의 유쇼쿠(有職)라는 가게의 창업자가 다이쇼 시대에 황실의 궁가인 후시노미야케(伏見宮)에서 주최한 락쿠고(落語) 차노유(茶の湯) 공연 중에 이 초밥을 제공했는데, 크게 만족한 황족이 '자킨'이라는 이름을 붙여준 데서 유래했다고 하는데, 에도시대 요리책인 『명반부류(名飯部類)』(1802년)에도 '자킨즈시'라는 단어가 있는 걸보면 이전부터 만들어지고 있었다고 생각된다. 간토풍인 정사각형의 달걀말이용 프라이팬을 사용해서 달걀지단(p.78)을 만들고, 지단으로 잘게 자른 김, 오보로, 표고버섯, 흰깨 등을 섞은 샤리와 데친 새우와 밤 등을 보자기처럼 싸서 완성한다. 가게에 따라서는 간 레몬 껍질이나 산초 쓰쿠다니 등 톡 쏘는 재료를 넣기도 해서 맛마다 개성이 있고, 모양도 주머니 모양과 보자기 모양에 차이가 있다. 또한 다시마나 데친 파드득나물로 묶거나 대꼬챙이로 고정하는 등 마무리 방법도 조금씩 다르다.

채반 ざる

초밥집에서 사용하는 대나무를 엮어 만든 채반은 밑이 얕고 평편한 소쿠리란 뜻에서 본자루라 불리며, 모양은 둥근형과 모서리가 둥근 정사각형으로 크기가 다양하다. 일반적인 물을 빼는 것 외에도, 생선에 소금을 뿌려 절일 때나 껍질에 뜨거운 물을 부어 유비키(p.161)를 할 때도 사용한다.

채소 초밥 ベジ寿司

생선이 아닌 채소로 만든 초밥. 아보카도, 새송이버섯, 팽이버섯, 무순, 가지, 파프리카, 오크라, 꽃양배추, 단무지, 오이 등 다양한 채소로 초밥을 만들 수 있다. 최근 일본을 찾은 관광객이 단체로 초밥집을 방문하는 일이 많아지면서 손님 중 일부가 채식주의자이다 보니 어떤 가게에서는 채소 초밥 코스를 만들어 판매하기도 한다.

초밥 도시락

초밥 鮓

초밥을 표현하는 한자 중 하나로 중국에서 일본으로 전해질 당시의 나레즈시(p.60)를 나타내는 중국의 옛 한자. 중국에서 세 번째로 오래된 사전인 『석명(釋名)』에 '자(鮓)란 저(菹)(절임 음식)라는 뜻', '자(鮓)란 소금과 쌀로 빚은 절임 음식으로 숙성되면 먹는다'고 적혀 있는 문장을 보면 나레즈시를 의도한 것이었다는 것을 알 수 있다.지

초밥 鮨

초밥을 표현하는 한자 중 하나로 자(鮓)와 마찬가지로 중국에서 일본으로 전해질 당시의 나레즈시(p.62)를 표현하는 중국의 옛 한자이다. '지(鮨)'는 중국에서 가장 오래된 사전 『이아(爾雅)』에 '생선은 지(鮨)라 하고, 고기는 해(醢)라 한다'라고 있으며, 두 번째로 오래된 사전인 『설문해자(説文解字)』에는 '지(鮨)는 생선의 암장(腤醬)(젓갈)이다'라고 있는 것을 보면, 원래는 생선 젓갈을 가리키는 단어였다(해(醢)는 고기 젓갈). 그런데 중국 삼국시대(220~265년)에 펴낸 『이아』의 증쇄판인 『광아(廣雅)』에 나오는 '잠(鱏)·자(鮺)·지(鮨)는 자(鮓)이다'라는 문장을 보면, 지(鮨)=자(鮓)라고 해서 지(鮨)와 자(鮓)를 구별하지 않는다는 것을 알 수 있다. 일본에 전해진 나라시대에는 처음부터 둘 다 초밥을 의미하는 한자로 사용되었다. 헤이안 시대부터 무로마치 시대까지의 초밥은 나레즈시였고 여기에는 한자 지(鮨)를 달았는데, 무로마치 시대가 되면서 나마나레(p.62)와 하야즈시(p.201)가 등장하자 자(鮓)를 달아 쓰는 일이 많아졌다. 에도시대에 들어와 현대의 초밥에 가까운 형태가 만들어지면서 이번에는 지(鮨)가 빈번하게 사용되는 등, 초밥에 대한 인식이 변할 때마다 사용되는 한자도 달라진다.

초밥 寿司

샤리와 어패류, 채소를 함께 먹는 일본요리. 한자는 에도시대 말기에 만들어진 일본식 한자로, 초밥이 축제나 축하할 때에 마련되는 음식이라는 점에서 길흉을 가리고 수명(寿)을 관리한다(司る)는 의미로 寿司라는 글자를 사용한다고 전해진다.

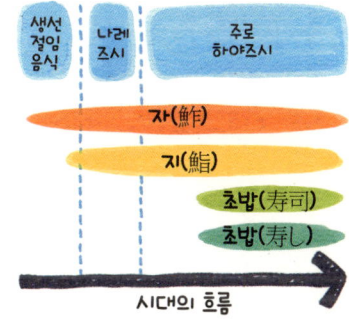

각각의 글자가 의미하는 것

초밥 도시락 寿司折り

오리바코(折箱)라고 불리는 상자에 담은 초밥을 말하며 일본어로 스시오리라 한다. 일본사람은 누구나 스시오리라는 단어를 들으면 도시락통 끈을 대롱대롱 들고 얼큰하게 취해서 귀가하는 아버지를 떠올릴 것이다. 그러나 이것을 사본 사람은 의외로 적을 것이다. 가게에 따라 다르지만 부탁하면 나무 상자에 초밥을 담은 오리즈메를 만들어준다. 참고로 만드는 데 시간이 걸리므로 미리 주문을 해두는 게 예의이다.

초밥의 달인 お寿司の達人

① 초밥집 운영 게임인 Android와 iPhone의 애플리케이션. 식재료의 조달이나 메뉴의 개발, 초밥집에서 판매와 운영을 하면서 가게를 키워가는 육성형 게임.

② TBS계열 방송 〈수요일의 다운타운〉에서 2016년부터 방송된 기획프로그램. 게임 〈북치기 달인〉과 같은 방식으로 도전자가 노래에 맞춰 북을 두드리는 대신에 컨베이어벨트가 운반하는 초밥을 먹는데, 노래가 끝날 때까지 다 먹으면 도전에 성공하게 된다.

초밥 장수 노래 すし売りの歌

에도시대의 노래 중에 '중을 꾀어 환속시켜 전어 초밥을 팔게 하고 싶구나'라는 곡이 있다. 옛날에는 중에 미남이 많다 보니 초밥 장수를 시켜보고 싶다는 바람이 담긴 노래인데, 사실 이 노래는 개사한 곡으로 원곡은 에도시대 풍속에 관한 책 '연석십종' 중 5권 『천언필기(天言筆記)』(1864년)에 실린 '중을 꾀어 환속시켜 유부초밥(이나리즈시)이라도 팔게 하고 싶구나'라는 노래다. 타락한 승려를 농경의 신인 이나리신앙(稲荷信仰)에 귀의시키면 된다는 내용으로 종교를 조롱하는 의도가 깔려 있다고 한다. 당시 유부초밥은 김초밥처럼 가늘고 길었고, 1줄 16개, 반줄 8개, 반줄의 1토막을 4개로 썰어서 팔았다. 가늘고 긴 유부초밥은 사이타마현 구마가야시 메누마정(熊谷市妻沼町)의 향토요리로, 마을은 사라졌지만 지금도 초밥은 남아 있다. 덧붙여서 말하면 유부초밥을 전어 초밥으로 바꾼 이유는 에돗코가 전어를 좋아했기 때문인 듯하다.

초밥 장인 소개소
職人紹介所

초밥 장인의 취직이나 이직을 알선하는 소개소. 일본에서는 직업소개 사업자로 국무대신의 허가를 받은 회사이고, 직장을 찾는 초밥 장인과 장인을 구하는 초밥집이 회비를 내고 등록하면 서로 소개해 주는 시스템이다. 직업소개 사업 자체는 다양한 직업을 대상으로 하고 있어서 초밥 장인 외에도 조리사나 기타 직업도 업종별로 소개 회사가 있다.

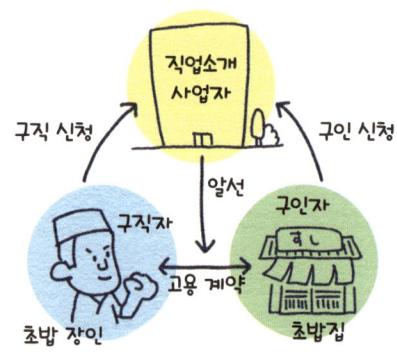

초밥 장인 양성학교
寿司職人養成学校

학교교육법상으로는 전문학교에 해당되지 않지만, 초밥 장인 양성을 위한 기술 습득에 특화된 학교. 최근 이와 같은 학교가 설립되면서 밥 짓기 3년, 쥐기 8년이라는 초밥 장인의 수행(p.125)에 대한 인식을 크게 바꾸고 있다. 도쿄 스시 아카데미(Tokyo Sushi Academy, 2002년 설립), 나고야 스시 칼리지(NAGOYA SUSHI COLLEGE, 2014년 설립), 재팬 스시 칼리지(Japan Sushi College, 2016년 설립) 등 코스에 따라 수개월에서 1년 정도의 커리큘럼이 마련되어 있으며, 초밥집에서 근무한 경험이 있는 초밥 장인 강사에게 초밥에 관한 기술을 전부 배울 수 있다. 초밥집에 수련생으로 들어가 매일 일하면서 어깨너머로 기술을 배우는 일반 장인 세계와 비교했을 때 단기간에 제대로 준비된 기술을 배울 수 있다는 점이 가장 큰 매력이다. 반면 학교에서는 실제 초밥집의 운영 상황은 경험하지는 못한다. 초밥 장인은 다른 요리사와는 달리 카운터를 사이에 두고 손님과 대화를 주고받으면서 조리하는 경우가 많은 직업이라, 실전 경험은 오히려 실제 가게에서 수행하는 편이 많은 것을 얻을 수 있을 것이다.

초밥통 寿司桶

일반 가정집에서는 갓 지은 밥에 조미 식초를 섞어서 샤리를 만드는 나무통을 초밥통이라고 한다. 초밥집에서는 별칭 항기리(p.104)와 같은 이름이 일반적이고, 통이라고 하면 가게에서 음식을 운반하거나 또는 배달할 때 초밥을 담거나 지라시즈를 담아 제공하는 칠기 혹은 플라스틱 용기를 의미한다. 목재는 일반적으로 화백나무와 노송나무 등을 사용한다.

관련어 나무밥통(p.63)

초생강 ガリ

가리라는 용어는 일상적으로 사용되다 보니 이제는 은어(p.162)라고 생각하지 않지만, 생강을 가리키는 초밥집의 은어이다. 먹었을 때 오도독 오도독 씹히는 소리, 혹은 껍질을 벗길 때 나는 소리에 빗대어 가리라고 불렀다고 한다. 보통 초밥집에서는 가리는 돈을 받지 않지만, 일본산 햇생강을 사서 식초에 절여 두자면 사실 비용이 많이 든다. 그래서 업무용 팩으로 판매되는 초절임 생강을 사용하는 가게도 있다. 식초의 단맛은 가게에 따라 다르지만, 초밥의 맛을 방해하지 않도록 설탕을 줄이기도 한다. 생강을 통째로 식초에 절이는 가게에서는 초밥을 제공하기 직전에 생강을 일인분용으로 얇게 썰어서 제공하기도 한다. 생강의 알싸한 성분인 진저롤과 진저론, 쇼가올은 살균작용과 위를 활성화하는 작용이 있어서 생선을 날로 먹을 때 생강을 향신료로 사용하는 것은 궁합이 맞다고 할 수 있다.

출세어 出世魚

성장하면서 이름이 바뀌는 생선을 말한다. 지역에 따라 더 독특한 이름도 있지만, 아래에 대표적인 종류만 소개한다.

측면 わき

초밥이 아름답게 보이는 포인트 중 하나로 '측면'이 있다. 샤리의 측면에 네타가 밀착하도록 의식해서 쥐는 것을 '측면을 잡는다'고 하며, 측면이 잘 잡혀 있는지에 따라 모양이 완전히 달라진다. 초밥 장인 양성학교에서 쥐는 연습을 할 때 선생님이 '와키'를 확실히 잡아요'라고 지시하면, 자신의 옆구리를 꽉 잡는 학생이 종종 있다.

1. 와키: 옆구리, 측면

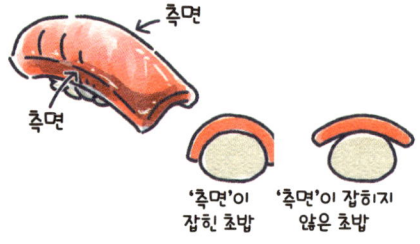

칸
칼
칼집
캐릭터 도시락
캘리포니아롤
콩비지
쾅쾅 초밥
쿠사
키조개

칸 貫

초밥을 세는 단위로 옛부터 메이지시대까지 사용되던 척관법(尺貫法)이라는 일본의 측정법 질량 단위이기도 하다. 칸(貫)은 화폐 일문전(一文錢)[1] 1000매의 무게로 1칸=3.75kg이다. 현재는 초밥을 세는 단위로 사용하는 게 일반적이지만 사실 언제부터 칸이라는 단위가 사용되었는지는 분명하지 않으며, 또한 왜 칸이라는 단위가 사용되었는지에 대해서도 여러 가지 설이 있지만 결론이 나지 않은 상태다. 그래서 간단히 그 개요를 설명해보려고 한다. 우선 칸이라는 단위가 사용된 시기를 보면, 칸이 기술된 가장 오래된 문헌은 1970년의 『초밥 책 증보판』이라고 한다. '요즘 초밥은 밥이 너무 적다. 그래서 입안에서 생선비린내가 난다. 옛날에는 『오칸 잔치키』[2]라고 해서, 초밥 5개와 말이초밥 2개로(잔치키라고 하는 것은 바카바야시를 연주하는 북의 북채가 2개이기 때문에) 충분히 배가 불렀다'고 기술하고 있다. 이것은 '요시노스시혼텐' 3대째 요시노 마사오가 한 이야기를 시노다 오사무(篠田統)(p.130)가 듣고 기록한 내용이다. 옛날에는 초밥 5개와 말이초밥 2개로 배가 불렀다는 뜻이니 초밥이 지금보다 컸던 시대, 즉 1945년 GHQ(p.210)가 통제하기 전부터 이미 칸을 사용하고 있었다는 것을 시사한다. 그러나 요시노 마사오는 1971년에 다른 책에서 '칸'에 '貫'이라는 한자를 붙일 필요가 있는지에 대한 의문도 제기했으며, 이런 점으로 미루어 '貫'이라는 한자가 일반적으로 사용되지 않았을 가능성도 있다. 앞에서 언급한 1970년의 『초밥 책 증보판』보다 더 오래된 문헌에는 전부 '하나', '한 개'로 표기되어 있다. '칸'이라는 단위가 맨 처음에, 한자는 얼마 후에, 각각 다른 타이밍에 사용되었을지도 모른다. 또한 웹사이트 '모두의 지식 살짝 편리한 노트'의 조사에 따르면, 사전에 처음으로 '貫'이라는 항목이 등장한 것은 2001년 산세이도 국어사전 제5판이었다. 한자가 취음자인 경우에는 '貫'의 한자가 갖는 의미를 연결하는 의미는 없을지도 모른다. '貫'의 유래에 대해서는 금액이나 무게였을 가능성도 생각해볼 수 있다.

금액설: 에도마에즈시가 판매되기 시작한 시대에 초밥 1개의 가격이 화폐 1칸이었다는 설이 있다. 그러나 1칸은 일문전 1000매에 해당하는데, 에도시대의 문헌을 보면 초밥 1개 가격은 훨씬 쌌기 때문에 논리적으로 맞지 않는다. 그리고 일문전 100매를 끈으로 꿴 엽전뭉치를 '백문차(百文差)' 또는 '일민(一緡)', '일결(一結)'이라고 하는데, 이것이 초밥 1개의 가격이라는 설도 있다. 게다가 메이지·다이쇼 시대에는 10전(錢)을 1칸으로 한 경우도 있었다고 해서, 이것이 초밥 1개의 가격과 같다는 설도 있다. 백문차나 10전이라면 실제 초밥 가격으로 있을 법하다고 생각하지만 확실한 증거는 확인되지 않는다.

무게설: 에도시대의 초밥 무게가 질량으로 치면 1칸 정도였다거나, 혹은 백문차의 무게였다고 하는 설. 1칸은 3.75kg이므로 초밥 1개나 1인분이라고 하기에는 너무 무겁다. 백문차도 끈

칼 包丁

작은 생선용 칼 小出刃

생선용 칼(데바보초) 중에 칼날이 10cm 전후의 아주 작은 것을 고데바보초 또는 아지키리보초(鯵切包丁)라고 한다. 칼끝이 뾰족하고 생선 손질에 용이한 크기라 다루기 쉽고, 전갱이, 전어사리, 보리멸, 새끼 도미, 학공치, 정어리, 꽁치, 새우, 조개류, 붕장어 등 크기가 작은 생선을 손질하는 데 편리하다.

다코히키 칼 蛸引き

회칼의 일종으로 주로 간토 지방에서 사용되는 칼. 회칼보다 칼날이 얇아서 생선회를 얇게 뜨는 데 적합하다. 칼날이 더 얇은 회칼에는 후구비키가 있다. 회칼은 칼끝에도 날이 있어서 섬세한 작업을 할 수 있는데, 다코히키 칼은 적합하지 않다. 다코히키 칼은 에도시대 분카·분세이 시기(1804~1830년)에 만들어지기 시작했으니, 가에이·안세이 시기(1848~1859년)의 회칼보다 더 오래전부터 사용되었다.

까지 포함하면 400g이라서 초밥 1개치고는 너무 무거워서 말이 안 된다.

상자초밥을 쎠는 단위설: 에도시대의 문헌 『수정만고(守貞漫稿)』의 삽화에 상자초밥을 12켄(軒)으로 썰었다고 쓴 글로 미루어 짐작해 켄이 변해서 칸이 되었다는 설이다. 그러나 12켄이라고 적힌 곳이 선명하지 않고, 실제로는 '12잔(斬)'이라고 적혀 있기 때문에 이 설은 잘못된 것으로 보인다. 그밖에 貫의 한자 구성에서 유래했다는 설도 있다.

1. 전은 소액 거래에 쓰이던 동전.
2. 오칸 잔치키(五貫のチャンチキ): 잔치키(チャンチキ)는 금속제 타악기로 도쿄 주변 마쓰리에서 흥을 돋우기 위해 반주되는 음악 바카바야시에서 연주되는 북이다. 북채가 2개로 말이초밥(마키즈시) 모양과 비슷하다는 데서 잔치키라고 하는 것.

생선용 칼 出刃包丁 (でばぼうちょう)

생선을 통째로 손질하는 데 사용하는 한쪽에만 칼날이 있는 칼. 칼날은 10cm~30cm 정도이고, 평편한 부분이 폭이 넓은 삼각형 모양이다. 칼등이 두툼해서 무게가 있고, 칼날을 생선 등뼈 관절 사이에 대면 힘을 들이지 않아도 칼날의 무게로 쉽게 절단할 수 있다. 칼날은 칼등에 비해 얇아서 단단한 것을 억지로 자르면 이가 빠져버린다. 간바라라고 하는 생선의 내장을 둘러싸고 있는 뼈와 근육막을 얇게 제거하는 데 편리하다. 직접 간바라를 손질해 보면, 생선을 위한 지혜가 담긴 칼이라는 생각이 들 것이다.

참치칼 マグロ包丁 (ぼうちょう)

다랑어를 자르는 데 사용하는 긴 칼. 다랑어 한 마리를 해체해서 큰 덩어리인 고로(p.51)로 자르는 데 사용한다. 초밥집에서는 보통 다랑어를 고로나 사쿠(p.113)로 구입하기 때문에 참치 칼은 필요 없지만, 해체 쇼를 의뢰받은 경우에는 사용한다. 냉동 다랑어는 단단하게 얼어 있어서 참치 칼이 아닌 전동 톱과 같은 기계로 절단한다.

뼈 절단용 칼 骨切包丁 (ほねきりぼうちょう)

갯장어의 뼈를 자르는 데 사용하는 칼. 갯장어는 손질해도 잔가시가 남는데, 핀셋으로 처리하기 힘들기 때문에 뼈를 잘게 잘라서 먹기 편하게 만든다. 칼날이 얇은 데 비해 칼등은 두툼하고 묵직하다. 왜냐하면 칼날을 몸쪽에서 반대쪽으로 향해 움직여서 칼의 무게를 이용해 뼈를 절단하면서 수 mm 간격으로 이동하기 때문이다.

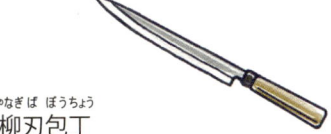

회칼 柳刃包丁 (やなぎばぼうちょう)

생선회용으로 길고 가는 칼. 원래 간사이 지방에서 만들어지기 시작했지만, 지금은 전국적으로 가장 많이 사용되는 형태의 회칼이다. 초밥 장인이라면 보통 약 30cm 이상의 회칼을 사용한다. 생선회나 초밥 네타를 썰 때는 반드시 칼날을 몸쪽으로 당기면서 썬다. 또한 칼날은 전후로 움직이지 않고 단번에 썰어야 하기 때문에 길이가 필요한 것이다. 단번에 썰어내면 생선회 표면이 매끄럽고 윤기가 난다. 자른 살이 한 점의 초밥의 아름다움을 결정한다.

칼집 隠し包丁

오징어나 전복처럼 살이 질기거나 단단한 재료를 씹기 편하게 만들기 위해서 칼집을 넣는다. 칼집을 넣은 다음에 불에 살짝 굽거나 물에 바로 데치면 초밥을 아름답게 장식할 수도 있어서 칼집은 모양을 예쁘게 꾸미는 장식의 역할도 한다.

캐릭터 도시락 キャラ弁

캐릭터 도시락이란 캐릭터나 자동차 모양 등으로 만든 도시락인데, 초밥 캐릭터 도시락의 경우에는 유부초밥에 자른 치즈를 올리거나 장식 후토마키(p.170)로 만들거나 해서 '캐릭터 모양을 한 초밥'과 밥 위에 반찬을 올리고 가운데를 김 띠로 묶어서 '초밥 모양으로 담은 밥'의 두 가지 패턴이 있다. 후자는 샤리를 쓰지 않기 때문에 엄밀히 말하면 초밥이라고 할 수 없지만, 밥과 반찬을 손쉽게 먹을 수 있는 초밥의 우수한 특성을 살린 합리적인 도시락이라고 할 수 있다.

캘리포니아롤 カリフォルニアロール

뒤집어 말기로 김 위에 샤리를 골고루 편 후에 김이 위로 향하게 뒤집어 김 위에 게맛살, 오이, 아보카도, 깨, 마요네즈를 넣어 돌돌 말고 겉면에 날치알을 입힌 김초밥. 오리지널은 로스앤젤레스에 있던 레스토랑 '도쿄회관'에서 만든 것이라고도 하고, 캐나다 밴쿠버에 있는 'Tojo's'에서 만든 Tojo roll이라고도 하는데, 지금은 여러 가지 형태의 다양한 시도가 이루어지면서 세계 각지에서 즐기고 있다. 캘리포니아 롤에서 드래곤롤(p.81)이나 스파이더롤(p.130) 등 각종 롤 초밥이 파생되면서 최근에는 일본에서도 다양한 롤 초밥을 선보이는 레스토랑이 생기고 있다.

콩비지 おから

두부를 만드는 과정에서 대두에서 콩물을 짜내고 남은 찌꺼기. 이미 사용한 찻잎을 '차가라(차 찌꺼기)'라고 하는 것처럼 일본어로 찌꺼기를 '가라'라고 하는데, 거기에 공손하게 표현하는 '오(御)'를 붙여 사용하던 궁녀의 언어(뇨보고토바)이다. 손님에게 내놓는 샤리는 연습용으로 쓸 수 없기 때문에, 옛날부터 초밥 장인 수련생은 샤리 대신에 콩비지로 초밥 쥐는 연습을 했다. 샤리처럼 쌀알끼리 달라붙지 않기 때문에 콩비지로 초밥을 쥐는 데는 고도의 기술이 필요하다. 콩비지로 능숙해지면 샤리로 초밥을 쥐는 것은 매우 쉽게 느껴진다고 한다. 초밥집 근처에 두부가게가 있는 경우에는 아침에 콩비지를 얻으러 간다고 한다. 또한 일부 향토초밥은 샤리 대신에 콩비지를 사용해 만든다.

<small>관련어 전갱이 콩비지 초밥(p.171), 샛줄멸 콩비지 초밥(p.118)</small>

1. 접두어인 오(御)는 일본어 경어 표현 중 하나. 명사에 붙여 단어를 공손하고 아름답게 만드는 기능을 하는 것으로 궁중의 궁녀들이 사용하던 뇨보고토바(女房詞)이다.

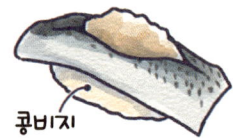

쾅쾅 초밥 カンカン寿司

가가와현 사누키시에 전해지는 향토요리로 식초에 절인 삼치를 샤리 위에 올린 누름초밥이다. 독특한 목제 틀을 사용해서 누르는데 나무망치로 쐐기를 칠 때 나는 소리가 이름의 유래라고 한다. 밭에서 일하는 사람에게 대충 던져도 먹을 수 있도록 단단하게 만들어서 '홋타라즈시¹'라고도 부른다.

1. 홋타라(ほったら): 아무렇게나 둔다는 의미

쿠사 草

초밥집의 은어로 김을 쿠사라고 한다. 옛날에 아사쿠사(浅草)에서 김을 채취한 데서 유래했다.

키조개 平貝

- 일본어명 다이라기
- 별칭 다치가이, 히란보, 에보시가이
- 영어명 Pen shell
- 제철 12~3월

큰 것은 길이가 30cm정도 되고, 껍질은 거대한 진주담치와 비슷한 삼각 모양의 두껍질조개류이다. 주로 관자를 네티로 사용한다. 조금 단단한 살은 꼬들꼬들하고 쫄깃한 독특한 식감이 있으며, 바다향이 산뜻하다. 풍미가 강하고 조개 비린내가 나지 않아서 조개를 못 먹는 사람에게도 추천한다. 샤리와 잘 어울리게 장식 칼집을 넣는데, 그 모양을 보는 것도 즐거움 중 하나이다. 외투막은 폰즈를 찍어 먹거나 니혼슈로 볶아서 술안주로 먹는다.

Column

그리운 요헤이 초밥

에도시대에 태어난 '에도마에 니기리즈시'는 하나야 요헤이가 고안했다고 전해진다. 당시 니기리즈시는 네타를 '시고토(仕事)'라고 말하는 '조리고, 식초로 절이고, 간장에 담그는' 방법으로 밑손질을 했다. 크기도 현재와는 달라서 45g(현재의 약 2배) 정도였다고 한다. 식초는 술지게미 식초를 사용했고, 보관을 위해서 소금을 많이 넣었다. 그림은 『그리운 요헤이 초밥』이라는 작품으로 4대째 고이즈미 기타로(小泉喜太郎)의 동생인 고이즈미 세이자부로(小泉清三郎)가 쓴 책에 게재된 그림이다. 메이지 시대에 가와바타 교쿠쇼(川端玉章)가 하나야 요헤이의 하나야 초밥을 그린 것으로, 오른쪽 위에서부터 은어 스가타 초밥, 두꺼운 달걀말이 초밥, 후토마키, 보리새우 초밥, 고등어 누름초밥, 왼쪽 위에서부터 새끼 도미 초밥, 뱅어 초밥, 왕우럭조개 초밥, 송어 초밥, 전어사리 초밥, 보리멸 초밥, 전갱이 초밥, 오징어 인롱 초밥, 피조개 초밥, 박고지 김초밥이 그려 있다. 요헤이는 술지게미 식초를 사용했기 때문에 샤리에 붉은 식초 물이 들었다. 뱅어와 새우 샤리에는 검은 것이 섞여 있다. 당시 샤리에 김을 부셔서 섞거나 표고버섯, 새우 오보로 등을 섞은 오목밥을 샤리로 사용했기 때문이다. 요헤이 초밥은 쇼와 초기에 폐점했지만, 후손을 통해 발자취를 따라가 보면 지금도 영업 중인 곳으로 요시노스시혼텐(니혼바시)이나 기즈시(닌교초), 벤텐야마 미야코즈시(아사쿠사) 등이 있다(에도마에즈시 계보 p.26).

「그리운 요헤이 초밥 가정식 초밥 담는 법」, 고이즈미 세이자부로 (원화는 요시노스시혼텐 소장)

탄생 초밥
토로
토로 단무지 김초밥
통째 생선초밥

탄생 초밥 誕生ずし

탄생화처럼 1년 365일 날짜마다 해당 초밥을 할당한 것. 광어, 다랑어, 새우와 같이 인기 있는 네타에 해당되는 날도 있지만, 차나 초생강처럼 맥 빠지는 날도 있다. 인터넷으로 꼭 당신의 생일도 확인해 보시기를.

토로 トロ

다랑어의 지방이 많은 부위를 말한다. 토로는 일본어로 '살살 녹는다'는 의미로, 다랑어가 입 안에서 살살 녹는다고 해서 요시노스시혼텐의 손님이 붙여준 이름이라고 한다. 지방이 많아서 아부라(기름)에서 이름을 딴 아부라고도 불린다. 쉽게 상해서 에도시대에는 그냥 버렸다고 하는데, 냉장과 운송 기술의 발달과 일본인의 취향이 변하면서 토로의 가격은 급격하게 올랐다. 원래는 다랑어의 지방을 가리키는 말이었지만, 토로 연어나 돼지 토로 등 지방이 오른 음식에도 사용한다.

토로 단무지 김초밥 トロタク巻き

네기토로(p.66)와 단무지를 말아서 만든 김초밥. 보통 차조기를 같이 만다. 분홍색과 노란색으로 예쁜 색을 하고 있지만, 자꾸 술을 불러서 술고래가 좋아하는 김초밥이다. 보통 네기토로로 만드는데, 호사스럽게 오토로로 만드는 가게도 있다.

통째 생선초밥 丸付け

초밥 하나에 생선 1마리를 통째로 사용한다는 의미로 '마루'라 하고, 전어사리와 새끼 전갱이(p.115)와 같은 생선을 한 마리 통째로 올려서 완성된 초밥을 마루즈케, 즉 통째 생선초밥이라고 한다. 그리고 통째 생선초밥에 딱 맞는 사이즈의 생선을 '마루즈케 사이즈'라고 한다.

파래
패스트푸드
포장마차
폭탄 김초밥
표고버섯
피조개
핀셋
필라델피아롤

파래 石蓴

일본어명 히토에구사, 아오사
영어명 Green laver

얕은 해안의 바위 등에 서식하는 해조류. 초밥집의 미소시루(일본식 된장국)에 들어가는 단골 재료이다.

패스트푸드 ファーストフード

에도시대에는 초밥만이 아니라 소바, 덴푸라, 뱀장어 양념구이, 경단 등 손님의 주문을 받으면 바로 제공하는 지금으로 치면 패스트푸드와 같은 포장마차가 발전했다. 초밥집은 나무상자에 미리 만들어 둔 초밥을 진열해서 팔고, 손님은 좋아하는 것을 골라서 먹는 형태였다. 가격은 당시 포장마차에서 1개 4~8문(文)이라는 합리적인 가격으로 판매했지만, 일부 초밥집에서는 60문이나 했다고 한다. 또한 초밥 장인은 초밥 1개를 10초 정도에 만들 수 있었다. 초밥은 일본에서 가장 오래된, 그리고 가장 빠른 패스트푸드라 할 수 있을지도 모른다.

*문(文)은 에도시대에 주로 서민이 사용하던 화폐로 당시 쌀 1.6kg 정도가 약 150문이었다.

포장마차 屋台

에도시대의 일본에서는 야타이라고 하는 포장마차에서 음식을 먹는 습관이 생활 속에 뿌리내리고 있었다. 그 배경에는 급속하게 발전한 에도의 거리와 토목공사 등의 일거리를 찾아 다른 지역에서 모여든 사람들이 있었다. 독신 남성의 인구가 많았고, 일이 끝난 후에 허기진 배를 채우기 위한 곳으로 초밥, 소바, 덴푸라와 같은 각종 포장마차나 초밥 장사 등의 외식산업이 발달하였다. 포장마차에서 식사하는 사람 대부분은 남성이었다. 종전 후에는 위생적이지 않다는 이유로 포장마차를 허가하지 않게 되었기 때문에 가게 안에 카운터를 설치하면서 지금의 서서 먹는 초밥집이 생겼다.

폭탄 김초밥 ばくだん巻き

눈물 김초밥(나미다마키), 와사비 김초밥(와사비마키)이라고도 하며, 와사비만 넣고 만든 김초밥이다. 내가 어렸을 때에 가족끼리 갔던 초밥집에서 추가로 와사비를 계속 달라고 하자 장인이 '폭탄 김초밥 먹어볼래?' 하고 이 초밥을 만들어 주었다. 내 취향(p.154)대로 먹다가 처음으로 장인이 제안해준 초밥을 먹었던 순간으로, 꽤 신선했던 것으로 기억한다.

표고버섯 椎茸

식용 버섯. 생으로 또는 말린 표고버섯을 물에 불려 달달하고 짭짤하게 조려서 쓴다. 일반적으로 오목초밥이나 후토마키에 사용되는데, 그 밖에도 각 지역의 향토초밥 재료로 사용된다.

핀셋 骨あたり

생선 혈압육의 뼈나 가시를 빼는 도구. 일본어로는 보통 호네누키(骨抜き)라고 하지만, 업계 사람들 사이에서는 고쓰아타리라고도 한다. 뼈를 집는 부분이 똑바른 타입과 비스듬한 타입이 있으며, 생선에 따라 빼기 편한 각도가 다르다. 붕장어의 등지느러미를 제거할 때에 핀셋으로 등지느러미를 붙잡는 장인도 있다.

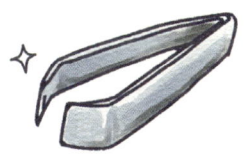

피조개 赤貝

- **일본어명** 아카가이
- **별칭** 혼다마, 아카다마, 바쿠단
- **영어명** Bloody clam
- **제철** 10~3월

산란 전인 2월이 가장 맛있는 시기. 늦은 봄에서 여름에는 산란기라 금어기지만, 지역에 따라 시기가 다르다. 알은 선명한 오렌지색인데, 설사를 유발하는 독을 품고 있어서 조심해서 제거해야 한다. 피조개의 살 부분은 구슬, 바깥쪽의 막 부분을 외투막(조개 외투막, p.174)이라고 하며, 살 부분만이 아닌 외투막 가운데를 얇게 자른 김 띠로 묶거나, 외투막을 이용한 군함말이, 소금을 살짝 뿌린 오이를 김으로 말아서 만든 외투막 오이 김초밥(p.174) 등 여러 가지 형태로 즐길 수 있다. 달고 짭짤하게 조린 내장도 술과 잘 어울린다.

필라델피아롤
フィラデルフィアロール

필라델피아 크림치즈와 연어를 주재료로 해서 만든 김초밥. 날 연어와 훈제연어 둘 다 사용하고, 연어가 속에 들어가기도 하지만 바깥쪽에 올릴 때도 있다. 그 밖의 재료는 아보카도, 오이 등이다. 베이글&록스(록스는 훈제연어를 말은 것, 베이글&록스는 크림치즈와 훈제연어를 올린 베이글)에서 힌트를 얻어 만든 김초밥이다.

하나야 요헤이
하라나카
하라시모
하라카미
하야스시
하야즈시
하카리메
학꽁치
핫파즈시
해동
해삼 내장젓갈
해삼초회
햅쌀

혈압육
호샤모리
호초시고토
혼테가에시
홍살치
황색 포도구균
회전초밥
후토마키
훈제소금
흑점줄 전갱이
흩뿌린 초밥
흰살 생선

하나야 요헤이 華屋与兵衛
_{はなやよへえ}

에도시대 에도마에즈시 장인으로 에도 3대 초밥집 에도산즈시(p.144) 중 하나인 '요헤이즈시'의 창시자. 현재 도쿄도 주오구 신카와(新川) 1, 2쵸메에 해당하는 레이간섬(靈岸島, 스미다 강 하구 오른쪽 기슭의 옛 지명) 출신. 본명은 고이즈미 요헤이(小泉與兵衛), 어렸을 때 이름은 우연히도 초밥집 은어(p.162)로 초밥을 일컫는 '야스케'(p.142)이다. 상자초밥을 만들 때 누르다 보면 생선의 기름이 빠져서 이를 방지하기 위해 상자를 누르지 않는 '니기리하야즈케(握り早漬け)'를 고안했는데, 이것이 현재 에도마에 니기리즈시의 시작이라고 한다. 초반에는 초밥을 배달통에 넣고 돌아다니며 팔았지만, 나중에는 포장마차를 가지고 1824년에 료고쿠 오노에정(両国尾上町, 현 스미다구 료고쿠 1쵸메 8번지, 요헤이즈시 발상지 비석)에 '하나야(華屋)'라는 이름으로 초밥집을 개업했다가 1930년에 폐업했다. 지금은 에도마에즈시의 주역인 다랑어이지만, 요헤이는 다랑어는 미천한 생선이라고 해서 초밥용으로 쓰지 않았다고 한다.

ⓒ주식회사 Mizkan Holdings (고이즈미 다쯔지 소장)

하라나카 腹中
_{はらなか}

다랑어를 해체해서 덩어리인 고로(p.51)로 잘랐을 때 배 가운데를 하라나카(중뱃살)라고 한다. 대뱃살에 이어 두 번째로 가격이 비싸다. 대뱃살과 마찬가지로 중뱃살에도 오토로, 주토로, 중심 부분에 아카미가 있다. 항문 근처에 배지느러미보다 조금 머리 쪽에 해당하는 위치는 '배래기'나 '자바라(蛇腹)'라 불리는 희소 부위.

운동량이 많아서 근육질에다 배 가장 아래쪽이라서 지방이 많아 풍미가 가득하다.

하라시모 腹下
_{はらしも}

다랑어를 해체해서 고로(p.51)로 잘랐을 때 배에서 꼬리에 가까운 쪽을 하라시모라고 한다. 지방이 얼마나 올랐느냐에 따라 다르지만, 껍질 쪽에 가까운 부분에서 주토로, 등뼈에 가까운 중심 부분에서 붉은 살(아카미)를 얻을 수 있다.

하라카미 腹上
_{はらかみ}

다랑어를 해체해서 덩어리인 고로(p.51)로 잘랐을 때 배에서 머리 쪽에 가까운 부분을 하라카미(대뱃살)라고 한다. '하라카미 이치방(대뱃살 최고)'이라는 말이 있을 정도로 오토로, 주토로, 아카미가 전부 있고, 토로의 비율이 높아서 다랑어 중에서 가장 비싼 부위이다. 등뼈에 가까운 중심 부분만이 아카미, 껍질 쪽은 세나카 쪽에서 순서대로 주토로, 시모후리, 오토로, 가와기시와 같이 깔끔하게 부위별로 나눠서 자를 수가 있다. 혈압육이나 내장을 싸고 있는 근막을 제거할 필요가 있어서 수율(p.125)은 좋지 않다.

하야스시 早すし

하야스시라는 명칭은 현재 일반적으로 사용되는 이름은 아닌데, 와카야마현에서는 '하야시(早すし)'라는 상품명으로 고등어 누름초밥이 판매되고 있다. 이 '하야스시'는 라멘가게의 사이드메뉴로 판매되고, 돈코츠 간장 맛의 와카야마 라멘과 같이 먹는다. 라멘과 초밥을 같이 먹는 것은 와카야마현만의 스타일이다.

하야즈시 早寿司

식초로 밥에 산미를 넣어서 만든 초밥을 말한다. 지금의 에도마에즈시도 오사카즈시도 각 지역에서 만들어지는 식초로 간을 한 향토초밥도 넓은 의미에서는 하야즈시이다. 젖산 발효로 산미를 만든 나레즈시(p.62)와 나마나레(p.62)는 만드는 시간이 많이 걸리는 데 비해, 식초(초산 발효로 만들어진 것)로 조미했기 때문에 단시간에 만들 수 있어서 빨리(早, 하야이) 완성된다는 의미에서 하야즈시라 불리는 것이다. 하야즈시에도 단계가 있어서 하야즈시가 등장한 당시에는 현재의 일본 각지에 남아 있는 것과 같은 상자초밥, 누름초밥이 만들어졌기 때문에 만들고 하루 지나서 먹는 것을 의미했다. 에도시대가 되면 에도마에 니기리즈시가 등장하면서 만들어서 먹을 때까지의 시간이 더욱 단축되었다.

하카리메 はかりめ

붕장어(p.109)의 별명으로 하카리메는 저울이라는 뜻으로 어시장에서 사용되던 대저울의 눈금과 붕장어의 측면 모양이 비슷하다는 데서 유래했다.

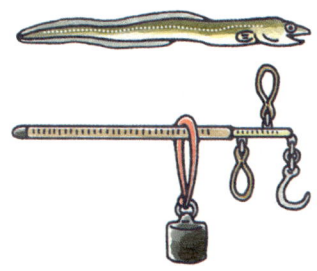

학꽁치 針魚

- 일본어명 사요리
- 별칭 스즈, 하리우오, 요로즈, 요도
- 영어명 Japanese halfbeak
- 제철 11~3월

겨울에서 봄 사이에 먹을 수 있는 에도마에즈시의 전형적인 네타. 작은 것은 사요리라고 부르고, 40cm가 넘는 것은 간누키라 부른다. 간누키는 빗장이란 뜻으로 문을 닫는 빗장을 닮은 데서 유래했다. 껍질을 벗기면 하얗고 가는 생선살 중심에 남아 있는 은색 근육이 아름답고, 써는 방법이나 초밥 쥐는 방법을 고안해서 만든 세공 초밥(사이쿠 니기리)으로 제공되기도 한다. 되도록 칼집을 적게 넣어 식감을 남기는 편이 맛있다는 사람도 있다. 벗긴 껍질은 대나무 꼬지에 돌돌 말아서 살짝 구워 술안주로 삼기도 한다. 에도시대에는 식초절임하는 네타였지만, 지금은 선도가 유지되면서 날것 혹은 소금물로 헹궈 먹거나 백다시마로 다시마절임을 하기도 한다.

핫파즈시 葉っぱずし

후쿠이현 요시다군 에이헤이지정(吉田郡永平寺町)에 전해지는 향토요리. 샤리 위에 식초절임한 송어를 올리고 오동잎으로 싼다. 이 지역에서는 오동잎을 '초밥 나무(すしの木)'라고 부르는데, 보통 집 마당에 심어 있다고 한다. 마을의 나무로도 지정되어 있다.

해동 解凍

주로 냉동되는 초밥 네타는 다랑어, 연어, 방어와 같은 큰 생선인데, 만약 시큼하거나 푸석푸석한 맛없는 네타를 만났다면, 대부분의 경우 생선 탓이 아니라 제공되기 전까지의 생선 상태, 특히 해동 기술에 문제가 있었다고 보면 된다. 냉동 과정과 달리 기계에서 자동적으로 할 수 없는 해동은 사람의 기술에 크게 영향을 받는다.

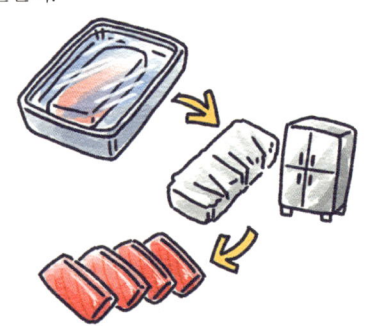

【다랑어 작은 덩어리 해동 방법】
40℃에서 염분농도 3% (해수와 동일)의 미지근한 물에 꽁꽁 언 다랑어를 1~2분 담갔다가 흐르는 물로 표면을 빨리 헹궈낸다. 키친타올로 물기를 닦아내고 다른 키친타올로 다랑어를 싸서 스테인리스 용기에 담아 랩으로 싼 후에 그대로 냉장고에서 해동한다. 덩어리의 크기에 따라 몇시간씩 걸릴 수도 있으니 여유를 갖고 해동하는 것이 중요하다. 해동하더라도 바로 먹지 말고 반나절에서 하루 동안 숙성시키면 풍미가 더 살아난다. 미지근한 물이 아니라 차가운 소금물을 사용하고, 지퍼백에 넣어 공기를 뺀 후 얼음물에 2시간 정도 담갔다가 냉장고에 넣으면 더욱 맛있게 먹을 수 있다.

해삼 내장젓갈 海鼠腸

해삼 내장젓갈은 숭어알, 성게알과 나란히 일본 3대 진미 중 하나로 노토반도(能登半島)의 명산물. 짠맛이 강해서 메추리알을 올려 군함말이로 만든다. 술을 부르는 초밥이다.

해삼초회 なまこ酢

해삼 초무침. 붕장어와 미역귀, 굴, 무즙 등과 섞어서 초밥집에서 자주 등장하는 술안주이다.

햅쌀 新米

햅쌀과 묵은쌀의 구별에는 명확한 정의가 없지만, 묵은쌀은 전년도에 수확한 쌀을 말하고, 햅쌀은 그해에 수확한 쌀을 말한다. 그러나 JSA

법(Japanese Agricultural Standards)에 따라 정미쌀의 경우에는 수확한 해의 연말까지 정미 및 포장된 정미쌀만을 햅쌀이라고 표시할 수 있다. 햅쌀은 수분이 많고 찰기가 있어서 보통 초밥집에서는 햅쌀을 사용하지 않고, 빨라도 이듬해 봄 정도부터 사용하기 시작한다.

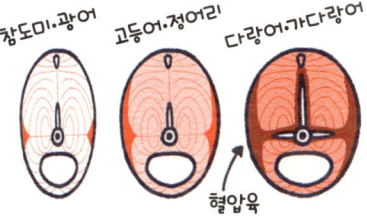

혈압육 血合い

생선 등살과 뱃살의 중간에 위치하는 전체 살과 다른 색을 띤 부분(피가 고여있는 부분)이다. 생선 종류에 따라서 색이 다르고, 예를 들면 다랑어는 전체적으로 붉은살인 데 비해 혈압육는 검붉은 색을 띠고 있고, 연어는 전체적으로 오렌지색인 데 비해 혈압육은 회색빛을 띠고 있다. 또한 도미는 살이 흰빛인 데 비해 혈압육은 핑크색을 띠고 있다. 특히 껍질 부분에 많고, 보통 살에 대한 비율로 보면 꼬리 쪽에 많다. 생선 종류에 따라 전체 살에 대한 혈압육의 비율이 다른데, 가다랑어나 다랑어는 높고 광어, 가자미 등은 낮으며 쥐치의 암컷에는 혈압육 같은 것이 없다. 혈관이 풍부하고 혈액 성분이 많아서 색의 차이가 생긴다. 다른 부위와 비교해서 비린내가 강하지만, 영양이 풍부하고 식감이 단단하다. 혈압육은 먹을 수 있지만, 초밥 네타의 경우에 다랑어의 혈압육은 작은 덩어리를 직방체로 자르는 사쿠도리(p.113)를 할 때 분리하고, 가다랑어도 부분적으로 떼어낸다. 그 밖의 생선은 기본적으로 혈압육도 네타로 쓰지만, 생선 상태에 따라서는 미가키(p.98) 작업으로 깨끗이 손질한 후에 사용하기도 한다. 잘라낸 다랑어 혈압육은 간장에 담가서 굽거나 튀겨서 마카나이 등으로 먹는다.

호샤모리 放射盛り

초밥을 큰 접시에 담는 방법. 큰 초밥통에 3~5인분의 초밥을 담을 때 중심에서 방사선 모양으로 담는 방법이다. 초밥을 둘러싸듯이 담아서 어느 방향에서 봐도 똑같이 보이기 때문에 몇 인분을 한꺼번에 담는데 적합하다.

호초시고토 包丁仕事

에도식 작업 중 하나. 칼을 사용한 장식 칼집이나 장식 영역을 초월한 네타 써는 방법의 변화에 의해 초밥의 모양과 식감에 변화를 준다.

혼테가에시 本手返し

초밥을 쥐는 방법 중 하나. 복잡한 방법이라 별로 쓰는 사람이 없어서 초밥 쥐는 게 일인 장인조차 실제 이 방법으로 쥐는 사람을 본 적이 별로 없다고 한다. 초밥 만화에서는 자주 전설적인 쥐기 방법으로 다뤄진다. 그러나 지금은 편리한 시대라 누구나 YouTube에 업로드된 영상을 볼 수 있다. 오른손 검지로 네타와 샤리를 붙이고 오른손 검지를 샤리에 둔 채로 오른손 바닥이 위로 오도록 뒤집어 왼손으로 위에서부터 초밥을 잡는다. 초밥을 잡은 상태에서 왼손 바닥이 위로 오도록 돌린 후(초밥 네타가 아래에 있는 상태로 돌아옴), 왼손으로 쥐고 있는 초밥 옆면을 눌러서 모양을 잡는다. 왼손을 벌려 손끝을 살짝 기울이면서 초밥을 굴려서 네타가 위로 오게 뒤집은 후에 오른손 검지와 중지로 누르면서 모양을 정리해서 완성한다. 손이 많이 가는 방법이라 빠르게 움직이는 장인의 손동작을 계속 보고 있으면 눈이 핑핑 돌아간다.

관련어 고테가에시(p.52, 214), 다테가에시(p.76)

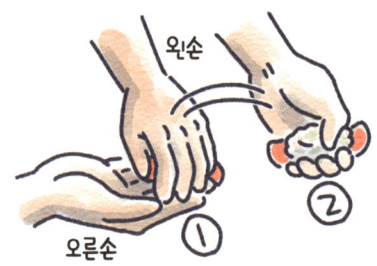

홍살치 金色魚

- 일본어명 기치지
- 별칭 긴메, 아카지
- 영어명 Broadbanded thornyhead, Kichiji rockfish
- 제철 11~3월

표준 일본어명은 기치지(喜知次)이지만, 산지인 홋카이도에서 부르는 긴키(キンキ)라는 이름으로 유통되고 한국에서는 홍살치라 부른다. 긴메(금눈돔)라고 부르는 지역도 있지만, 금눈돔과에 속하는 금눈돔과 달리 기치지는 양볼락과이기 때문에 전혀 다른 생선이다. 지방이 고소하고 맛있는 생선으로, 초밥은 물론 굽거나 조려서 술안주로 만들기도 한다.

황색 포도구균 黄色ブドウ球菌

황색 포도구균(Staphylococcus aureus)은 소와 닭과 같은 가축이나 건강한 사람의 콧속, 인두, 장관 등 사람이 생활하는 환경에 넓게 존재한다. 식품 속에서 황색 포도구균이 증식할 때 생기는 엔테로톡신이 식중독의 원인이 되고, 유제품, 사람 손으로 가공하는 식품 등에서 발생한다. 화농의 원인균으로 손가락 등이 상처로 곪은 경우, 곪은 염증에는 다량의 황색 포도구균이 존재한다. 평소에 날카로운 칼을 사용하는 데다 맨손으로 초밥을 만들어야 하는 초밥 장인은 상처와 황색 포도구균에는 세심한 주의가 필요하다.

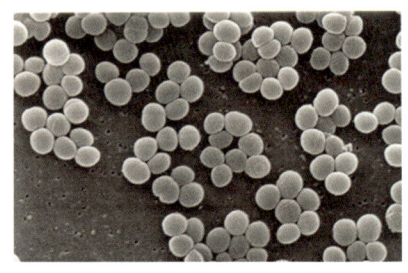

회전초밥 回転寿司

세계 최초의 회전초밥집은 1958년 4월에 히가시 오사카시(東大阪市)에서 오픈한 '회전 겐로쿠즈시 1호점'이다. 이후 1970년에 오사카에서 열린 일본만국박람회에 겐로쿠즈시가 출점해 식사 우수가게로 표창을 받으면서 전국적으로 알려지게 된다. 1962년에 취득한 '컨베이어 선회식 식사대'의 실용신안이 1978년에 권리 기간 종료를 맞이하면서 현재의 대기업 체인이 뛰어들어 시작했고, 지금은 세계 각지에 동일한 시스템을 채용한 초밥집이 많이 있다.

E 레인 Eレーン

알파벳 E의 형태로 생긴 회전초밥집의 컨베이어벨트. 회전초밥집 '무텐쿠라즈시(無添くら寿司)'에서 개발했다. 주방과 손님석이 벽으로 구분되어 주방이 보이지 않는 구조이며, 손님석에 4인석 자리를 배치하기 쉬운 형태이다.

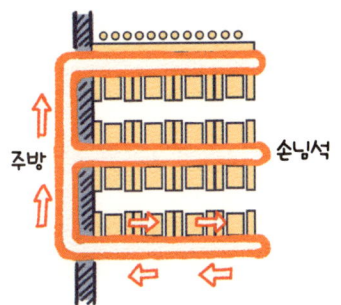

O 레인 Oレーン

알파벳 O의 형태로 생긴 회전초밥집의 컨베이어벨트. 회전초밥집이 처음 생겼을 때는 모두 O 레인이었다. 레인 안쪽에 초밥 장인이 서서 손님과 대면하면서 접객하는 카운터 초밥집과 비슷한 형식으로 식사를 할 수 있다.

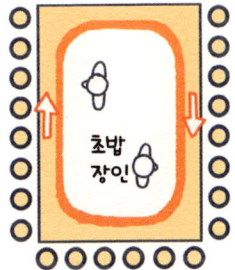

자동 식기세척기 自動皿洗浄機

회전초밥집에서 대량으로 나오는 사용한 접시를 자동으로 세척하는 기계. 왼쪽에 쌓인 접시가 기계 속으로 1장씩 옆으로 슬라이드하면서 닦이고 건조되는 방식으로 진행이 되고, 세척된 접시가 오른쪽에 쌓여 가는 원리이다. 이외에도 자동식기세척기에 접시를 보내고 받을 수 있는 설치용 싱크대와 세척된 접시를 색깔별로 구분하는 기계가 있는데, 이들을 조합하면 식기 세척의 모든 과정을 자동화할 수 있다.

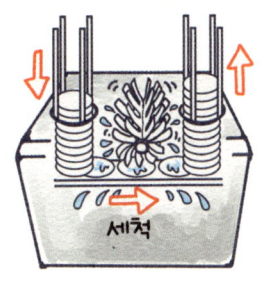

회전초밥

선도관리 시스템 鮮度管理システム

회전초밥집에서는 레인 위에서 회전하다가 일정 시간이 경과한 접시를 자동적으로 폐기해서 초밥의 선도를 일정하게 유지한다. 1997년에 무텐쿠라즈시가 접시 뒷면에 QR 코드를 넣어 센서 앞을 일정한 횟수 통과한 시점에서 폐기하는 시스템을 개발했고, 또한 1999년에는 IC칩으로 관리하는 방법으로 업그레이드했다. 대부분의 회전초밥집에서 비슷한 시스템을 도입하고 있으며, 일반적으로 30~40분, 350m 등의 일정한 기준으로 초밥이 자동적으로 폐기된다. 한편 요즘은 초밥을 미리 만들어서 레인 위를 회전하게 하지 않고, 주문받은 초밥만 회전해 이 시스템이 필요 없는 회전초밥집도 있다.

특급 레인 特急レーン

별칭으로 주문 레인이라고도 한다. 주문받은 초밥을 만들어 주문한 손님 앞까지 전달하기 위한 레인으로, 회전하는 레인과는 별도로 눈높이에 맞춰서 설치되어 있다. 보통 속도가 초속 4cm인데, 특급 레인은 최고속으로 초속 1m로 움직이는 트레이에 2접시 혹은 4접시가 올라갈 수 있게 디자인되어 있다. 플레이트는 초밥을 올리는 게타(p.49) 모양과 아이들이 좋아하는 신칸센이나 특급열차 모양이 있다. 회전 레인을 중지하고 2~3단의 특급 레인만 사용해서 손님의 회전 속도를 빠르게 한 가게도 있다.

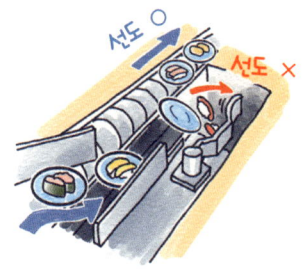

선도군 鮮度くん

초밥의 선도를 유지하고 잡균, 먼지 접촉을 방지하기 위해 접시 위에 씌우는 돔 모양의 투명한 뚜껑. 회전초밥집 '무텐쿠라즈시'에서 사용되고 있다. 접시와 선도군의 경계선에 손가락을 넣는 틈이 있어 그 틈으로 접시를 잡으면 뚜껑이 열리면서 접시만 꺼낼 수 있다. 일본에서는 2011년부터 도입되어 무텐쿠라즈시의 미국점인 Kura Sushi에서도 미스터 프레시라는 명칭으로 사용되고 있다. 일본에서도 과거에는 뚜껑을 사용했으나 초밥의 모양을 훼손하고 뚜껑 자체가 비위생적이라는 이유로 선도군이 도입되기 전까지는 보기 드물었다. 해외의 회전초밥집에서는 뚜껑을 씌우는 것이 영업 조건인 경우도 많아서 뚜껑 사용이 일반적이다.

컨베이어벨트 ベルトコンベア

회전초밥집의 컨베이어벨트는 맥주 공장에서 힌트를 얻어 개발했다. 일반 회전초밥집의 컨베이어벨트는 시계방향이며, 초속 4cm이다. 이 속도가 손님이 초밥을 확인하고 접시를 손으로 잡는 일련의 과정에 가장 적합하다고 한다. 점포 설치형뿐만 아니라, 출장이나 렌트용 소형 컨베이어벨트도 있다. 해외에서는 컨베이어벨트로 음식을 회전시킨다는 자체가 재미있는 발상이다 보니 파리의 회전 프렌치 등 초밥이 아닌 다른 음식을 회전시키는 레스토랑도 생기고 있다.

우회전 右回り

회전초밥집의 레인은 우회전이 많다. 대부분의 사람이 오른손으로 젓가락을 사용하기 때문에 젓가락을 쥔 상태에서 왼손으로 접시를 잡는 데 편하고, 고르는 데 시간이 오래 걸려도 괜찮으며, 게다가 대부분의 사람은 오른쪽 눈이 우세하기 때문에 우회전이 합리적이라고 한다. 점포 구조에 따라서는 좌회전이 더 좋은 경우도 있어서 실제로는 좌우 양방향의 회전방식이 존재한다.

로봇 ロボット

초밥을 만들기 위한 로봇은 1981년에 스즈모기공 주식회사에서 세계 최초로 개발했다. 샤리를 만드는 로봇을 비롯해 지금은 김초밥 로봇, 뒤집어말기 로봇, 김초밥 커터 등 다양한 로봇이 초밥 업계를 지탱하고 있다.

후토마키 太巻き

김 1장을 세로로 길게 펴놓고 만드는 굵은 김초밥. 재료는 박고지, 달걀, 붕장어, 오이, 덴부, 조린 표고버섯, 파드득나물 등. 밥의 양은 1줄에 250g 정도이다. 쌀 1홉으로 샤리를 만들면 300g 정도가 되므로, 그 6분의 5 정도로 생각하면 된다. 김 가장자리의 위쪽 2cm, 아래쪽 1cm 정도를 비워두고, 김을 마는 방향 끝부분에 샤리를 살짝 두껍게 펼치면 깔끔하게 말 수 있다. 또한 간사이 지방에서는 후토마키를 김초밥이라고 한다.

훈제소금 スモークソルト

훈연하거나 훈연액을 사용해서 풍미를 만든 소금. 연어로 초밥을 만들고 훈제소금을 뿌리면 훈제연어 맛이 난다. 연어 뱃살 초밥을 살짝 불에 구운 후에 훈제소금을 뿌리면 육즙이 꽉 찬 초밥이 된다. 연어 외에도 가리비, 오징어, 데친 새우와 같이 훈제에 맞는 식재료에는 잘 어울린다. 초밥 외에도 생선요리, 삶은 달걀, 육류의 소테 등에도 잘 어울린다.

마르동 스모크 씨솔트
ⓒ주식회사스즈쇼

군미엔
ⓒ반유에이요주식회사

흑점줄 전갱이

흑점줄 전갱이 縞鯵 (しまあじ)

일본어명 시마아지

별칭 시마이자키, 고세, 고세아지, 가쓰오아지, 오오카미(특대)

영어명 White trevally, Silver trevally, Striped jack, Silver bream

제철 6~8월

전갱이류 중에서는 가장 고급으로 한국에서는 줄무늬전갱이라고도 불린다. 또한 전갱이 종류이면서 흰살 생선으로 취급하는데 혈압육 색은 진하지만 그 외의 대부분의 살이 흰살 생선처럼 유백색을 띠고 있기 때문이다. 자연산은 상당히 고급이지만, 시고쿠, 규슈의 양식 전갱이도 맛이 좋고, 비교적 싼 값에 안정적으로 구할 수 있다. 간장은 물론 간장+감귤, 소금+감귤이나 다시마절임도 어울린다. 뱃살을 살짝 불에 구워서 소금을 뿌린 것도 쫙 하고 퍼져 나오는 기름의 고소한 맛이 입을 즐겁게 한다.

흩뿌린 초밥 ちらし寿司 (ずし)

지라시스시라고도 하는 이 초밥은 샤리 위에 각종 어패류를 흩뿌려 만든 초밥집에서 제공되는 형태와 주로 가정에서 만들어지는 조린 야채와 샤리를 섞어 만든 형태가 있다. 후자는 오목초밥(p.150)을 참고하면 된다. 주재료가 생선인 흩뿌린 초밥에도 한 점 크기로 썬 생선을 아낌없이 올린 해물덮밥 같은 초밥과, 익힌 보리새우와 삶은 문어, 오보로(p.150), 게라다마(p.47) 등 에도마에 식으로 밑손질한 네타로 만든 것이 있다. 런치 메뉴로 다양한 종류의 세트 메뉴와 흩뿌린 초밥을 제공하는 것이 일반적이다. 또한 저녁에는 포장용 초밥 도시락(p.183)을 주문할 수 있는 가게도 있다. 도쿄에서 괜찮은 초밥집의 가격대는 3,000~5,000엔 정도다. 초밥 도시락을 선물 받은 날은 초밥집에 가는 것처럼 귀갓길이 즐겁다.

흰살 생선 白身 (しろみ)

근육이 백색을 띤 생선. 운동량이 적고 회유하지 않는 생선이다. 흰살 생선은 바다 밑바닥이나 암초에 숨어 있다가 먹이를 잡을 때나 적에게서 도망칠 때는 빨리 헤엄치기 때문에 순발력을 발휘하는 백근(白筋)이 많아서 근육이 하얗게 보인다. 초밥용 생선에는 도미, 넙치, 가자미, 붕장어, 금눈돔, 농어, 복어, 보리멸, 눈볼대, 성대, 쥐노래미, 붕장어류 등이 있다. 백근은 가열하면 부서지기 쉽기 때문에 찐 눈볼대 초밥은 손으로 쥐지 않고 접시에 담아서 제공한다.

부채꼴 꼬리 지느러미 (순발력)

초승달 모양 꼬리 지느러미 (장거리)

용어편

숫자 영문

2점 올린 초밥
DHA
EPA
GHQ
JSIA (스시 인스트럭트 협회)

2점 올린 초밥 2枚づけ

초밥 네타 2점을 어긋나게 겹쳐서 1개분 샤리 위에 올려 만든 초밥. 전어사리나 학꽁치와 같이 몸통이 작은 생선으로 만든 2점 올린 초밥이 있고, 금눈돔과 다랑어로 식감의 변화를 노려서 만든 2점 올린 초밥이 있다.

DHA

Docosahexaenoic acid의 약자로, 도코사헥사엔산이다. 인간의 몸에서 합성되지 못해서 음식으로 섭취해야 하는 필수지방산. 바다의 미생물에서 생산되고 먹이사슬에 따라 어류에 축적된다. 초밥용 생선 중에서는 참다랑어, 남방참다랑어(토로), 방어새끼, 방어, 연어, 갈치, 정어리, 가다랑어, 꼬치고기, 줄무늬전갱이 등에 많이 함유되어 있다. 혈중 중성지방을 감소시키는 작용이 있어서 EPA와 혼합한 제제가 고지혈증 치료약으로 판매되고 있다.

EPA

Eicosapentaenoic acid의 약자로, 에이코사펜타에노산을 말한다. 초밥 네타로 쓰는 생선 중

에서는 고등어, 정어리, 꽁치, 연어에 많이 함유되어 있다. 인간의 몸에서 생성되지 않기 때문에 음식으로 섭취할 필요가 있는 필수지방산. 혈중 지질 저하 작용, 혈소판 응집 억제 작용이 있으며, 에스테르체는 고지혈증, 폐쇄성 동맥경화증 치료제로서 판매되고 있다.

GHQ

연합국 최고사령부(General Head quarters, the Supreme Commander for the Allied Powers)의 약자. 제2차 세계대전 후 포츠담 선언에 기반을 둔 정책을 일본에서 실행한 연합국 군기관. 일본에서는 전쟁 중에 식량 통제가 시작되면서 서서히 음식점의 영업이 어려워졌는데, 특히 전후 1947년에는 GHQ가 발표한 음식 영업 긴급조치령으로 배급된 외식권 이외의 음식점은 영업을 중지하게 되었다. 그러나 어떻게든 영업이 가능하도록 도쿄의 초밥 장인 중 뜻있는 사람들이 GHQ와 교섭한 끝에 도쿄에서는 같은 해에, 교토에서는 2년 후인 1949년에 위탁가공제도를 허가받았다. 위탁가공제도란 손님이 쌀 1홉을 가지고 오면 초밥 10개를 만들어 주는 것이다. 생선도 배급제였기 때문에 통제에서 제외된 조개류나 민물고기로 여러 가지 아이디어를 내서 초밥 네타를 확보했다고 한다. 쌀 1홉으로 초밥 10개는 현재의 표준적인 초밥보다 약간 더 큰 사이즈였지만, 이 위탁가공제도로 에도마에즈시가 어느 정도 표준화되었다.

JSIA (스시 인스트럭트 협회)

도쿄 스시아카데미 주식회사 안에 있는 캐릭터 초밥을 중심으로 한 초밥기술 인정기관이다.

에도마에 니기리즈시 만드는 방법

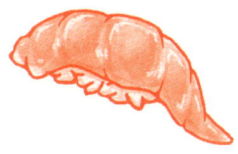

가정에서 만들어 먹을 수 있도록
초밥 쥐는 방법의 기초를 정리했다.

샤리 만드는 법

① 쌀은 처음 헹구는 물을 가장 많이 흡수하기 때문에 쌀 씻는 볼에 정수를 담아 둔다. 계량한 쌀은 채반에 넣고 그대로 물이 담긴 볼에 넣어서 재빨리 씻고 채반을 건진 후 물을 버린다.

② 볼에 물을 계속 부으면서 쌀을 문지르고 물을 버린다. 총 3번 정도 헹군 후에 채반을 들어서 10분간 건조시킨다.

③ 10분 후 밥통으로 옮기고 정수를 붓는다. 10분 정도 불린 후 밥을 짓기 시작한다.

④ 배합초를 만든다.

⑤ 초밥통에 물을 가득 채우고 주걱도 담가둔다. 잠시 흡수시킨 후에 면보로 수분을 닦는다.

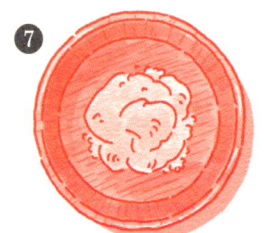

⑥ 밥이 지어지면 밥통에서 밥이 잘 떨어지게 주걱을 밥통 가장자리와 밥 사이에 넣고 한 바퀴 돌린다.

⑦ 밥을 초밥통 가운데에 담는다.

⑧ 주걱을 사용해서 배합초를 밥에 골고루 뿌린다.

⑨ 주걱을 세워 밥을 자르듯이 움직이면서 뭉친 밥을 펴서 초밥통 한쪽으로 몰아둔다. 배합초가 아래쪽에 고이므로 아래쪽 밥을 위쪽으로 옮긴다.

⑩ 한쪽으로 몰아놓은 밥을 주걱으로 조금씩 덜어서 밥이 없는 쪽으로 흩트리듯이 편다.

⑪ 뭉친 곳이 남아있으면 ⑩을 반복한다.

⑫ 밥의 위아래를 뒤집고 부채질을 하면서 초밥통의 열을 식힌다.

⑬ 나무밥통이나 보온용기로 옮긴다(랩으로 싸서 발포스티롤 용기에 보관해도 된다).

완성

샤리

재료
1인분 (초밥 10개와 김초밥 1줄 분량)

쌀 ·············· 1홉
천연수·정수 1.8ℓ ··· (1되 분량)

배합초 (쌀 1홉일 때)
쌀식초 ······ 25㎖
설탕 ········· 8g
소금 ········· 4g

※ 쌀과 물은 기본적으로 동량이지만, 쌀의 수분량에 따라 조절한다. 햅쌀이나 부드러운 쌀이라면 수분 함량에 따라 조절해 80% 정도까지 수분을 줄인다.
※ 술지게미 식초를 사용할 경우에는 취향에 따라 설탕의 분량을 줄여준다.

니기리즈시를 쥐는 방법 (고테가에시)

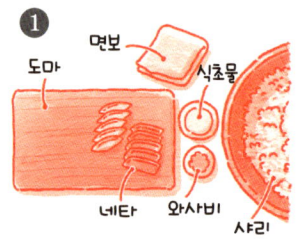

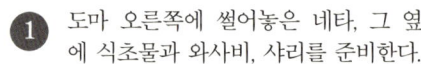

① 도마 오른쪽에 썰어놓은 네타, 그 옆에 식초물과 와사비, 샤리를 준비한다.

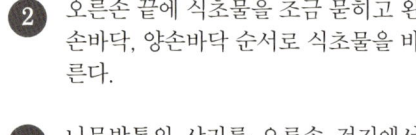

② 오른손 끝에 식초물을 조금 묻히고 왼손바닥, 양손바닥 순서로 식초물을 바른다.

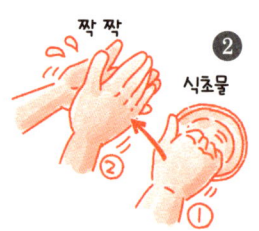

③ 나무밥통의 샤리를 오른손 검지에서 약지까지 3개의 손가락으로 긁어서 엄지로 양을 조절한 후 동그랗게 샤리 뭉치를 만든다(초밥 1개 분량의 샤리는 17g으로 계산).

④ 샤리 뭉치를 엄지와 중지, 약지로 쥔 채로 오른손 검지로 와사비를 조금 덜어낸다.

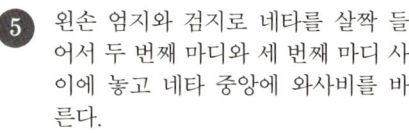

⑤ 왼손 엄지와 검지로 네타를 살짝 들어서 두 번째 마디와 세 번째 마디 사이에 놓고 네타 중앙에 와사비를 바른다.

⑥ 네타 위, 중앙에 샤리를 얹고 왼쪽 엄지로 샤리 가운데를 눌러서 샤리와 네타를 붙게 하면서 오른쪽 검지와 엄지로 위아래를 눌러서 모양을 만든다.

❼ 오른손 검지를 샤리에 바닥에 대고 왼손 검지부터 새끼손가락까지 4개의 손가락으로 초밥 측면을 감싸듯이 쥔다.

❽ 손을 펼치면서 초밥을 손끝 방향으로 굴려서 뒤집는다.

❾ 오른손 엄지와 중지 사이에 초밥을 끼고 위에서 아래로 가볍게 눌러 옆면을 조이면서 초밥을 왼손가락 두 번째 마디와 세 번째 마디 사이의 처음 위치에 둔다.

❿ 오른손 검지와 중지를 네타 위에, 왼손 엄지는 네타 아래에서 샤리 측면에 댄다. 왼손바닥, 그 외의 손가락 두 번째 마디와 세 번째 마디 사이, 손끝이 각각 면이 되도록 해서 아래쪽에서 쥔다.

⓫ 손을 펴서 오른손 엄지를 몸쪽으로 새끼손가락을 반대쪽으로 향하게 초밥을 잡고, 시계방향으로 회전시켜 원위치로 돌려놓는다.

⓬ ⑨, ⑩을 반복한다. 순서는 여기까인데, 초밥 모양이 잘 나오지 않으면 ⑪→⑨→⑩을 반복해서 다듬는다.

⓭ 완성된 초밥은 도마 왼쪽 가장자리에 가지런히 두었다가 한꺼번에 그릇에 담는다.

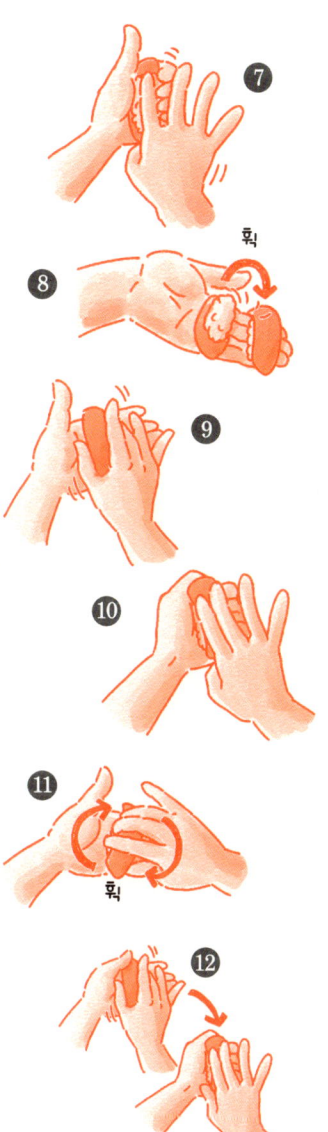

가늘게 마는 김초밥 (호소마키)

1. 도마에서 김을 반으로 자른다. 그리고 가장자리 1.5cm 정도를 잘라낸다.

2. 오이는 양끝의 꼭지를 잘라버리고 세로로 반으로 가른 후 다시 3분의 1로 잘라서 씨 부분을 떼어낸다.

3. 김발의 실매듭은 김발이 말리는 반대 방향에 둔다. 김발 위에 김의 거친 면을 위로 오게 펴고 김발 앞쪽 가장자리에 김 가장자리를 맞춰서 놓는다.

4. 오른손 손가락에 식초물을 묻히고, 왼손 손바닥, 양손 손바닥의 순서로 조금씩 바른다(니기리즈시 ②와 동일).

5. 나무밥통의 샤리를 80g 정도 떼어내서 느슨하게 쌀가마 모양을 만든다.

6. 김의 위쪽, 왼쪽 가장자리를 1cm 정도 비우고 쌀가마 모양의 샤리를 조금씩 오른손으로 펼쳐 김에 붙인다. 왼손으로 김의 반 정도만 채워지게 좌우로 고르게 편다.

⑦ 오른손으로 김 위쪽 가장자리를 고정하여 샤리가 삐져나오지 않게 하면서 왼손으로 샤리를 끝까지 펼친다. 네타를 올릴 가운데 부분은 샤리를 살짝 적게 하고 위쪽은 살짝 많이 하면 깔끔하게 말 수 있다.

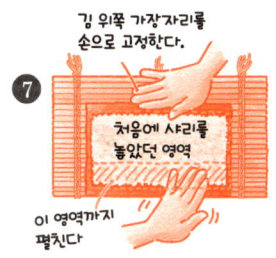

⑧ 샤리 위에 와사비를 골고루 바른다.

⑨ 네타를 올린다.

⑩ 양손의 중지를 네타가 말리는 방향에 두고 네타와 김이 움직이지 않게 고정하면서 양손의 엄지와 검지로 김발을 들어 올린다.

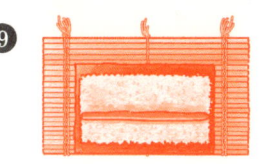

⑪ 들어 올린 김을 샤리가 없는 1cm 부분만 남기고 가장자리에 맞춘다.

⑫ 손가락 끝을 써서 남은 김발을 반대쪽으로 만다. 이때 오이 김초밥이나 다랑어 김초밥처럼 정사각형으로 모양을 잡아야 하는 김초밥은 각을 만들어 다듬는다.

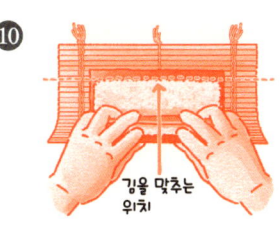

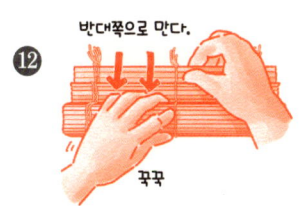

가늘게 마는 김초밥

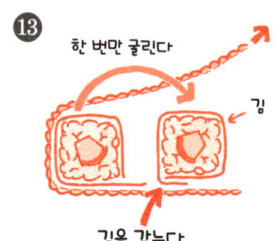

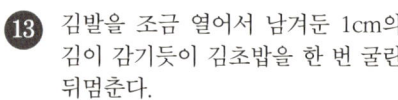

⑬ 김발을 조금 열어서 남겨둔 1cm의 김이 감기듯이 김초밥을 한 번 굴린 뒤 멈춘다.

⑭ 사각형 김초밥의 경우에는 다시 각을 다듬는다. 박고지나 낫토의 경우에는 위에서 누르지 말고 측면만 눌러서 터널 형태로 만든다.

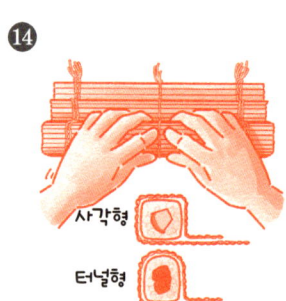

⑮ 김발을 걷고 양쪽 끝에 삐져나온 샤리를 다시 눌러 다듬는다.

⑯ 자른다. 오이 김초밥이나 다랑어 김초밥은 6등분으로 자르고, 박고지 김초밥은 4등분이나 3등분으로 자른다. 2줄 이상의 김초밥이 있으면 나란히 놓고 한 번에 자르는 편이 쉽다.

잘 만들어진 김초밥의 포인트
- 네타가 중앙에 있다
- 자른 김초밥의 높이가 같다
- 가장자리 2개의 김초밥에 틈이 많지 않다
- 샤리가 너무 많아서 김초밥이 터져 있지 않다

Column

물고기 어(魚)가 붙는 한자는 1,000종 이상이나 되는데, 원래 '魚'라는 한자는 물고기라는 의미 외에도 고기 잡을 어(漁)로 어패류를 잡는다는 동사의 의미도 있다. 그래서 어패류 이외에도 기타 수생생물, 그들의 몸체 일부, 상태 등 다양한 것을 표현하는 한자가 만들어졌다. 여기에서는 어패류를 비롯해 지명도가 높은 수생생물의 일부를 소개한다.

※괄호 안은 다르게 읽는 법, 의미, 한자 표기 등을 나타낸다.

13획 갈치(다치우오) 魛(웅어 도)
15획 오징어(이카) 魷(오징어 우) / 꼬치고기(가마스) 魳(방어 사) / 방어 새끼(하마치) 魬(가자미 반) / 성대(호우보우) 魴(방어 방)
16획 은어(아유) 鮎(메기 점) / 전복(아와비) 鮑(절인 물고기 포) / 아귀(안코) 鮟(아귀 안) 鮟鱇(안강) / 곤들매기(이와나) 鮇(곤들매기 미) / 둑중개(카지카) 鮖(땅이름 석) / 쥐치(가와하기) 鮍(오징어 피) / 대 전어(고노시로) 鮗(전어 동) / 광어(넙치)(히라메) 鮃(넙치 평) 平目(平目) / 복어(후구) 鮐(복어 태) 하돈(河豚) / 붕어(후나) 鮒(붕어 부)
17획 연어(사케) 鮭(복어 규) / 상어(사메) 鮫(상어 교) / 잉어(코이) 鯉(잉어 리) / 맛조개(고치) 鮲(양태 복) / 갈치(다치우오) 鮆(갈치 제) / 백합(하마구리) 鮚(대합 길) 蛤(합) / 숭어(보라) 鮱(큰숭어 로) / 다랑어(마구로) 鮪(참다랑어 유) / 볼락(메바루) 鮴(휴 휴)
18획 바지락(아사리) 鯏(물고기 이름 리) / 말린 청어알(카즈노코) 鯑(말린 청어알 희) / 양태(고치) 鯒(양태 용) / 문어(타코) 鮹(문어 소) 蛸(소) / 문절망둑(하제) 鯊(문절망둑 사) / 사(鯊)
19획 전갱이(아지) 鯵(비릴 소) / 고래(쿠지라) 鯨(고래 경) / 고등어(사바) 鯖(청어 청) / 도롱뇽(산쇼우오) 鯢(도롱뇽 예) / 범고래(샤치) 鯱(범고래 호) / 도미(타이) 鯛(도미 조) / 메기(나마즈) 鯰(메기 염) / 청어(니신) 鯡(곤이 비) / 숭어(보라) 鯔(숭어 치) / 병어(마나가쓰오) 鯧(병어 창) / 게르치(무쓰) 鯥(물고기 이름 륙) / 빙어(와카사기) 鯣(물고기 이름 역)
20획 다금바리(아라) 䱛(다금바리 황) / 아와비후구 鰒(전복 복) / 미꾸라지(이나다, 가지카·도죠) 鰍(미꾸라지 추) / 새우(에비) 鰕(새우 하) / 해로(海老) / 가자미(가레이) 鰈(가자미 접) / 삼치(사와라) 鰆(삼치 춘) / 용상어(초자메) 鰉(전어 황) / 미꾸라지(도죠) 鰌(미꾸라지 추) / 메기(나마즈) 鰋(메기 언) / 청어(니신) 鰊(청어 련) / 갈고등어(무로아지) 鰘(일본 지명 실)
21획 오징어(이카) 鰞(오징어 오) / 정어리(이와시) 鰛(물고기 이름 온) / 정어리(이와시) 鰯(멸치 약) / 날치(도비우오, 에이) 鰩(날치 요) / 도루묵(하타하타) 鰰(도루묵 신) / 방어(부리) 鰤(방어 사) / 악어(와니) 鰐(악어 악)
22획 전갱이(아지) 鰺(악어 악) / 바다거북(오우우가메) 鼈(자라 오) / 뱀장어(우나기) 鰻(뱀장어 만) / 가다랑어(가쓰오) 鰹(가물치 견) / 대 전어(고노시로) 鰶(전어 제)
23획 가오리(에이) 鱏(철갑상어 심) / 보리멸(기스) 鱚(서두어 희) / 송어(마스) 鱒(송어 준)
24획 투구게(가부도가니) 鱟(참게 후) / 용상어(초자메) 鱣(잉어 전) / 도루묵(하타하타) 鱩(도루묵 뢰) / 갯장어(하모) 鱧(가물치 례)
26획 공미리(사요리) 鱵(공미리 침)
27획 농오(스즈키) 鱸(농어 로) / 악어(와니) 鼉(악어 악)

물고기 어(魚)의 성립과정

물고기 어(魚)가 붙는 한자

참고문헌

『現代すし学 (현대 초밥학)』(오가와 토모히코 저, 아사히야출판)
『東大講座 すしネタの自然史 (동경대 강좌 초밥 네타의 자연사)』(오바 히데아키·모치즈키 켄지·사카모토 가즈오·다케다 마사쓰네·사사키 다케노리 저, 일본방송출판협회)
『すしの本 (초밥 책)』(시노다 오사무 저, 이와나미서점)
『すし通 (초밥 박사)』(나가세 가노스케 저, 토요사)
『すしの技術大全 (초밥 기술 대전)』(메구로 히데노부 저, 성문당신광사)
『だれも語らなかったすしの世界 (아무도 말해주지 않은 초밥의 세계)』(히비노 테루토시 저, 아사히야 출판)
『すし図鑑 (초밥 도감)』(보즈콘냐규 후지와라 마사타카 저, 마이나비출판)
『すし手帳 (초밥 수첩)』(사카모토 가즈오 감수, 동경서적)
『知ればもっとおいしい! 食通の常識 築地魚河岸 寿司ダネ手帖 (알면 더 맛있다! 식도락의 상식 쓰키지 시장의 초밥 재료 수첩)』(후쿠치 쿄코 저, 세계문화사)
『すしの雑誌 第17集 (초밥 잡지 제 17집)』(아사히야출판)
『寿司のこころ (초밥의 마음)』(에이출판사)
『pen 2019年1月1·15日新年合併号 (pen 2019년 1월 1일·15일 신년 합병호)』(CCC 미디어하우스)
『発酵は力なり (발효는 힘)』(고이즈미 다케오 저, 일본방송출판협회)
『近世風俗志(守貞謾稿)〈5〉(근세 풍속지(수정만고)〈5〉)』(기타가와 모리사다 저, 이와나미서점)
『新鮮! 寿し本 (신선! 초밥 책)』(박학고다와리클럽 편, 가와데서방신사)
『旅したい! おいしい浮世絵 (떠나고 싶어지는 재미있는 우키요에)』(하야시 아야노 저, NHK출판)
『ミツカン寿司読本 (미쓰칸 초밥 독본)』(주식회사 미쓰칸)
『文学とすし (문학과 초밥)』(오오시바 야스키요 저, 영광출판사)
『築地の記憶 (쓰키지의 기억)』(도미오카 카즈나리 글, 사이토 사다치카 사진, 순보사)
『築地魚河岸 ことばの話 (쓰키지 어시장 용어 이야기)』(이쿠타 요시카쓰, 도미오카 카즈나리 저, 다이슈칸서점)
『銀座の寿司 (긴자의 초밥)』(야마다 고로 저, 문예춘추)
『すし物語 (초밥 이야기)』(미야오 시게오 저, 강담사)
『大江戸まる見え番付ランキング (오오에도가 훤히 보이는 순위)』(고바야시 노부야 감수, 학연플러스)
『食酢製造技術から見た100年の歩み (식초 제조기술로 본 100년의 역사)』(야마다 미키오 저, 일본양조협회지 제 101권 제9호)

『The IUCN Red List of Threatened Species. Version 2019-1』 https://www.iucnredlist.org
『環境省レッドリスト2019 (환경성 레드 리스트 2019)』 http://www.env.go.jp/press/files/jp/110615.pdf
『海洋生物レッドリスト2017 (해양생물 레드 리스트 2017)』
http://www.env.go.jp/press/files/jp/105233.pdf
『近畿大学水産研究所 (긴키대학 수산연구소)』 https://www.flku.jp/aquaculture/tuna/index.html

※ 표지 사진 및 본문 일부 일러스트(11p, 38p, 60p, 166p, 178p, 198p)는 (주)성안당에서 별도로 제작하였습니다.

마치면서

많고 많은 초밥 책 중에서 이 책을 선택해주신 독자 여러분 정말 감사합니다. 맛있는 초밥을 상상하면서 읽으셨나요?

저는 도쿄 스시아카데미에서 초밥 기술을 배운 후부터 주말만 되면 쓰키지 시장을 다니면서 이런저런 생선을 사 와 친구들을 불러 초밥 파티 여는 일이 즐거움 중 하나였습니다. 아무도 초대하지 않은 주말에도 새끼 전어가 제철인 계절에는 무조건 새끼 전어 초밥 만들기를 연습하거나, 사본 적도 없는 생소한 생선에 도전해 보거나 시장을 돌아다니면서 생선 가격이나 출하 시기를 살펴보았습니다. 어렸을 때부터 초밥을 아주 좋아했는데, 이와 같은 경험을 계기로 지금까지 몰랐던 초밥의 깊은 세계로 갑자기 빨려 들어가는 듯한 느낌이었습니다.

이 책을 집필하면서 맛있는 생선을 오래 먹기 위해, 빨리 먹기 위해, 운반하기 위해 유독 먹는 걸 좋아하는 일본인들의 연구로 초밥이라는 음식을 만들어내는 과정을 상상해보면서 다시 한번 감탄하고 감사했습니다.

동시에 집필 작업은 각지의 어패류 자원 상황이 변하고 있다는 슬픈 현실을 확인하는 작업이기도 했습니다. 이 맛있는 음식을 미래의 사람들과 공유할 수 있도록 자원을 남겨두고 싶다는 생각에 이 책의 집필료 일부를 WWF(세계자연기금)에 기부했습니다. 앞으로도 계속해서 많은 사람이 초밥이라는 음식을 즐길 수 있기를 바랍니다.

이 책과의 인연을 만들어주신 테리 씨, 네기시 씨, 감수를 맡아주신 보즈콘냐쿠 씨, 맛깔스러운 그림을 그려주신 하타 씨, 끈기 있게 질문에 답해주신 니시다 선생님. 지키지 못한 약속도 많았지만 마지막까지 힘이 되어주신 여러분께 정말 감사합니다. 먹는 즐거움을 가르쳐 준 가족과 지금까지 식사를 함께 해준 모든 친구들에게 감사한 마음을 전합니다.

2019년 7월

신조 아야코

· 함께 보면 좋은 책 ·

기본 기술부터 유명 점포의 기술과 비법까지!

스시기술 교본

일본전국스시상생활위생동업조합연합회 지음
이성희 감역 | 홍희정 옮김 | 206×280 | 240쪽 | 25,000원

생선 손질 방법, 써는 방법, 샤리 만드는 방법 등의 기본 기술부터 스시 담는 고급 기술까지 총망라!

이 책은 40여 종의 각종 어패류에 대한 기본 정보와 손질 방법을 과정 사진과 상세한 해설로 알기 쉽게 설명하였다. 가장 많이 즐겨 먹는 참치인 붉은 살 생선부터, 흰 살 생선, 등 푸른 생선은 물론 오징어, 조개, 새우, 성게, 연어알 등 기타 해산물 손질 방법과 재료를 이용한 다양한 스시를 소개한다. 주목할 점은 스시를 만드는 기본 기술뿐 아니라 유명 점포 장인의 고급 기술 비법까지 수록하였다. 또한 마키즈시, 지라시즈시, 스시동 등 다양한 스시 활용법을 소개하고, 스시를 담는 전통 기술 및 사이쿠마키 등의 고급 장식 기술까지 알차게 담았다. 현장에 몸담고 있는 스시 기술가는 물론 스시 애호가들에게 도움이 될 만한 필독서이다.

쇼핑몰 QR코드 ▶다양한 전문서적을 빠르고 신속하게 만나실 수 있습니다.
경기도 파주시 문발로 112번지 파주 출판 문화도시 TEL. 031)950-6300 FAX. 031)955-0510

· 함께 보면 좋은 책 ·

눈과 입이 즐거운 홈메이드 이탈리아 코스 요리

로마의
미각 반상기

김하정 지음 | 190×250 | 320쪽 | 20,000원

집에서 만드는 고품격 이탈리아 요리
쉽고 간단하게 한 끼를 해결할 수 있는 요리
연말 파티를 준비하고 있다면 필수 아이템

이 책은 이탈리아 코스 요리의 시작인 전채 요리(애피타이저)부터 첫 번째 접시에 해당하는 파스타와 리소토, 두 번째 접시에 해당하는 메인 요리, 그리고 빵과 피자, 디저트 순으로 소개하여 순서대로 먹으면 마치 코스 요리를 경험할 수 있도록 구성했다.
저자는 이탈리아에서 10여 년간 살면서 쌓은 노하우가 그대로 녹아든 감성적인 이탈리아 가정식 요리로 우리를 안내한다. 그저 맛있게 만들어 먹는 법이 아닌 누군가와 어떻게 먹는지, 소중한 이들과 '같이' 먹으며 '같이' 감동하는 요리들에 관한 책으로, 누구나 이탈리아 요리를 만들어 먹고 나눌 수 있는 레시피로 구성했다. 각 요리의 특징에 맞는 레시피 소개뿐 아니라 사진으로도 음식을 충분히 느낄 수 있도록 구성하고, 이탈리아의 풍경과 분위기를 느낄 수 있도록 사진을 풍성하게 배치했다.

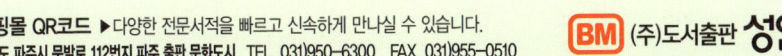

스시용어사전

2022. 8. 19. 초 판 1쇄 인쇄
2022. 8. 26. 초 판 1쇄 발행

지은이	신조 아야코
감 수	보즈콘냐쿠(후지와라 마사타카)
감 역	이성희
옮긴이	양지영
펴낸이	이종춘
펴낸곳	BM (주)도서출판 **성안당**
주 소	04032 서울시 마포구 양화로 127 첨단빌딩 3층(출판기획 R&D 센터) 10881 경기도 파주시 문발로 112 파주 출판 문화도시(제작 및 물류)
전화	02) 3142-0036 031) 950-6300
팩스	031) 955-0510
등록	1973. 2. 1. 제406-2005-000046호
출판사 홈페이지	www.cyber.co.kr
ISBN	978-89-315-5857-9 (13590)
정가	20,000원

이 책을 만든 사람들

책임	최옥현
진행	김해영, 권수경
본문 디자인	김인환
표지 디자인	박원석
홍보	김계향, 이보람, 유미나, 이준영
국제부	이선민, 조혜란, 권수경
마케팅	구본철, 차정욱, 오영일, 나진호, 강호묵
마케팅 지원	장상범, 박지연
제작	김유석

이 책의 어느 부분도 저작권자나 BM (주)도서출판 **성안당** 발행인의 승인 문서 없이 일부 또는 전부를 사진 복사나 디스크 복사 및 기타 정보 재생 시스템을 비롯하여 현재 알려지거나 향후 발명될 어떤 전기적, 기계적 또는 다른 수단을 통해 복사하거나 재생하거나 이용할 수 없음.

SUSHI GO JITEN
SUSHI NI MATSUWARU KOTOBA WO ILLUST TO MAMECHISHIKI DE SHARITTO YOMITOKU
Copyright ⓒ 2019, Ayako Shinjo
Korean translation rights arranged with Seibundo Shinkosha
Publishing Co., Ltd., Tokyo
through Japan UNI Agency, Inc., Tokyo

Korean translation copyright ⓒ 2022 by Sung An Dang, Inc.

일러스트	하타 쿄코 (Evening Calm Factory)
디자인	요네쿠라 히데히로, 오쿠야마 시노 (호소다야마 디자인 사무소)
DTP	미즈타니 미사오, 나카이에 아츠시 (플러스 알파) 요코무라 아오이
교정	가네코 아이
촬영	아오야기 사토시